四川崖墓石刻病害调查与风化机理研究

陈显丹　谢振斌　编著

文物出版社

封面设计：程星涛

责任印制：张　丽

责任编辑：吴　然

图书在版编目（CIP）数据

四川崖墓石刻病害调查与风化机理研究/陈显丹，谢振斌编著.
－北京：文物出版社，2014.11
ISBN 978-7-5010-4173-2

Ⅰ.①四…　Ⅱ.①陈…　②谢…　Ⅲ.①崖墓－石刻－病害－研究
报告－四川省②崖墓－石刻－风化作用－研究报告－四川省
Ⅳ.①K877.494

中国版本图书馆CIP数据核字(2014)第276234号

四川崖墓石刻病害调查与风化机理研究

陈显丹　谢振斌　编著

＊

文 物 出 版 社 出 版 发 行

（北京市东直门内北小街2号楼）

http://www.wenwu.com

E-mail：web@wenwu.com

北京燕泰美术制版印刷有限责任公司制版印刷

新　华　书　店　经　销

889×1194　1/16　印张：16.5　插页：1

2014年11月第1版　　2014年11月第1次印刷

ISBN　978-7-5010-4173-2　定价：300.00元

四川崖墓石刻病害调查与风化机理研究

本研究系四川省科技厅2010年公益性研究计划项目
编号：2010FZ0022

课题承担单位：四川省文物考古研究院
课题负责人：陈显丹
主要研究人员：谢振斌　陈显丹　王　冲　宋　艳
课题参与人员：韦　荃　贺晓东　郭建波　赵　凡
　　　　　　　樊　斌　冯六一　任俊峰　郑建国

序

　　四川崖墓分布广、数量多、时间跨度长，四川境内现保存有汉至宋明时期崖墓20余万座。在已发掘的四川崖墓中有全国重点文物保护单位13处，省级文物保护单位22处。在这些崖墓的墓门与墓壁上雕有大量精美绝伦的石刻，其内容题材丰富多彩，人物造型姿态万千，故事情节栩栩如生，建筑装饰表现细致，如乐山、彭山等地发现的崖墓石刻佛像、三台郪江崖墓群的仿木建筑雕刻、中江塔梁子崖墓的壁画与胡人舞蹈图及郪江流域的崖墓石刻彩绘等。从19世纪末开始，英国E．Colborne Baber与G H Becliord 、法国Vieter Segalen与Gilbet de Voisins及我国夏鼐、梁思成、商承祚等众多国内外学者对四川崖墓墓葬形制与墓葬石刻画像进行了考察研究。特别是20世纪90年代中后期到21世纪初，我院在涪江和岷江流域崖墓的几次重大考古发现，出版了《三台郪江崖墓》和《中江塔梁子崖墓》两部考古报告，不仅为研究汉至魏晋南北朝时期的墓葬制度、思想意识、社会经济、美术、建筑及民族民俗等提供了珍贵资料，也掀起了崖墓考古研究的热潮。

　　四川崖墓大多建造在沟湾山麓的山脚至山腰，依形度势就地开凿而成，而开凿崖墓的岩体软弱结构面发育，岩石孔隙率大、填隙物含量高、颗粒度较粗、力学强度较低，在千百年的岁月中经受水害、温湿度变化、大气环境变劣、可溶盐和生物等多种因素的长期作用，崖墓石刻产生较严重的片状脱落、粉状剥落、表面泛盐、空臌开裂、颜料褪色脱落等风化病害。崖墓石刻的保护研究是我们面临的一项十分紧迫的任务。但由于墓葬石刻保存环境复杂，如何对这种潮湿环境下的石质文物进行科学保护，一直是困扰我国文化遗产保护领域的技术难题。为此，在四川省科技厅的支持下，2009年我院启动了"四川省崖墓石刻风化机理研究"课题。课题组根据四川崖墓的分布情况及崖墓石刻的价值，对四川境内的重要崖墓石刻病害现状、保存环境进行了勘探调查和温湿度监测。采取XRD、薄片鉴定、SME、XRF等方法对其重点研究崖墓的新鲜岩石、风化产物、石刻彩绘、可溶盐进行了分析检测，并通过室内模拟实验深入探讨各种外界因素对崖墓石刻的影响程度。阐述了崖墓石刻风化病害的产生机理和受损本质，为我省进行崖墓石刻保护研究提供了第一手资料与技术方法。

　　"四川省崖墓石刻风化机理研究"课题于2014年1月通过了四川省科技厅组织的项目验收，本书是该课题的研究成果之一。课题结项并不是工作的结束，而仅仅是在崖墓保护方面迈出的一小步，还有许多疑难问题有待我们深入探索与研究。我谨希望以此书的出版为契机，引来国内外更多专家学者对四川崖墓保护的关注。也希望我院从事文物保护的同志不断地学习、借鉴国内外先进文物保护技术和理念，与其他文物保护机构和大专院校合作共同解决这些技术难题。

　　石质文物保护一向为我院文物保护的强项，早在20世纪七八十年代，我院马家郁、曾中懋等文保专家就曾在石质文物保护的研究和维修的实践探索中做出过骄人的业绩，在全国范围内产生过较大的影响。回顾我院文物保护所取得的成就，可乐观地预期四川崖墓保护一定会拥有辉煌的未来，让我们充满信心，为把这些珍贵的历史文化遗产更好地传承给我们的子孙后代，共同奋斗吧！

高大伦

2014年3月

目　录

第一章 四川崖墓概况

1.1 崖墓分布概况及研究现状

崖墓（cliff tomb），开凿于山崖或岩层中的墓穴，是古代流行于江河流域的一种仿生人住宅、凿山为室的墓葬形式，俗称"蛮洞"。《后汉书·冯衍传》载："凿崖石以室兮，托高阳以养仙。"这是崖墓最早见于文献的记载。南梁李膺《益州记》[1]、唐柳宗元《龙城记》[2]和五代前蜀杜光庭《录异记》[3]对四川崖墓都有所记述，但因年代久远、时人不识，唐宋时期，崖墓又被附会成了修仙炼丹的"神仙洞府"。南宋诗人陆游指崖墓为"古得道之人藏丹之所"，崖墓又被蒙上了幽秘神奇的色彩。宋至明清时期，四川各种地方志对崖墓多有记载[4]。在明清地方志中，更是将其当做"蛮族"住过的居室，称作"蛮洞"或"獠洞"，至今四川境内的土著居民仍称崖墓为"蛮洞"。

考古调查、发掘表明，崖墓分布广泛，我国江西、福建、浙江、四川、重庆、广西、湖南、贵州、湖北、云南、广东、海南等十余省均有分布，东南亚少数国家也有分布，但最为突出的是我国四川的崖

图1-1 乐山肖坝崖墓外景

图1-2　松林嘴M1后室

墓。汉、魏、六朝时期，四川地区的崖墓最为流行。西至四川汉源、昭觉，北抵四川广元、陕西商洛，南达云南昭通、贵州遵义，约东西750、南北800km的范围内均有发现。根据目前掌握的材料，四川的崖墓多开凿在江河两岸面水背山的峭壁和山坡上，据水面几米至几十米不等，主要分布在大渡河、青衣江、岷江、沱江、涪江、嘉陵江以及渠江等流域。以乐山地区为代表，往往几十座甚至上百座崖墓聚集在一面山坡上，形成墓地，有的山坡分布4～5层崖墓（图1-1）。崖墓的特点是直接利用山崖向山腹内开凿墓穴，墓穴内设前堂、门阙及左、右室或后室等，墓穴门外设有排水沟。有的墓室内凿有壁龛、灶台、案龛、石棺、石函等。墓室内外雕凿有大量的石刻，其内容主要为仿古建筑类（如斗拱、门房、瓦楞、柱子、柱础、房檐、檩子、踏带等），均系利用原生岩琢凿而成，与墓室融为一体（图1-2）。

　　四川盆地为崖墓分布最密集的地区，至今仍普遍保存着东汉至六朝的崖墓遗存，距今1900多年，也有部分唐代以后的崖墓，但是这部分的崖墓数量不多。据不完全统计，四川的崖墓现存20余万座（图1-3）。对四川崖墓的研究，始于1877年，主要是考古学和民族学方面的研究。英国学者巴伯（E.Colborne Baber）到岷江中下游一带做考古调查，在其所著《中国西部旅行研究》中比较详细地介绍了四川犍为一带被当地人称为"蛮子洞"的"崖窟陵（葬）"情况[5]。之后，我国的杨枝高、商承祚、卫聚贤等人以及日、法、英等国学者陆续对崖墓进行了研究，并发表了研究文章[6]。100多年来，国内外

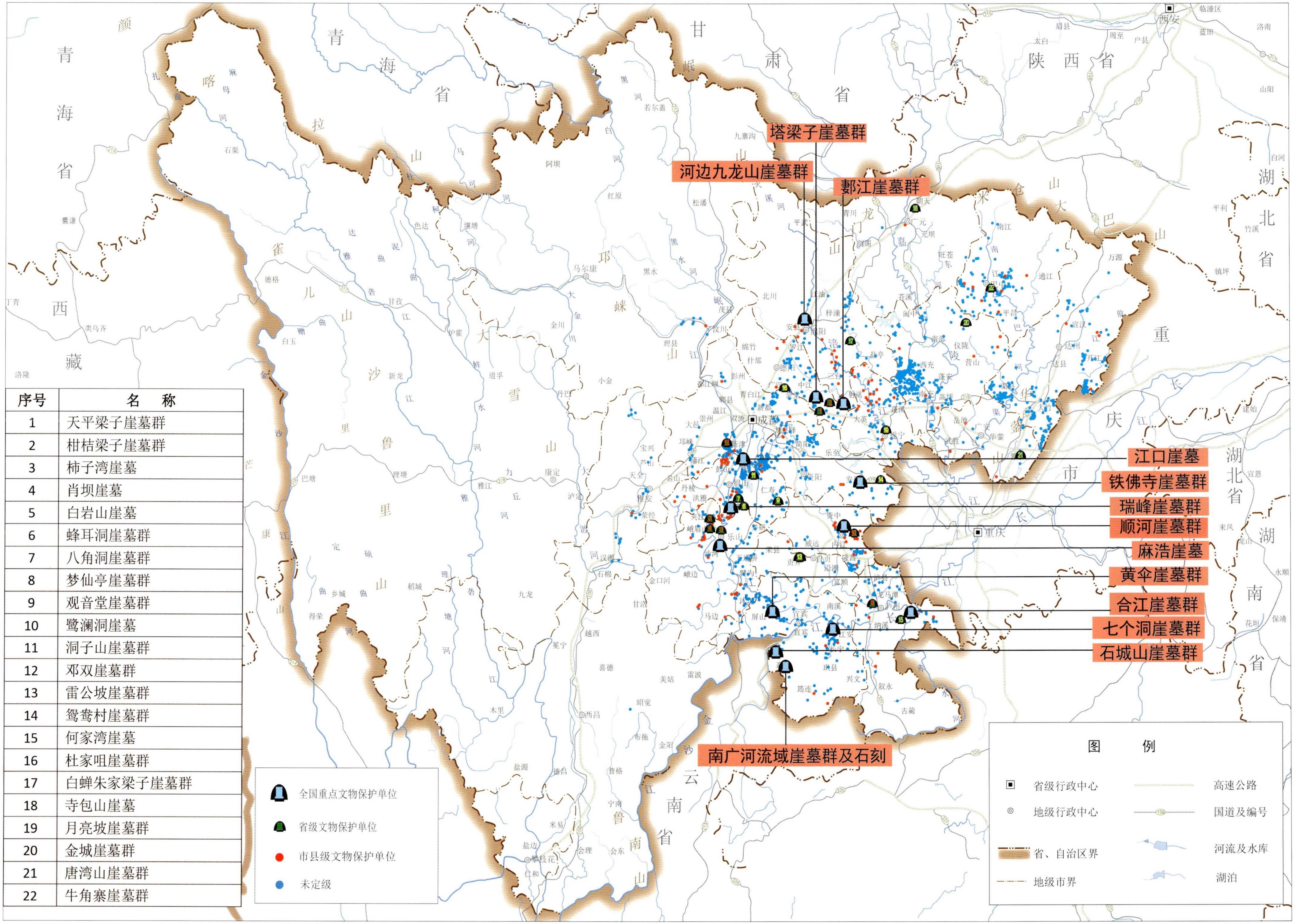
塔梁子崖墓群
河边九龙山崖墓群
郪江崖墓群
江口崖墓
铁佛寺崖墓群
瑞峰崖墓群
顺河崖墓群
麻浩崖墓
黄伞崖墓群
合江崖墓群
七个洞崖墓群
石城山崖墓群
南广河流域崖墓群及石刻
全国重点文物保护单位
省级文物保护单位
市县级文物保护单位
未定级
图 例
省级行政中心
地级行政中心
省、自治区界
地级市界
高速公路
国道及编号
河流及水库
湖泊
青海省
西藏
甘肃省
陕西省
重庆市
湖北省
湖南省
云南省
成都
重庆
西安

序号	名　称
1	天平梁子崖墓群
2	柑桔梁子崖墓群
3	柿子湾崖墓
4	肖坝崖墓
5	白岩山崖墓
6	蜂耳洞崖墓群
7	八角洞崖墓群
8	梦仙亭崖墓群
9	观音堂崖墓群
10	鹭澜洞崖墓
11	洞子山崖墓群
12	邓双崖墓群
13	雷公坡崖墓群
14	鸳鸯村崖墓群
15	何家湾崖墓
16	杜家咀崖墓群
17	白蝉朱家梁子崖墓群
18	寺包山崖墓
19	月亮坡崖墓群
20	金城崖墓群
21	唐湾山崖墓群
22	牛角寨崖墓群

图1-3　四川崖墓分布示意图

专家学者对四川崖墓的研究从未中断。20世纪40年代，前中央研究院曾在彭山王家沱进行大规模的崖墓考古发掘，当时的中国营造学社参加了发掘工作，还调查了乐山白崖、宜宾黄伞等地的崖墓[7]。梁思成在1942年出版的《中国建筑史》中重点介绍了彭山崖墓的建筑结构和雕刻艺术[8]。新中国成立后，四川崖墓研究出现了新面貌，四川大学博物馆、四川省文管会等文物考古研究机构对嘉陵江、岷江、涪江以及沱江流域的崖墓进行了调查和发掘，一大批研究成果在《考古》、《文物》、《考古与文物》、《四川文物》等刊物上相继发表。特别是20世纪80年代，四川的文物普查工作将崖墓研究向前大大地推进了一步。20世纪90年代中后期到本世纪初，四川省文物考古研究院在涪江支流、郪江流域的几次重大考古发现，出版了《三台郪江崖墓》和《中江塔梁子崖墓》两部考古报告，丰富了四川崖墓内容，使研究工作得到了长足的发展。但是这些研究工作多限于对崖墓墓葬形式、时代、墓主人身份等方面的考察以及出土器物、石刻艺术、石刻内容和民族民俗方面的研究[9]，而对崖墓石刻风化机理的研究还一直处于空白状态。

由于四川崖墓的普遍性和特殊性[10]，20世纪80年代以后，麻浩崖墓、江口崖墓、瑞峰崖墓群、塔梁子崖墓群、黄伞崖墓群、石城山崖墓群、郪江崖墓群、河边九龙山崖墓群、合江崖墓群、顺河崖墓群、铁佛寺崖墓群、南广河流域崖墓群及石刻、七个洞崖墓群等13处崖墓被公布为全国重点文物保护单位。天平梁子崖墓群、柑桔梁子崖墓群、柿子湾崖墓、肖坝崖墓、白岩山崖墓、梦仙亭崖墓群、鹭澜洞崖墓、邓双崖墓群、雷公坡崖墓群、何家湾崖墓、杜家嘴崖墓群、白蝉朱家梁子崖墓群、寺包山崖墓、月亮坡崖墓群、金城崖墓群、唐湾山崖墓群、牛角寨崖墓群、八角洞崖墓群、洞子山崖墓群、蜂耳洞崖墓群、观音堂崖墓群、鸳鸯村崖墓群等22处崖墓被公布为四川省文物保护单位。

四川崖墓主要分布于江河沿岸，在长江沿岸主要有宜宾、江安、纳溪、泸州、合江等地，大渡河流域主要有乐山、峨嵋等地，青衣江流域主要有芦山、雅安、洪雅、夹江等地，岷江流域主要有都江堰、双流、大邑、新津、邛崃、蒲江、彭山、青神、井研、夹江、乐山、犍为、宜宾等地，沱江流域主要有新都、金堂、简阳、资阳、资中、内江、自贡等地，涪江流域主要有江油、绵阳、中江、三台、盐亭、蓬溪、遂宁等地区，嘉陵江流域主要有广元、阆中、南部、蓬安、南充等地，渠江流域主要有渠县、广安等地区。总而言之，四川崖墓的分布中心区域为岷江、沱江、涪江、嘉陵江中下游和长江沿岸等地区，即四川盆地的中心地带，其中以岷江中下游的乐山、彭山和涪江中下游的三台、中江地区数量最多、规模最大。

四川崖墓的分类据有关学者研究，按地域大致可以划分为川西类型、川中类型、川南类型和巴渝类型等[11]。按照墓室结构可分为单室，双室，多室，带双翼侧室、耳室，侧厅套双室、耳室，前堂后穴等形式[12]，单室墓在各地普遍存在。墓室的功能性结构，诸如斗拱、门楣、藻井、隔扇、壁龛、棺床、石棺（石函）之类，其建筑艺术成就比较突出。四川崖墓自东汉流行以来，历经三国、两晋、南北朝、隋唐、两宋及元明时期，时间跨度为1500多年。崖墓中的画像砖、画像石、画像石棺、墓室壁画以及墓室装饰艺术的形式和社会内容等[13]，也是学术界研究的重要内容。

图1-4 柏林坡中室左侧室藻井

根据课题研究的需要，我们将四川已发现的崖墓分为有雕刻和无雕刻两大类，本课题研究对象为有雕刻类，主要集中在中江塔梁子崖墓群、三台郪江崖墓群、宜宾长宁七个洞崖墓群、黄伞崖墓、石城山崖墓群、彭山江口崖墓群、油房沟崖墓群、青神瑞峰崖墓、乐山麻浩崖墓。四川崖墓雕塑艺术包含墓室内外的大面积浮雕、圆雕、半圆雕、深浮雕、直到单体六面体雕塑，所有的石雕工艺技术表现形式基本囊括。浮雕图像主要作为墓壁、棺床、石棺装饰，值得注意的是崖墓墓室壁画彩绘，这类壁画彩绘主要集中分布在三台、中江郪江流域一带。在三台县郪江镇金钟山、柏林坡和中江县的民主乡塔梁子一带就发现了大面积的墓室彩绘，从现存的残迹观察，郪江区域有相当一部分崖墓都不同程度地施有彩绘，并且是在墓室大面积地涂刷，特别是有雕刻的部分（图1-4、1-5）。

1.2 四川崖墓工程地质环境概况

1.2.1 四川气候特征

四川气候的特点是：区域差异显著，东部冬暖、春旱、夏热、秋雨、多云雾、少日照、生长季长，西部则冬冷、基本无夏、日照充足、降水集中、干雨季分明；气候垂直变化大，气候类型多，有利于农、林、牧综合发展；气象灾害种类多、发生频率高、范围大，主要为干旱，暴雨、洪涝和低温等也经常发生。四川崖墓分布区域多属亚热带湿润气候，季风气候显著，四季分明，降水充沛，年平均降水量一般为800～1200mm，年平均相对湿度为70%～85%，年平均气温为16.6℃～17.8℃。根据其特征可分为以下几类：

（1）四川盆地中亚热带湿润气候区，即四川盆地及周围山地。该区全年温暖湿润，年平均气温为16℃～18℃，日温≥10℃的持续期为240～280天，积温达4000℃～6000℃。气温日差较小，年差较大，冬暖夏热，无霜期为230～340天。盆地云量多，晴天少，全年日照时间较短，仅为1000～1400h，比同纬度的长江流域下游地区少600～800h。雨量充沛，年降水量为1000～1200mm。

（2）川西南山地亚热带半湿润气候区。该区全年气温较高，年平均气温12℃～20℃，气温年较差小、日较差大，早寒午暖，四季不明显，但干湿季

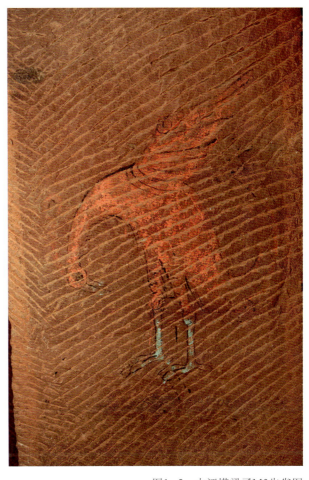

图1-5　中江塔梁子M3朱雀图

分明。降水量较少，全年有7个月为旱季，年降水量为800～1200mm，其中90%集中在5～10月。云量少，晴天多，日照时间长，年日照时间为2000～2600h。河谷地区受焚风影响形成典型的干热河谷气候，山地形成显著的立体气候。

（3）川西北高山高原高寒气候区。该区海拔高差大，气候立体变化明显，从河谷到山脊依次出现亚热带、暖温带、中温带、寒温带、亚寒带、寒带和永冻带等气候类型。总体上以寒温带气候为主，河谷干暖，山地湿冷，冬寒夏凉，水热不足，年平均气温4℃～12℃，年降水量为500～900mm。天气晴朗，日照充足，年日照时间为1600～2600h。

1.2.2　四川崖墓分布区域及地质特征

四川介于北纬26°03'～34°19'和东经97°21'～108°33'之间，位于中国西南腹地，地处长江上游，东西长约1075、南北宽约921km。与7个省（区、市）接壤，北连青海、甘肃、陕西，东邻重庆，南接云南、贵州，西衔西藏。四川的地形可分为川西高原、四川盆地（含成都平原）两大部分。

川西高原为青藏高原东南缘和横断山脉的一部分，地面海拔4000～4500m，分为川西北高原和川西山

地两部分。川西高原与成都平原的分界线是今雅安的邛崃山脉，山脉以西便是川西高原。川西北高原地势由西向东倾斜，分为丘状高原和高平原。丘谷相间，谷宽丘圆，排列稀疏，广布沼泽。川西山地西北高、东南低。根据切割深浅可分为高山原和高山峡谷区。川西高原上群山争雄、江河奔流，长江的源头及主要支流在这里孕育了古老与神秘的文明，特别是近年在岷江上游的考古发现更加证明了古代文明的存在[14]，同时，在属于藏区的理县等地也有少量的崖墓发现。

四川盆地由连接的山脉环绕而成，位于中国大西部东缘中段、长江上游，囊括四川中东部和重庆大部，是川渝的主体区域。人口稠密，城镇密布，经济繁荣，文化昌盛，气候宜人，山水秀丽，人杰地灵，物华天宝，资源丰富，区位优越。四川盆地的面积为26万余平方千米，占四川省面积的46%。四川盆地西依青藏高原和横断山脉，北近秦岭、与黄土高原相望，东接湘鄂西山地，南连云贵高原，盆地北缘米仓山，南缘大娄山，东缘巫山，西缘邛崃山，西北边缘龙门山，东北边缘大巴山，西南边缘大凉山，东南边缘相望于武陵山。这里的岩石主要由紫红色砂岩和页岩组成。这两种岩石极易风化发育成紫色土。紫色土含有丰富的钙、磷、钾等营养元素，是我国最肥沃的自然土壤之一。四川盆地是全国紫色土分布最集中的地方，享有"紫色盆地"的美称。四川盆地底部面积约16万平方千米，按其地理差异，又可分为川西平原、川中丘陵和川东平行岭谷三部分。四川盆地按方位可以细分为川东、川西、川南、川北和川中五部分。崖墓主要分布在四川盆地，而有石刻的崖墓主要分布在盆地的川西、川中和川南3个区域。

四川是多山、多丘陵的地区，山、石与自古以来生活在这里的居民有密切联系，从我们的调查来看，四川有雕刻的崖墓主要分布在绵阳、德阳、乐山、宜宾、眉山5个市区。这几个区域都处于基本相同的自然条件下，而大部分崖墓都位于四川盆地的中东部、北部和南部，并多开凿在江河两岸面水背山的峭壁和山坡上，距水面几米至几十米不等。其间有大渡河、青衣江、岷江、沱江、涪江、嘉陵江、渠江等水系。如绵阳地区的三台郪江崖墓群地处涪江中游，为丘陵及合谷坪坝地形，地势西北高，东南低，随着涪江向下径流而缓慢递降。境内丘包群立，沟谷迂回、宽阔延伸，为四川盆地典型的丘陵景观。地貌构造以剥蚀形成的丘陵为主，侵蚀堆积的阶地漫滩发育也比较普遍。岩性主要为砂岩、泥岩和粉沙岩，属软～较软岩，地貌为丘陵地带。

实地调查资料显示，崖墓的开凿须具备以下的几个基本条件：①岩层较普遍地暴露于地表，或岩层之上的表土很薄，以便选址；②岩层要厚，有厚的岩层才能够根据墓主人的需要开凿出不同空间的多室墓和不同进深的墓葬；③岩石不能过硬，其硬度根据我们测试的结果看，测试硬度为莫氏2.5～6度之间，以砂岩为宜，这样才易开凿不同结构的墓室、壁龛、门楣、斗拱以及各式各样的雕刻；④开凿崖壁地势较高、较陡，这样既便于墓葬的安全又利于排水。

注释

[1] （梁）李膺《益州记》。

[2] （唐）柳宗元《龙城记》。

[3]　（五代）杜光庭《录异记》。

[4]　同[3]。（宋）洪适《隶释》。（明）曹学佺《蜀中广记》。（清）《嘉庆四川通志》。（清）《同治嘉定府志》。（清）《嘉庆乐山县志》。

[5]　E.Colborne Baber, *Travels and research in the Lrterior of China.*

[6]　[英]T.Torrane《四川崖墓》，《亚洲文会会志》1910年第四十一卷；[法]Victor Segalen著、冯承钧译《中国西部考古记》；商承祚《四川新津等地汉墓砖墓考略》，《金陵学报》1940年第10卷第1～2期；杨枝高《四川崖墓考略》，《华文月刊》1942年第6期。

[7]　南京博物院《四川彭山汉代崖墓》，文物出版社，1991年。

[8]　范小平《四川崖墓艺术》，巴蜀书社，2006年。

[9]　四川省文物考古研究院等《三台郪江崖墓》，文物出版社，2007年；四川省文物考古研究院等《中江塔梁子崖墓》，文物出版社，2008年。

[10]　罗二虎《四川崖墓的初步研究》，《考古学报》1988年第2期。

[11]　同[8]。

[12]　同[10]。

[13]　辜其一《乐山、彭山和内江东汉崖墓建筑初探》，《中华古建筑》，第165～192页，中国科学技术出版社，1990年；刘志远《成都天山崖墓清理记》，《考古学报》1958年第1期；唐长寿《乐山崖墓和彭山崖墓》，第27～31页，电子科技大学出版社，1993年。

[14]　蒋威、陈剑《2002年岷江上游考古的收获与探索》，《中华文化论坛》2003年第4期；成都文物考古研究所等《四川茂营盘山遗址试掘报告·成都考古发现》，科学出版社，2002年。

第二章　四川崖墓的价值

四川历史悠久，古代墓葬不仅数量多而且形制多样，如土坑墓、砖室墓、画像砖墓、崖墓、木椁墓、悬棺葬、石棺葬、大石墓等，形成了四川古代墓葬形制之大观。盛行于东汉时期的崖墓是保存至今数量最多、石刻画像最丰富、形制最为多样的一种墓葬形式[1]。特别是崖墓中的石刻画像，内容丰富、姿态迥异、神情逼真、妙趣横生，它们向我们展示了东汉时期的历史画面，对研究四川古代历史、文化、艺术、民俗具有特殊的历史地位、永恒的艺术价值、宝贵的研究价值和科学价值[2]。

图2-1　三台金钟山 I 区M1狗咬耗子

2.1　历史与研究价值

四川盆地及盆地周围山脉交错、丘峦起伏、河流纵横，加之气候温和湿润，植被繁茂，物产丰富，秦汉以来，这里成为经济比较发达的地区，特别是沿江地区更是宜人聚居的场所。而在江河流域，山地丘陵较多，山体岩石强度适中，宜于开凿。随着社会生产和人们认识的进步，崖墓这种利用特有自然条件开凿出来的墓葬形式也就逐步流行起来。秦汉时期，封建社会逐步形成、发展与巩固，其意识形态领域也发生着深刻的变化。大多土地所有者生前追求生活富裕，渴望高官厚禄，死后亦盛行厚葬，渴望过着更为美好的生活或成仙成神。因此，择墓于高阜临水处的"吉地"成为富人生前的愿望，墓中雕刻和随葬品更强调"视死如生"，因而依山傍水、风景宜人的面江山崖成为人们开凿墓穴的理想地区[3]。从时代特征、石刻艺术等各方面的特点看，这一时期的崖墓、砖室墓、画像石墓、画像砖墓都是

图2-2 柏林坡M1秘戏组画

图2-3 中江塔梁子M3胡人舞蹈图

在四川地区境内因地域不同而流行的墓葬形制，都是用石刻、砖刻画像和铭文题记来反映当时的社会面貌。崖墓特别盛行于东汉中后期，魏晋南北朝时趋向小型化并逐渐消逝，被其他葬俗与新的墓葬方式所取代。崖墓是一种具有时代性、地域性特征的墓葬形制，其形成与消亡含有多方面的、深刻的社会历史原因。

四川崖墓石刻画像集中反映了同时期的文化、艺术、宗教和人们的追求与愿望。四川崖墓石刻画像内容十分丰富，有人物故事、仿木建筑雕刻、飞禽及走兽等。三台金钟山 I 区 M1 狗咬耗子图（图2-1），柏林坡 M1 彩绘宴享图、秘戏组画（图2-2），紫荆湾 M3 群鸟[4]，中江塔梁子 M3 仙禽衔鱼[5]，乐山麻浩崖墓 M1 荆轲刺秦、"六博"图[6]等石刻画像的内容和题材与四川地区的画像砖墓、画像石墓画面有很大的一致性，它们都是以画像手法真实生动地反映了当时风俗文化与经济生活的各个方面[7]。四川有纪年题记的崖墓现已有十余处，涉及的年号有"建初（76～84年）"、"永元（89～105年）"、"延光（122～125年）"、"永建（126～132年）"、"阳嘉（132～135年）"、"建和（147～149年）"、"延熹（158～167年）"、"熹平（172～178年）"、"光和（178～184年）"等[8]，这些纪年为崖墓断代提供了重要的依据。四川崖墓仿木建筑雕刻内容齐全，有门框、阙门、斗拱、瓦当、板瓦、椽头、连檐、藻井、隔扇、壁龛、灶台、中心柱、棺床、藻井以及仓廪等，其中以郪江崖墓群斗拱和立柱最为精美和最具代表性。郪江崖墓的柱子可分为檐柱、内柱、壁柱3种，泉水湾 M1 中柱、胡家湾 M1 后室中柱和柏林坡 M1 后室都柱上的3例斗拱柱造型独特、气势宏伟，是研究汉代建筑史不可多见的实物资料[9]。另外，中江塔梁子崖墓 M3 不但是长江流域及其以南地区目前发现时代最早的壁画墓，而且"胡人舞蹈图"（图2-3）是四川发现最早的胡人乐舞资料，在中国汉代考古资料中极为罕见。胡人歌舞群像是早期中西交通史的重要新发现，它可为中国西北及入居西南的湟中月氏胡是印欧人种的观点提供新证。在艺术史上，它也再现了上古西部民族"踏歌"的真实情景，证实了印欧人种入居我国西南的时代可能不会晚于《史记》及《汉书》等相关文献的记载，是中国汉代考古学的重大发现之一，为汉代政治、经济、军事、民族、文化、美术等方面的研究提供了重要依据[10]。乐山麻浩崖墓与柿子湾崖墓中的"坐佛"是现存最早的佛教造像。长宁七个洞等崖墓中出现了一些现在尚得不到确切解释的特殊符号，这些符号在四川出土的画像砖中也多次发现，它们应是一种当时意识形态的有意识的反映[11]。总之，四川崖墓石刻所蕴含的这些信息是研究当时社会发展、经济生活、风俗民俗和意识形态的重要资料。

2.2 艺术价值

四川崖墓石刻兼容了东汉巴蜀地区画像砖、画像石、墓室壁画的风格特点[12]，其造型艺术集中体现在崖墓雕刻的人物造型、动物或神怪造型、几何图案或植物装饰图案造型之中。四川崖墓的一些大型墓室中，石刻造型艺术所占比重十分突出，如乐山麻浩崖墓 I 区 M1 有石刻浮雕27幅，中江塔梁子崖墓群中的 M1、M2、M3 共有石刻浮雕40余幅[13]，中江天平梁子 M1 共有石刻画像及深浮雕、半圆雕造像25处，

图2-4　吴家湾崖墓群M1后室都柱斗拱

图2-5　中江塔梁子M3四室右壁厨仓

三台柏林坡M1共有石刻画像46幅，金钟山Ⅱ区M1共有石刻13幅[14]。这些石刻内容丰富，题材多样，大多以单幅为主，以简练概括的刻画表现物像富有特征的部分，突出整体形象。雕刻采用线刻、剔地浅浮雕、高浮雕和圆雕等多种形式表现，使画面既粗犷奔放，又古朴凝重。有些崖墓用鲜艳的色彩，变化的线条来表现物象的神貌，表现出画师们高超的绘画技巧和艺术修养。俞伟超先生在分析郪江崖墓中出现的彩绘壁画、彩绘浮雕时指出，"造像的形态表现跟彩绘相结合，也是一个特点，我觉得在造型艺术中应单独分一类。过去包括许多其他地区画像石、崖墓中的画像，与彩绘结合的例子很少，前几年在陕北地区发现一批画像石墓，彩绘很漂亮，陕北画像特点也是平面的、单纯的。个别的用朱砂，墨线勾绘的轮廓线能见一点，无细部表现。过去我们怀疑雕刻前是否先勾绘出轮廓线后再雕刻。现在看来，将彩绘和平面雕刻相结合的表现技法是四川崖墓的特点"[15]。

从艺术风格来看，四川崖墓石刻中的人像造型艺术总体上已经摆脱原始岩画艺术中的那种由于主题不确定性而出现的抽象主义倾向，诸多石刻题材（如荆轲刺秦、宴享图、董永事父、胡人舞蹈图等）明显趋向于写实的表现手法，力图再现当时的社会现实生活[16]。一些石刻画像，无论是从轮廓走线还是背景布局都能体现出其雕凿造型能力已经达到较高的水平。从人物结构的理解、人物和场景的组合上可以看出四川崖墓石刻显示的民间艺术已经逐步趋于成熟。中江柑桔梁子崖墓中的人像面具，已经能够比较准确地展现人物面部的骨骼结构特点，反映了石刻艺术者对人像概括的熟练程度[17]。

从四川崖墓石刻的建筑艺术来看，无论是建筑式样、建筑结构还是其葬具形式，都具有一种民居式样的特点。崖墓建筑形式力图还原当时社会生活的居家形式，营造一种视死如生的气氛。从墓门门楣上的铺首，墓室内的斗拱承枋、屋檐、瓦当、中心柱、藻井、天花、格扇到棺床、棺台，这些居家建筑的装饰结构和式样（图2-4、2-5）与其他"居室"、享堂、过道、壁龛、厨灶以及小厕、排水沟等基本建筑结构和谐组合（图2-6），是崖墓建造者在建筑造型上的用心表达[18]。梁思成先生在分析汉代四川崖墓建筑特征时，对于四川崖墓在中国古代建筑史中的地位给予了充分的肯定[19]。四川崖墓具有东汉民居建筑结构的基本式样，从而形成了独特的墓葬建筑风格。因此，四川汉代崖墓石刻在中国古代建筑史、中国汉画美术大系尤其是在中国民间美术发展史中占有举足轻重的地位，同时对四川后来的石窟造像艺术也产生了深远的影响。

2.3　科学价值

四川地区有着悠久的开山凿岩传统，积累了许多关于川中地质方面的科学知识、开山凿洞的技术方法和大规模施工的经验，并造就了大批技艺精良的石工，这些为四川崖墓的出现和盛行提供了先决的技术条件。古文献中虽然没有对崖墓开凿技术的具体记载，但我们从崖墓自身所遗留下来的各种开凿痕迹进行探究，这种开凿技术的出现，并非一日之功，应有一个较长的发展过程，是在当地原有的开山凿洞的施工技术与开凿方法的基础上发展起来的。汉代以前，各种与石有关的墓葬和石墓志的记载反映出四

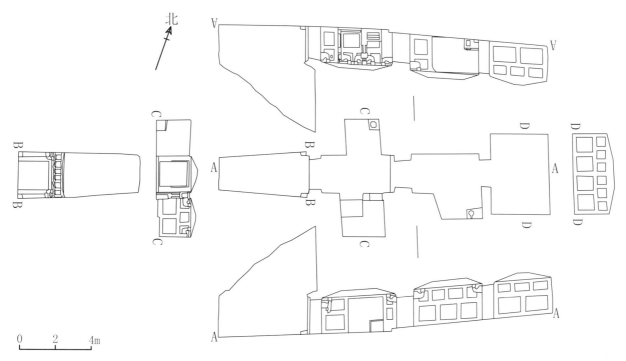

图2-6　金钟山 I 区M2墓室平、剖面图

川地区早期土著居民有开山凿岩的传统。在《蜀王本纪》等众多记载中，常提到"五丁力士"，五丁为何人，有人考证，即是蜀石工中技艺精良者[20]。战国后期，李冰任蜀郡守，大力治水，范围从川西至川南，工程巨大，开山凿岩技术和石雕方法也日臻完备，在都江堰出土的石牛和李冰雕像就是很好的例证。进入秦汉时期后，随着四川社会经济的发展和中原先进冶铁技术的传入，开山凿岩的规模逐步变大。西汉时期冶铁业有了长足进步，四川地区是全国的冶铁中心之一（《汉书·地理志》记载在蜀郡的临邛、键为郡的南安、武阳都设有铁官），当时的冶铁技术能制造更好、更锋利的铁制工具。西汉时期，四川地区已普遍使用铁器，从考古实物资料中也可以得到印证，例如考古发掘的四川地区这一时期的墓葬中，就普遍出土有铁制工具。根据崖墓遗留的凿痕观察，其开凿时不但使用铁工具，而且工具种类多，尤以平凿和尖凿两种遗痕最常见，其中还有大小、粗细之分。

四川汉代崖墓不仅开凿规模较大，而且崖墓的形制也较复杂，如宜宾黄伞崖墓M1、中江塔梁子崖墓M3、彭山双江、长宁七个洞、乐山麻浩等（图2-7、2-8）。开凿这些大中型崖墓，其石方工程量一般都有几十甚至上百立方米，多则可达六七百立方米，这么大的工程必须集中相当数量熟练的工匠才能完成，而崖墓的安排布局和规划方面，也应有专门的管理人员，这些充分反映了当时大规模开凿作业的组织和管理能力。在开凿技术上，这些大型墓葬的开凿可能使用了一种特殊的方法——冲击式顿钻法。这种方法主要是运用"冲量原理"，用钻头顿击岩壁以捣碎岩石。侧壁上对称的小孔，就是用于安装碓架横梁的，当横梁搭好后，便成为一种简易的碓架，在碓架横梁上用吊绳将前部装有铁凿头的撞桩吊上，来回滑动撞桩，顿击岩壁，捣碎岩石。当开凿到一定深度时，再将碓架向墓室深处转移，结果在崖墓中

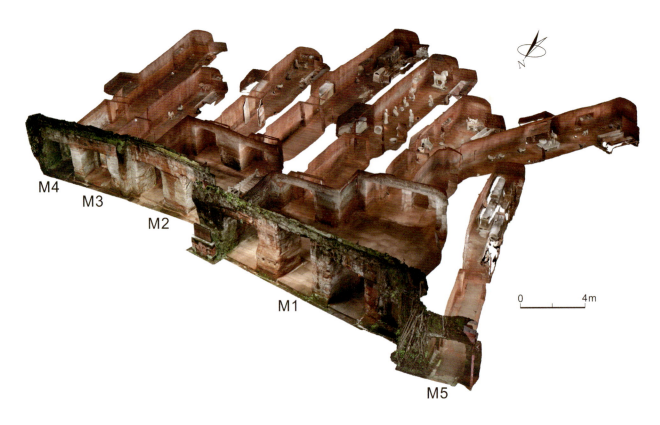

图2-7　乐山麻浩崖墓A区墓室结构立面图

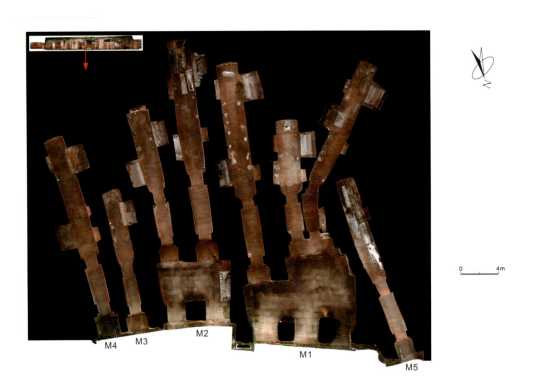

图2-8　乐山麻浩崖墓A区墓室平面布局图

图2-9 柏林坡M1后室都柱斗拱

就留下了这些不同形状的凿痕和数量不等的小孔[21]。开凿技术越到后期愈趋向一致，崖墓一般都排列整齐，一个山坡或山岩的崖墓大小基本一致，而且墓门、墓室内的结构大多雷同，一些崖墓墓内的钻痕与墓顶的弧度都很近似。另外，四川许多崖墓（如麻浩崖墓、瑞峰崖墓、金钟山崖墓、黄伞崖墓等）为防止山水侵蚀，在墓门上凿有前伸的岩檐，岩檐后侧或墓内凿有排水明沟，这些排水设施至今还能起到排水作用。一些大型崖墓如柏林坡M1（图2-9），由于崖体构造裂隙较发达，崖墓建造者巧妙地在构造裂隙交汇中心设计中央大斗拱，既有效地预防了裂隙交叉处的墓顶坍塌，又为大型墓室提供了足够的力学支撑，充分展示了古人的智慧，所有这些都真实地反映了当时的开凿技术和构思理念，四川崖墓为了解当时社会的开采技术提供了实物依据，其科学价值不同凡响。

注释

[1] 王子岗《试论四川东汉崖墓的研究价值》，《四川文物》1987年第2期。

[2] 四川省文物考古研究院等《三台郪江崖墓》，文物出版社，2007年；四川省文物考古研究院等《中江塔梁子崖墓》，文物出版社，2008年；四川大学历史系七八级考古实习队等《四川宜宾黄伞崖墓调查及清理简报》，《考古与文物》1984年第6期；四川大学考古专业七八级实习队等《四川长宁"七个洞"东汉纪年画像崖墓》，《考古与文物》1985年第5期；唐长寿《四川乐山麻浩一号崖墓》，《考古》1990年第2期。

[3] 同[1]。

[4] 四川省文物考古研究院等《三台郪江崖墓》，文物出版社，2007年。

[5] 四川省文物考古研究院等《中江塔梁子崖墓》，文物出版社，2008年。

[6] 唐长寿《四川乐山麻浩一号崖墓》，《考古》1990年第2期。

[7] 刘志远《四川汉代画像砖反映的社会生活》，《文物》1975年第4期。

[8] 同[1]。

[9] 钟治等《四川三台郪江崖墓群柏林坡1号墓发掘简报》，《文物》2005年第5期；四川省文物考古研究所等《四川三台江崖墓群2000年发掘报告》，《文物》2002年第1期。

[10] 同[5]。

[11] 同[1]。

[12] 范小平《四川画像砖艺术》，第40～70页，巴蜀书社，2006年。

[13] 同[5]。

[14] 同[4]。

[15] 俞伟超《郪江崖墓的研究价值》，《中国文物报》2003年6月1日。

[16] 范小平《四川崖墓艺术》，第47～54页，巴蜀书社，2006年。

[17] 同[1]。

[18] 范小平《四川崖墓石刻建筑艺术》，《四川文物》2007年第6期。

[19] 梁思成《中国建筑史》，第61～64页，百花文艺出版社，1998年。

[20] 吴敬恒《丑丁论实》，《说文月刊》1942年第3卷第9期。

[21] 罗二虎《四川崖墓开凿技术探索》，《四川文物》1987年第2期。

第三章　四川崖墓的主要病害类型
与重点研究崖墓病害调查

3.1　四川崖墓的主要病害类型及特征概述

四川崖墓主要集中分布在以成都平原为中心的涪江、岷江和嘉陵江流域，因受区域地形地貌、地层岩性、岩石构造及外部环境等各种因素的长期作用，四川崖墓主要存在以下病害类型。

3.1.1　岩体病害及特征

岩体病害包括岩体裂隙病害、危岩（危石）及危岩垮塌病害。

1. 岩体裂隙病害

在地质构造运动中，岩体受力产生变形或破坏，当作用力达到或超过岩体的（抗压、抗拉、抗弯和抗剪）强度时，其连续性、完整性及原始状态遭到破坏所产生的永久性破坏或变形，称为断裂构造和褶皱，包括裂隙、劈裂和断层3种。当岩体发生破裂，破裂面两侧的岩石尚没有产生明显相对位移或仅有微小位移时称裂隙；岩体受力后，具有沿着一定方向劈开或平行或大致平行的密集的薄层或薄板的构造时称劈裂；岩体受力发生断裂，破裂面两侧的岩石体沿断裂面发生明显的剪切滑动和位移时，称为断层。四川崖墓中普遍存在岩体裂隙病害，其类型可分为构造裂隙、机械裂隙和风化裂隙3种[1]。

构造裂隙是岩体生成后受地质构造运动而形成的裂隙。地质构造裂隙是在崖墓开凿以前就产生的。从岩体稳定性考虑，构造裂隙作为一种地质运动的产物，相对人类历史发展，其变化缓慢，因此构造裂隙并不是崖墓最直接的病害，但是构造裂隙造成的次生病害则直接影响其岩体的稳定性和石刻表面的外观形貌。

机械裂隙在地质工程中也叫荷载裂隙，指岩体因外力扰动、受力不均、地基沉降、岩体自身构造等引起的开裂现象，一般这类裂隙多伸入岩体内部，严重时会威胁石刻的整体稳定。另外，崖墓墓顶草本植物、灌木和乔木根系十分发达，特别是一些高大的乔木根系可以在岩石缝隙中延生数十米。这些根系只要有一点缝隙，就能在岩石中生长，并迅速向下延生。随着根系的发育壮大，对周边岩石的挤压力也随之加大，小的缝隙会逐渐发育变大。同时，植物根系分泌的一些酸性物质加速了岩石风化和可溶性盐的形成，而这些盐分也为植物的生长提供了养分。机械裂隙是影响崖墓岩体稳定性的主要病害之一，极易引起崖墓岩体的坍塌和崩解。

风化裂隙是指石质文物表面由于自然风化、溶蚀导致的沿岩体纹理发育的裂隙，除薄弱夹带附近区域呈条带状分布且较深外，一般比较细小且较浅，多呈外大内小的"V"字形。

裂隙的存在会严重影响崖墓石刻岩体的稳定性及外观形貌。其危害主要表现在以下几方面：第一，裂隙的存在使得地表的雨水很容易进入崖墓，是崖墓产生严重水害的主要原因之一；第二，各种裂隙发育相互切割贯通会导致崖墓岩体的整体坍塌和局部脱落，是崖墓岩体坍塌原因之一；第三，裂隙中被泥土填充，这些泥土遇水膨胀，失水收缩，对岩体产生间歇的膨胀应力。靠近裂隙的石刻基体容易在这种应力作用下出现机械裂隙，最终造成石刻基体的脱落或坍塌。

2. 危岩（危石）及危岩垮塌病害

危石是由于受各种裂隙的相互切割，与原岩母体已基本脱离后又止于原岩坡体上的、处于极限平衡状态或稳定性极小的小型岩块或孤石。危岩体是由于受各种裂隙的相互切割或水的冲蚀作用，与稳定母岩体分割开的岩体，或虽未分割开，但各种构造面已基本贯通，处于极限平衡状态或稳定性很低的岩体[2]。危岩体或危石在各种自然营力作用下发生倾倒、崩塌、下错和坠落，对崖墓造成的损伤破坏，称为危岩（危石）及危岩垮塌病害。危岩（危石）及危岩垮塌病害是崖墓病害中最常见的一种病害类型。

3.1.2 滑坡病害

滑坡病害是指崖墓坐落的山体失稳，滑坡体沿一定滑动面下滑产生的破坏，多指山体滑坡、大型错落和崩塌滑坡。在一定自然条件下的斜坡由于河流冲刷、人工切坡、地下水活动或地震等因素的影响，滑动面沿着一定的软弱面（带）整体缓慢、间歇性以水平位移为主的变形现象，称为滑坡。其产生滑动的过程大致分为蠕动挤压、缓慢滑动、剧滑和重新稳定4个阶段。滑动后形成环状后壁、台阶、垄状前缘等外貌。滑坡的特点是滑动面在向下滑动时始终与下伏滑床保持接触，其水平位移距离一般大于垂直位移距离。滑坡的成因可从滑坡的形成条件、作用因素和触发因素三方面分析。形成条件包括地形地貌、岩性、坡体结构、地质构造、水文地质条件、滑动面（带）形态及土质、临空面及植被状况等[3]。作用因素包括地震、降雨（雪）、河（海）流冲刷、自然堆载（如崩塌等）等自然因素及开挖、堆载、灌溉、水库蓄水放水、采空塌陷、爆破震动、砍伐森林等人为因素。滑坡病害在四川崖墓中存在较少。

3.1.3 水害

水害是指由雨水及地表水、渗水、地下水和凝结水等对崖墓造成的危害，按水害来源可分为地表水水害、地下水水害和冷凝水水害。

1. 地表水水害

由于崖墓顶部均存在较大的汇水斜坡区且基本没有完整的地表截、排水系统，使崖顶地表水排泄不畅，降雨时，大气降雨直接冲刷墓门岩体，或在风作用下，雨水飘进墓室内对墓内石刻表面造成直接冲刷和淋漓冲蚀。另外，墓顶坡体汇集的地表水沿墓门岩檐和基岩裂隙向下渗漏产生侵蚀破坏或沿墓室侧壁向下流淌形成面流。其危害主要表现在两方面：一方面，地表水沿墓门门楣石刻壁面漫流，水中常含有微生物或少量矿物等杂物，在石刻表面形成沉淀积累，对石刻造像产生遮盖或污染，影响石刻造像的整体观赏性。同时雨水面流造成岩体表面干湿交替变化较大，从而加快岩石表层风化速度。另一方面，面流冲蚀或淋漓冲蚀，在连续降水情况下容易对墓门石刻造像产生直接冲刷，致使石刻造像局部开裂、裂隙扩大或岩石产生剥落残缺和表面风化酥松。地表水水害普遍存在于崖墓墓门、享堂或前室侧壁的前端。

2. 地下水水害

地下水水害可分为基岩裂隙渗水水害、基岩孔隙渗水水害和毛细水水害。

（1）基岩裂隙渗水水害。大气降雨或地表积水沿裂隙下渗至崖墓处，沿裂隙方向以点线状出露产生渗水点，在崖墓侧壁上沿各裂隙面可见到白色线条状或云朵状渗水痕迹。基岩裂隙渗水对崖墓及石刻的主要危害表现为：①在水沿裂隙直接渗入墓的过程中，裂隙水软化裂隙周边岩石，改变岩体强度，使裂隙逐渐扩大，从而加速墓室和裂隙周边岩体的风化速度；②在裂隙水不断渗入和渗出的循环过程中产生水汽，改变了墓室的原有湿度，对石刻表层造成危害，特别是渗水在运动转移过程中，将可溶性盐带到岩体和石刻表面，随着温度和湿度的变化而产生的膨胀或收缩应力会对石刻造成破坏；③当基岩裂隙水运移排泄不畅时，裂隙水在岩体中滞留，而四川地区的砂岩孔隙率较大，透水性较强，滞留的裂隙水以孔隙水的方式向外渗漏，造成墓壁局部潮湿，加速石刻风化破坏；④基岩裂隙水在渗水处形成的渗水痕迹或渗水产生的钟乳石等钙垢物覆盖层给石刻造像的观赏性造成较大影响。

（2）基岩孔隙渗水水害。由于四川地区崖墓砂岩的孔隙率较大、渗水性强，墓顶后缘坡体地表水下渗进入岩层，转换成基岩裂隙水和基岩孔隙水。在地下水运移过程中，基岩裂隙水和基岩孔隙水之间也相互转换。基岩孔隙水在补给侧水压力及自身重力作用下，沿墓壁临空面渗出形成基岩孔隙水渗水病害。主要危害表现在：①软化岩石，孔隙水直接从石刻本体渗出，软化石刻本体所附岩石，加速石刻的风化；②溶蚀破坏，基岩孔隙水一般运移路线较远，在运动过程中水解溶蚀岩体中部分矿物（如长石、黏土杂基、胶结物等）并产生可溶盐，可溶盐被水携带至岩体松弛圈范围内（岩体松弛圈的形成主要是由于开凿崖墓特别是开挖大型崖墓引起的，崖洞形成后使顶部岩体失去了支撑，四壁岩体失去侧向约束，同时洞顶上方岩体的荷载转由围岩支撑，使崖墓四壁岩体应力进一步集中，并出现劈裂、破碎或微裂隙，使岩石强度在一定厚度范围内明显降低，松弛圈厚度一般为0.5~1.5m），可溶盐的结晶膨胀使岩石松弛圈表层酥碱、起皮或脱落，加速其风化破坏，另外基岩孔隙水会降低岩体松弛圈内岩体的强度和整体性。

（3）毛细水水害。由于崖墓处于山体中，大部分崖墓地面距离地下水位较近，为毛细水的上升提供了水源条件，崖墓地面至地下水水位的高度小于墓区毛细水强烈上升高度，且崖墓砂岩的大孔隙率提供了上升通道，导致墓内地面上一定范围形成高低不等的毛细水带。毛细水病害在崖墓内的高程较低，在靠近地下水水位的墓壁底部较严重，而在离地下水位较远者的墓壁中上部较轻微。主要危害为：①墓壁底部及岩壁局部隔水体上部的毛细水带，雨季出现，旱季消失，毛细水升降和干湿循环变化造成盐分在岩体中迁移、富集、结晶或化学类型改变，引起岩体风化破坏；②毛细水的上升使墓室底部长期处于潮湿状态，为微生物提供了良好的繁殖生长环境，致使墓壁底部产生生物病害。

3．冷凝水水害

由于崖墓深埋于山体中，冬季时墓内温度比墓外气温高3℃～5℃，夏季墓内温度比墓外气温低3℃～5℃。雨季时，由于基岩裂隙水和基岩孔隙水渗出、地下毛细水上升等原因，使墓内湿度非常大。特别是四川盆地及周边地区，雨季常发生在春夏季节，这时墓内常常是高湿闷热，墓内相对湿度常常在90%以上。墓外空气中的水汽进入墓内，遇冷凝结成水珠附着在墓壁表面，使墓壁表面潮湿。

3.1.4 风化及风蚀病害

风化病害是四川崖墓普遍存在的病害，按风化产生的原因可分为物理风化和化学风化。①物理风化作用。物理风化作用是指在温度、水与植物根系的作用下岩体发生的机械破坏过程，其结果是使岩体整体性发生破坏，产生风化裂隙，加大原有裂隙宽度，进而使岩体破碎。温度对岩石机械破坏的机理表现在岩石传热过程缓慢，外界温度发生变化时，吸热与散热过程不平衡，产生温差应力，使岩体发生破裂。水对岩体的机械破坏是通过结晶膨胀作用来实现的，水的结晶作用包括结冰与盐分结晶两方面。一方面，岩体的原生节理裂隙中含有地下水，当气温下降而结冰时，其体积增大，对岩壁产生一定压力，对岩体造成冰劈破坏。另一方面，地下水中含有的各种可溶盐随环境温湿度变化而沉淀结晶，同样会对岩壁产生压力，具有较强的破坏力。植物根系的机械破坏现象表现在树木根系深深扎于岩体裂缝中，随着树木的生长、根系的发育及树木随风摇动，岩石裂缝加大，直至岩石开裂。②化学风化作用。化学风化作用是指岩体在空气、水与微生物的作用下发生的化学反应过程，其结果不仅使岩石破碎，而且使岩石的成分、结构发生显著的变化，甚至可使岩石劣变。岩石化学风化的作用方式有氧化、水化、碳酸盐化、溶解、水解与盐基交换等，且多数与水的活动密切相关，水在化学风化过程中起主导作用。

按风化病害的表现形式可分为表面片状剥落、表面泛盐、粉状剥落、鳞片状起翘剥落、表面溶蚀和孔洞状风化等。①表面片状脱落是由于外力扰动、水盐破坏、温度周期变化导致石质文物表层片状、板块状剥落的现象，多伴随表面空臌起翘现象。②表面泛盐是由于毛细水与可溶盐活动，可溶盐在石刻表面富集并形成可溶盐富集结晶析出的现象。③粉状剥落是由于周期性温湿度变化、冻融作用及水、盐活动等原因导致的石质文物的酥粉剥落现象，多发生于质地较为疏松的沉积岩类文物表面。④鳞片状起翘剥落是由于保存环境温差变化较大、易发生融冻现象或曾发生过烟火焚烧，石质文物表面产生的起翘与剥落现象。⑤表面溶蚀是指因长期受雨水的冲刷在石质文物（主要是碳酸盐类）表面形成的坑窝状溶蚀坑与溶蚀沟槽，导致石质文物表面损失和破坏。⑥孔洞状风化是指由于沉积岩石中的软质夹杂物溶蚀、脱落作用而在石质文物上形成的小孔洞类的风化现象[4]。

风蚀作用是指风对岩石表面松散物质和岩体中的软弱夹层及胶结物的吹蚀、搬运、堆积的过程，强烈的风蚀作用也是促使崖墓所在岩体加速风化的因素之一。

3.1.5　生物病害

四川崖墓大多处于潮湿温热的气候条件下，地表植被生长茂盛，植物根系发达，生长周期长。在崖体上生长有灌木、藤本植物、乔木、杂草及苔藓地衣等，其中根系发达的藤本植物和乔木直接发育于岩体裂隙中。植物根系（尤其是大型木本植物）的根劈作用使岩石的结构面不断张开，最终加大岩体裂隙，导致岩体稳定性下降。同时在生物与矿物相互作用的过程中，生物可以从矿物中直接或间接获取生长所需的物质和能量，并提升自身对环境的适应性以及与其他生物的竞争性[5]，与此同时发生矿物的微生物降解或微生物矿化作用[6]。岩体表面生长的苔藓植物将假根深入酥松层对岩体产生根劈破坏，另外植物分泌的有机酸也会腐蚀岩石，从而加快岩石的风化破坏速度。动植物的遗体腐烂后产生有机酸和气体，并形成腐殖质，与岩石中的不稳定矿物发生反应，腐蚀、分解岩石。

3.1.6　表面污染、变色与人为破坏

四川崖墓表面污染主要包括岩石中的方解石溶解析出在表面分解形成钙垢层、生物尸体腐败沉积于岩石表面引起变色、大气及粉尘沉降对表面污染等，另外部分崖墓曾作为人和牲口的居住场所，存在人为涂鸦、刻画以及烟熏等造成的表面污染和损坏现象。同时由于保护引起的变色与污染（例如采用铁箍、铁质扒钉等加固断裂部位而引起的石质文物表面变色和不正当涂刷引起的表面变色）也归入该类病害。

3.2　四川重点崖墓病害现状调查

从已发掘的考古资料来看，内容丰富、价值高、规模大的崖墓石刻主要集中在全国重点文物保护单位。根据四川崖墓特点、价值及分布状况（图1-3），本研究主要对三台郪江崖墓群的金钟山Ⅰ区、金钟山Ⅱ区、天台山M1、紫荆湾、柏林坡M1、松林嘴M1和吴家湾M1、中江塔梁子崖墓群、彭山江口崖墓群的2个分布点、乐山麻浩崖墓Ⅰ区、乐山柿子湾崖墓M1、乐山青神瑞峰崖墓群Ⅰ区、宜宾黄伞崖墓群M1、宜宾石城山崖墓群的3个分点及长宁七个洞崖墓群等18个分布点的110座崖墓进行了病害现状调查。

3.2.1　三台郪江崖墓群

三台郪江崖墓群分布于三台县的郪江、安居两镇，北距三台县城48km，地理坐标北纬30°49′06.4″～30°45′39.8″，东经105°05′11.4″～105°05′31″（图3-1）。崖墓集中分布在以郪江镇为中心的15平方千米的核心范围内，通常开凿在郪江、锦江两岸，多成群分布于沟湾山麓的山脚至山腰以上的部位，相对独立。郪江崖墓多开凿于东汉中晚期，以多室墓为主，一般可分为墓道、墓门、甬道、前室、中室、

图3-1　三台郪江崖墓群地理位置图

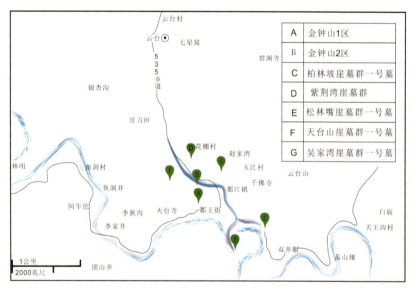

A	金钟山1区
B	金钟山2区
C	柏林坡崖墓群一号墓
D	紫荆湾崖墓群
E	松林嘴崖墓群一号墓
F	天台山崖墓群一号墓
G	吴家湾崖墓群一号墓

图3-2　三台郪江崖墓群各分布点地理位置图

后室、侧室和耳室。墓室面积最小者 $2\sim3m^2$，最大者 $80m^2$，最深者达 $25m$。墓内大都有精美的圆雕和浮雕石刻，其中说书人、力士顶危崖、狗咬耗子、猴子吃桃等图案形象生动，较为罕见。

三台县郪江区域属亚热带湿润性气候，季风气候显著，四季分明，具有冬暖、春旱、夏热、秋凉，降水量充沛的特点。年平均降水量为 $800\sim1000mm$，年平均相对湿度为 $70\%\sim82\%$，年平均气温为 $16.6℃\sim17.8℃$。墓群多分布在沟湾山麓之间，周边虽有人群居住区，但距墓群10公里内无化工厂等大型污染源，空气质量较好，雨水pH值为5.8（取样时间为2013年5月15～17日，取样点为金钟山Ⅰ区），降水阴离子中以硫酸根离子为主。

1. 金钟山Ⅰ区

金钟山位于郪江镇1村，紧邻郪江场镇西北面，山的南坡面对郪江河，锦江河沿北坡山脚流过，在郪江场的西北角汇于郪江。金钟山虽然不高，但较为陡峭，崖墓分布密集，所以据山间南、北两坡，划分为Ⅰ、Ⅱ两区分别编号。Ⅰ区墓群位于郪江镇1村4社，金钟山Ⅰ区M1～M6分布于该山中段长约50m的陡坎上。墓区依山傍水，坐北向南，墓向210°，地理坐标北纬30°45′56.5″，东经105°05′17.7″（图3-2），海拔约355m，与山脚村间机耕道相对高度约15m（其外景见图3-3）。1958年，合作社组织村民开垦土地时发现墓群，并清除墓内淤土，在墓前形成宽约10m的梯地。多年来墓门洞开，各墓内有精美的仿木结构建筑和画像雕刻，时常有人进入墓内观赏，加之周边山体的开山采石，对崖墓造成了不同程度的损坏[7]。金钟山Ⅰ区画像石刻及仿木建筑雕刻主要刻于M1～M4。

图3-3　金钟山Ⅰ区M3～M5外景

（1）岩体裂隙及危岩（危石）垮塌病害

M1前室有2条主要裂隙，分别从两侧墓壁通过墓顶贯通，2条裂隙总长16.15m，宽0.3～5.5cm，裂隙倾角为63°～69°。裂隙在雨季时漏水严重，裂隙中填充砾泥质结核物，裂隙周边钟乳石厚约0.1～0.5cm（图3-4）。前室墓顶右侧大片垮塌，垮塌区2.3m×2.4m。中室甬道门框上有3条垂直于地面的裂隙相互交叉贯通至墓顶，裂隙总长4.8m，宽0.3～5.5cm。中室墓壁中间有一条主要构造裂隙从墓顶贯通至两侧壁，裂隙长约6.3m，宽2.3cm，倾角75°（图3-5）。中室后侧有一条主裂隙从墓顶贯通两侧壁，裂隙长6.6m，宽4.8cm，倾角65°。裂隙中填充砾泥质结核物，周边有厚约0.3cm的白色钟乳石。后室甬道门柱处有一裂隙从墓顶延伸至两侧壁，裂隙长6.6m，宽3.5cm，倾角82°。后室右壁有3条裂隙从墓底延伸至墓顶没有贯通墓顶壁，3条裂隙总长6.3m，宽0.2～1.0cm，倾角约80°；后室左壁有一条裂隙从墓底延伸至墓顶但没有贯通墓顶壁，裂隙长1.56m，宽0.4cm，倾角72°，后室裂隙没有渗水痕迹。

M2前室有5条大的裂隙，裂隙基本垂直于地面，从一侧墓壁贯通墓顶与另一侧墓壁的裂隙贯通，裂隙总长6.65m，宽1.8～5.3cm。裂隙中填充砾泥质结合砂岩，周边有白色钟乳石覆盖（图3-6）。前室墓顶片状剥落，剥落区1.5m×1.2m，厚约20cm。中室有3条裂隙通过墓顶贯通两侧壁，裂隙总长约15.5m，宽0.5～6.0cm，倾角65°～73°。中室左耳室墓顶处于软弱夹层，墓顶大片垮塌，垮塌区1.8m×2.2m，厚约25cm（图3-7）。后室两侧壁有一条主要裂隙从一侧墓壁经墓顶和墓底贯通至另一侧墓壁，裂隙长13.4m，宽0.4～4.0cm，倾角约65°。

图3-4　金钟山Ⅰ区M1前室右壁裂隙

图3-5　金钟山Ⅰ区M1中室墓壁裂隙

图3-6　金钟山Ⅰ区M2前室左耳室裂隙

图3-7　金钟山Ⅰ区M2中室垮塌的墓顶

图3-8　金钟山Ⅰ区M3前室左耳室裂隙

图3-9　金钟山Ⅰ区M3后室裂隙内的钟乳石

M3前室有一条垂裂隙从左耳室侧壁经墓顶贯通至右侧室墓壁，总长6.35m，宽0.1~2.0cm，倾角约80°（图3-8）。中室侧壁有一条裂隙经墓顶和墓底贯通至另一侧墓壁，总长16.5m，裂隙宽1~6cm，倾角85°，裂隙中填充钟乳石、泥土和粉质泥。中室左侧室墓顶夹在两条裂隙中间，墓顶垮塌区0.7m×2.2m。后室前端有一条构造裂隙从侧壁经墓底和墓顶贯通至另一侧壁，裂隙长8m，宽2~5cm，倾角约80°。后室中部有一条裂隙从左侧室的左壁延伸至正室墓顶，裂隙长5.5m，宽1~4cm，倾角约75°。后室左侧室的后端有一条构造裂隙从左壁经墓顶贯通延伸至正室右壁，裂隙长7.5m，宽2.0~3.5cm，倾角79°，裂隙中填满钟乳石（图3-9）。

M4前室有3条主要裂隙，裂隙从左侧室的侧墓壁经墓顶和墓底贯通至右耳侧壁，每条裂隙长约9.2m，宽0.5~7.8cm，倾角82°~87°。前室墓顶沿崖体层理大片垮塌，塌落区4.0m×1.7m（图3-10）。中室有一条主要裂隙经墓底、墓顶贯通两侧壁，裂隙总长8.2m，宽2.0~5.5cm，倾角71°。后室两侧壁共有3条主要裂隙经墓顶贯通至另一侧墓壁，每条裂隙长约10.5m，宽3~5cm，倾角40°~58°。后室中心柱左侧斗拱垮塌（图3-11）。

M5左侧墓壁有一条主裂隙，长约3m，宽0.5~1.0cm，倾角80°。M6有3条主要裂隙从一侧壁经墓顶贯通至另一侧墓壁，每条裂隙长约5.4m，宽0.3~1.0cm，倾角69°~82°。

（2）水害

金钟山Ⅰ区崖墓群中有一条明显构造裂隙和软弱夹层带贯通整个墓群，雨季时，坡顶地表水和岩层淤积水沿裂隙和墓壁孔隙向墓内渗漏非常严重

图3-10　金钟山Ⅰ区M4前室垮塌的墓顶

图3-11　金钟山Ⅰ区M4后室垮塌的斗拱

图3-12　金钟山Ⅰ区M4中室裂隙渗水

图3-16 金钟山 I 区M2墓门风化病害

图3-13 金钟山 I 区M6后壁岩体渗水

图3-14 金钟山 I 区M1地面积水

图3-15 金钟山 I 区M1墓顶层状剥落

（图3-12、3-13）。其中M1～M6常年渗水，在墓底有明显的积水坑。另外，由于墓口与墓前耕地齐平，加之墓葬渗水严重，墓室内十分潮湿，夏季时墓壁表面有冷水水珠挂流（图3-14）。

（3）风化病害

①剥落

金钟山 I 区崖墓群中，片状剥落垮塌主要发生于墓室顶部。墓顶由于渗水作用，岩石内部发生水合反应，矿物在吸水以后体积骤然膨胀，使岩石开裂处或层理部位产生大片剥落。另外，部分发生水合作用的部位有构造裂隙存在，地表的植物根系会沿构造裂隙延伸至墓顶，最终到达层状节理裂隙处。植物根系一旦进入层状节理裂隙便会大大加速裂隙的扩张。崖墓石刻片状剥落垮塌常与渗水、裂隙、植物根系3个要素紧密相连。

M1前室门框呈粉状剥落及片状剥落，前室墓顶沿层理呈片状剥落，剥落厚度8cm，剥落区1.1m×1.4m（图3-15）；前室东壁后端"狗咬耗子"、"猴子吃桃"轻微粉状风化。中室甬道西侧门框上"持笏烛人"脸部风化。

M2墓门檐口、瓦当及斗拱严重风化（图3-16），风化表面覆盖藻类和藓类。前室墓顶片状剥落，剥落区

1.5m×1.2m。前室仿木结构雕刻轻微粉状剥落。中后室雕刻风化较轻，雕刻上仍有红色颜料。

M3前室左壁前端仿古建筑雕刻风化严重，呈粉状、片状剥落，瓦当雕刻轮廓模糊，其他雕刻如仓廪呈粉状脱落，风化程度较轻（图3-17）。

M4前室建筑雕刻轻微粉状剥落，靠墓门端风化稍严重，墓顶渗水处局部脱落（图3-18）。

② 表面泛盐

金钟山Ⅰ区崖墓群地表毛细水十分丰富，裂隙渗水和孔隙渗水严重，水的运动给墓葬石刻表面带来丰富的可溶盐。当壁面干燥时，盐在崖面析出并在表面形成泛盐病害。M1、M3和M6的墓壁均能见到表面泛盐（图3-19）。

（4）表面污染与人为破坏

金钟山Ⅰ区渗水使墓顶表面或裂隙周边形成厚0.1～0.5cm的钙质沉积层，其中M2、M3、M5墓顶形成的钟乳石长达1cm（图3-20、3-21）。另外金钟山Ⅰ区还有两种人为污染和破坏，一种是文物工作者提取石刻资料时不当拓片产生的渗墨，污染石刻表面（图3-22）；另外一种是游客恶意刻画，在石刻表面留下刻画字迹（图3-23）。

（5）颜料脱落

金钟山Ⅰ区中M1～M4的仿木结构建筑和画像雕刻都涂有朱红色颜料，但是目前这些颜料大部分已经脱落，仅局部存在痕迹（图3-24、3-25）。

（6）生物病害

M1墓门门框表面生长有藻类和藓类植物（图3-26）。M3墓底潮湿，在前室左壁、中室右侧室墓壁靠近地面的部位生长苔藓藻类和霉菌。M4前室右侧室靠地面处长满苔藓。M5墓室潮

图3-17　金钟山Ⅰ区M3仓廪风化病害

图3-18　金钟山Ⅰ区M4墓顶层次剥落

图3-19　金钟山Ⅰ区M1墓壁表面泛盐

图3-20　金钟山 I 区M5墓顶的钟乳石

图3-21　金钟山 I 区M1墓顶钙质沉积

图3-22　金钟山 I 区M1石刻表面拓片墨迹

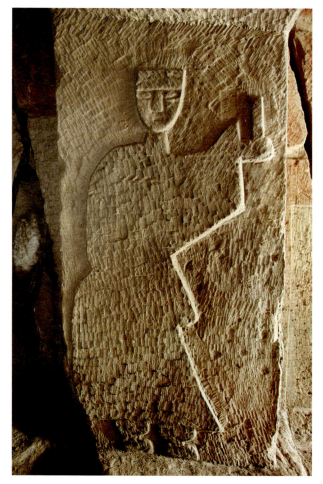

图3-23　金钟山 I 区M1石刻表面人为刻画

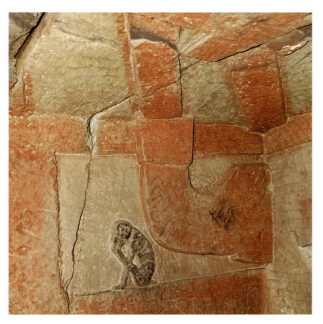

图3-24　金钟山Ⅰ区M1墓壁颜料脱落

图3-25　金钟山Ⅰ区M2墓壁颜料脱落

湿，墓底长苔藓杂草。M6特别潮湿，墓壁及墓底长满青苔和地衣。

2. 金钟山Ⅱ区

金钟山Ⅱ区墓群位于郪江镇1村5队，东距郪江场镇仅0.5km，锦江河顺山脚流向郪江镇，三仓公路也沿山脚而过。地理坐标为北纬30°46′02.9″，东经105°05′14.3″（图3-2），海拔约366m，与山下三仓公路相对高度约20m。金钟山Ⅱ区M1～M5坐落在金钟山北坡中段山腰，5座崖墓坐南向北，排列紧密，分布在一段因开山采石而形成的陡崖上（图3-27），墓道均有不同程度的损毁。M1～M5均有画像石刻及仿木建筑雕刻。

（1）滑坡病害

金钟山Ⅱ区崖墓群位于开山采石形成的悬崖之上，5座墓室呈"一"字排开。M1和M2之间出现大面积的坡体塌方，形成悬崖，人无法通过，目前采用人工搭桥的方式建造简易的人

图3-26　金钟山Ⅰ区M1墓壁生物病害

图3-27 金钟山Ⅱ区崖墓群远景

图3-28 金钟山Ⅱ区M1外山体塌方

行通道。这处塌方严重威胁到2座墓室的安全（图3-28）。

（2）岩体裂隙及危岩（危石）垮塌病害

金钟山Ⅱ区裂隙包括构造裂隙、机械裂隙和风化裂隙。3种裂隙共存，或独立或交叉。裂隙是金钟山Ⅱ区崖墓群的主要病害之一，这些裂隙严重影响了崖墓石刻岩体的稳定性。构造裂隙出现在金钟山Ⅱ区崖墓群的各座墓中。这些构造裂隙的发育走向基本沿山坡自上而下，呈垂直削切山体走势，裂隙之间多数平行发育，少数交叉，交叉处出现局部坍塌、脱落。

M1前室右侧室全部垮塌，垮塌区1.65m×2.10m。墓门门框有一条主要裂隙经墓顶贯通至两侧墓壁，总长8.4m，宽3cm，倾角62°，裂隙造成前室墓顶垮塌（图3-29）。前室左侧室后壁有3条交叉裂隙，裂隙宽1～5cm，3条裂隙发育延伸至前室墓顶时汇聚成一条宽度为5cm的裂隙，裂隙总长12.9m（图3-30）。后室甬道右侧壁裂隙与前室裂隙贯通。后室左侧室墓壁有2条裂隙，总长约3.5m，宽0.5～2.0cm，倾角分别为65°和70°，2条裂隙没有延伸到墓顶。

M2前室有一条裂隙从左壁经墓顶和墓底贯通至右侧墓壁，裂隙长约8m，宽0.5～2.5cm，倾角为69°。墓顶裂隙填充泥土、泥质结核物及树根，裂隙周边有钟乳石层。后室墓顶前端垮塌，垮塌区0.6m×1.6m，厚20cm。

M3前室有一条裂隙从左壁经墓顶和墓底贯通至右侧墓壁，裂隙长8.3m，宽0.5～3.5cm，倾角为65°。墓顶裂隙填充泥土、砾泥质结核砂石及树根，裂隙周边有钟乳石层（图3-31）。

M4墓道严重垮塌，前室墓顶与墓壁交界处有宽15～20cm的软弱夹层，软弱夹层与墓底裂隙贯通（图3-32），裂隙总长7m，宽3cm。前室左侧墓顶垮塌，垮塌区0.5m×1.5m，厚15cm。后室墓顶与右侧墓壁交界处有宽15cm的软弱夹层，墓顶软弱夹层与墓壁及墓底裂隙贯通，裂隙总长9.3m，宽0.5～2.5cm，倾角75°。裂隙中填充泥土、水垢。后室左侧室门框垮塌，左侧室墓顶垮塌，垮塌区1.8m×1.1m，厚约80cm（图3-33）。

M5墓道左侧壁有一条水平裂隙发育延伸至前室，裂隙长约3.5m，宽0.5～1.5cm，裂隙贯穿前室甬道左右两壁的"仙鹤"和"门吏"石刻（图3-34）。前室有一裂隙从左壁经墓顶和墓底贯通至右侧墓壁，裂隙总长7.8m，宽0.5～4.0cm，倾角80°～83°。裂隙中填充泥土和砂石，裂隙周边有白色钟乳石。后室有一裂隙从右壁后角经墓底和墓顶贯通至左侧壁，裂隙总长8.9m，宽约1cm。裂隙中填充泥土、植物根系和钟乳石。后室顶部垮塌，垮塌区2.10m×0.19m，厚30cm（图3-35）。

图3-29　金钟山Ⅱ区M1前室裂隙

图3-30　金钟山Ⅱ区M1前室裂隙

图3-31　金钟山Ⅱ区M3前室裂隙及钟乳石

图3-32 金钟山Ⅱ区M4前室墓顶软弱夹层

图3-33 金钟山Ⅱ区M4后室左侧室垮塌的墓顶

图3-34 金钟山Ⅱ区M5贯通石刻的裂隙

图3-35 金钟山Ⅱ区M5后室垮塌的墓顶

图3-36 金钟山Ⅱ区M1石刻风化病害

图3-37　金钟山Ⅱ区M5石刻风化病害

图3-38　金钟山Ⅱ区M1水害

（3）风化病害

M1后室甬道两侧壁雕刻风化较严重，表面长有青苔（图3-36）。后室右壁底部"舞俑"风化较严重，左侧壁底部雕刻表面有白色钙垢层。M3前室右壁雕刻轻微风化，表面长满苔藓。M5前室甬道门左右两壁"站吏"及"仙鹤"石刻粉状剥落，风化较严重，局部轮廓模糊（图3-37）。

（4）水害

M1前室前半部垮塌，雨水和地表水直接冲到前室地面。M1前室底部十分潮湿，后室靠近墓底处较潮湿（图3-38）。M3前室前半部分受雨水、山体流水冲刷，致使前室地面及墓壁十分潮湿，后室中室较前室干燥。M4墓道顶部垮塌，雨水地表水倒灌到前室，泥土淤积（图3-39），后室左侧室墓顶裂隙有渗水痕迹。M5墓门门楣雕刻受雨水、地表水冲蚀，前室墓壁靠近地面20～30cm处十分潮湿。

（5）颜料脱落

M1墓室内仿木建筑雕刻表面使用了朱红色颜料，目前只有局部残存少量痕迹，大部分颜料已经脱落（图3-40、3-41）。

（6）生物病害

M1的前室右壁、后壁及左侧室长满苔藓及杂草，后室甬道右壁雕刻上长满苔藓地衣（图3-42）。M3前室靠近地面80cm内的墓壁表面长满苔藓地衣，中室、后室无苔藓植物。M4前室、后室墓壁无苔藓。M5前室墓门门楣斗拱雕刻长有苔藓，门框两侧壁雕刻下半部分长满苔藓，前室墓壁底部长有苔藓（图3-43）。

图3-39　金钟山Ⅱ区M4前室泥土淤积

图3-40　金钟山Ⅱ区M1墓壁颜料脱落

图3-41　金钟山Ⅱ区M1墓壁颜料脱落

图3-43　金钟山Ⅱ区M5墓壁生物病害

图3-42　金钟山Ⅱ区M1墓壁生物病害

3. 柏林坡崖墓群一号墓（M1）

柏林坡位于郪江镇2村，大致呈西北、东南向。西北端距郪江场镇约3km，郪江从西南山脚经东南山嘴绕山流过。该山崖墓分布十分密集，均由山脚至山顶分层分布，尤其以山腰墓葬分布最为密集。柏林坡崖墓群中M1最具代表性，此次仅对M1进行了病害调查。M1位于柏林坡的东南端，郪江镇2村4队村民邹品恩屋后自留坡地。地理坐标为北纬30°45′34.5″，东经105°05′59.8″（图3-2），海拔高度约为351m，与山脚村间机耕道相对高度约30m。M1坐西向东（图3-44），墓向108°。墓内有大量彩绘和画像石刻，主要分布在墓门门枕石、前室左壁、前右耳室、中左侧室和后室左前壁壁柱与壁穿间的壁板上[8]。在病害调查之前已经完成了防渗处理，调查时未见明显的渗水病害，但表面的水锈和钙垢沉积物表明，该墓室在防渗排水处理前长时间遭受渗水侵蚀。

（1）岩体裂隙及危岩（危石）垮塌

M1中裂隙危害十分严重，不仅数量多，且每条裂隙都比较宽，最宽处约10cm。前室左壁有一竖向裂隙，在左壁斗拱处发育成多条小裂隙，裂隙长2.7m，宽约1cm。前室右侧室有3条基本垂直墓底的裂隙发育延伸至墓顶崖体，每条裂隙墓内长2.3m，宽1～3cm。中室左侧室有2条垂直于墓底的裂隙，下端延伸到墓底，顶端发育到墓顶山体，裂隙墓内长2.4m，宽5～6cm。中室右侧室有一裂隙发育延伸至墓顶岩体，长约2.8m，宽6cm，倾角60°。后室右壁有2条宽3～7cm的竖向裂隙，后室后壁中央有2条宽3cm的竖向裂隙在墓顶处相交并向后室墓顶十六棱都柱处发育延伸。后室左壁有一条宽5～8cm的竖向裂隙经墓底和墓顶延伸至右壁和后壁，并与这两壁裂隙交叉贯通。后室墓顶有6条宽3.5～8.0cm的裂隙交叉并与墓壁裂隙贯通，使墓顶斗拱处形成危石向下错落（图3-45）。

M1墓内开裂部位长时间受到水、温度变化及其他不利因素的影响，造成岩体结构面发生变化，使其不能支撑自身的重力，出现大面积垮塌。前室墓顶沿层理严重坍塌，垮塌区3.3m×2.9m，厚约0.3cm。中室墓顶严重坍塌，坍塌区1.3m×1.6m，厚1m（图3-46、3-47）。后室墓顶靠门框处坍塌，垮塌区0.5×1.0m。后室十六棱都柱斗拱局部坍塌，斗拱右侧坍塌区0.2m×0.3m，厚

图3-44　柏林坡M1外景

图3-45　柏林坡M1后室斗拱裂隙

图3-46　柏林坡M1墓内垮塌现状

图3-47　柏林坡M1墓内垮塌现状

图3-48　柏林坡M1石刻风化

图3-49　柏林坡M1石刻风化

图3-50　柏林坡M1墓壁颜料脱落

15cm；斗拱左侧坍塌区0.1m×0.3m，厚20cm。

（2）风化病害

M1墓门门枕石雕刻严重风化，墓道两壁岩体粉状、层状剥落。前室左壁朱雀、青龙等动物雕刻及彩绘人物严重粉状风化和片状剥落，在有裂隙的部位雕刻风化更为严重，局部轮廓模糊（图3-48、3-49）。前室右侧室后壁上下两层壁板的画像石刻下层严重风化，模糊不清，上层雕刻风化较严重，但能辨认。中室和后室的画像石刻风化相对较轻，但部分靠近墓底的雕刻风化严重，中后室及墓顶的仿木建筑雕刻存在轻微粉状风化。

（3）颜料脱落

M1墓顶藻井、朱雀、骏马等动物雕刻采用朱红色和靛青色颜料装饰，仿木建筑雕刻多采用靛青色涂刷，这些颜料大部分已经脱落，仅残留少量痕迹（图3-50）。

（4）生物病害

植物根系沿裂隙伸到墓室内，使墓顶坍塌。墓门门枕石雕刻表面长满苔藓，但墓内雕刻表面没有生长苔藓地衣（图3-51）。

图3-51　柏林坡M1墓壁生物病害

4．紫荆湾崖墓群

紫荆湾崖墓群位于郪江镇1村8社，东北距郪江场镇约2km，锦江沿山脚流过，形成一窄带状平坝。山丘不高，墓葬分布密集，从已暴露的崖墓观察，自山脚至山顶分3层排列。M1～M14均分布于该山中段二级台地内侧长约160m的陡坎上，地理坐标为北纬30°46′19.1″，东经105°05′12.2″（图3-2、3-52），海拔约360m，与山脚村间小路相对高度约12m。1958年，合作社组织村民挖山平地时发现，并在墓前形成宽约25m的梯地。

开山采石造成紫荆湾崖墓墓道都有不同程度的损坏。M1～M3相距紧密，早年被盗墓者从M1墓门进入后，连续凿穿相邻的M2、M3侧耳室壁，进入墓室，所以M2、M3两墓封门完好，当地村民误认为是一座墓葬，于是称之为"二十四间房"。又因为M1前、中室有繁复的画像和仿木建筑结构形式雕刻，所以当地又称"波斯洞"或"花洞子"[9]。

在病害调查时，紫荆湾崖墓群正在进行防渗加固保护，防渗工程已经完成，墓内渗水病害减弱。但在墓顶部及墓壁有大量的水渍和钙质沉积物，表明该崖墓群曾遭受较为严重的渗水侵蚀。另外，该崖

图3-52 紫荆湾崖墓M1～M4远景

图3-53 紫荆湾崖墓崖体软弱夹层

图3-54 紫荆湾M1前室左侧墓顶坍塌

群所处崖体有一条近似水平走向、宽约20cm的软弱夹层贯穿整个墓群，软弱夹层正好处于墓室的顶部和腰间（图3-53）。软弱夹层是岩体中夹有的强度较低的泥层和软化夹层，其厚度比相邻岩层小，力学强度和变形模量也较低，夹层中的黏土层遇水极易崩解，破坏岩体的稳定性。因此，该崖墓的许多病害都与该软弱夹层带有关。因M10～M14墓门用砖石封闭，且墓内无画像石刻，本次只对M1～M9进行病害调查。石刻画像及仿木建筑雕刻主要分布于M1～M3、M5和M7。

（1）岩体裂隙及危岩（危石）垮塌病害

M1墓道左侧及前室左侧墓顶完全垮塌（图3-54），垮塌区4.1m×2.1m，厚0.2m；前室右侧墓顶大片剥落，剥落区1.5m×1.9m。后室墓顶中央坍塌，垮塌区1.5m×1.4m，厚0.25m。

M2前室、中室墓顶全部垮塌，垮塌区3.2m×5.4m，厚32cm。后室左右两壁各有一条垂直于墓底的裂隙向山顶发育，裂隙长1.9m，宽1.5～3.5cm；后室墓顶沿层理向下坍塌（图3-55）。

M3墓道及前室甬道两侧壁有两处宽约25cm和16cm的软弱夹层，前室甬道侧壁处于软弱夹层，前室甬道墓顶坍塌层厚10cm，甬道两侧壁雕刻多处开裂（图3-56）。前室左壁有一裂隙延伸至前室墓顶中央，裂隙长3.5m，宽约4.5cm，倾角约65°，裂隙中填充泥土、树根。中室甬道右壁有一裂隙经墓顶和墓底与左壁裂隙贯通，一直延伸至中室右侧室的地面和右壁，总长3.95m，宽2~6cm，倾角约60°，裂隙内填充泥土。

M4前室墓顶夹层坍塌，坍塌区1.96m×1.60m，厚25cm（图3-57）。前室左壁有2条裂隙经墓底交叉延伸至右壁软弱夹层，裂隙总长7.5m，宽2.5cm，倾角约70°。前室墓顶中央沿墓纵轴方向开裂，裂隙长1.9m，宽约1.8cm。

M5前室墓顶多处开裂，裂隙纵横交错，宽0.3~0.5cm，有些裂隙与左壁构造裂隙相连。前室右侧室墓顶坍塌，坍塌区2.85m×2.10m，厚30cm（图3-58）。前室右壁斗拱有一小块塌落。中室左侧室墓顶大片坍塌，坍塌区2.5m×1.1m，厚15cm。中室右壁斗拱开裂坍塌（图3-59）。后室墓顶有2条宽3.2~4.5cm的裂隙，相互交错，向山顶崖体延伸。后室右侧室墓顶右侧坍塌，坍塌区2.2m×3.3m，厚37cm。

图3-55　紫荆湾M2后室墓顶坍塌

图3-56　紫荆湾M3前室甬道墓壁裂隙

图3-57　紫荆湾M4前室墓顶坍塌

图3-58　紫荆湾M5前室右侧室墓顶坍塌

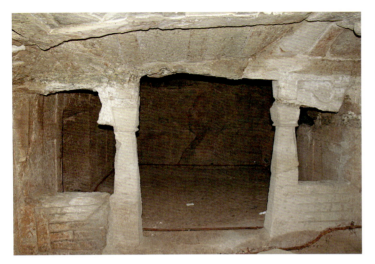

图3-59 紫荆湾M5中室坍塌现状

图3-60 紫荆湾M6墓顶坍塌

图3-61 紫荆湾M7前室垮塌

图3-62 紫荆湾M1雕刻风化病害

图3-63 紫荆湾M3雕刻风化病害

M6前室右壁后端有一裂隙贯通墓底及墓顶发育延伸至左侧室左壁，裂隙总长7.2m，宽2.5cm，倾角约50°（图3-60）。

M7前室墓顶全部坍塌（图3-61），中室左壁有一裂隙发育延伸至墓顶崖体，裂隙墓内长2.4m，宽2cm，倾角87°。

（2）风化病害

M1前室甬道人像严重风化，面目不清，前室甬道左壁"仙鹤"风化较严重，局部模糊。前室右壁前端雕刻严重风化，局部模糊不清（图3-62），后端雕刻粉状剥落，表面覆盖泥渍和钙垢，前室左壁及中室墓壁雕刻风化较轻。M2内的仿木建筑雕刻风化较轻。M3前室甬道人物、动物雕刻严重粉状剥落，局部轮廓模糊（图3-63），前室墓顶左侧部分雕刻垮塌毁坏，其中央天花藻井保存较好；中后室雕刻保存较好，靠地面雕刻局部风化稍严重。M4斗拱雕刻轻微粉状风化。M5中室甬道侧壁仙鹤雕刻粉状风化较严重，后室仿木建筑雕刻风化较轻。M7前室甬道左右两壁雕刻的奔马、鱼、门吏风化严重，局部线条风化缺失，前室及中后室仿木建筑雕刻风化较轻。

（3）水害

M1由于前室墓顶大面积垮塌，造成雨水、地表水冲刷到墓内，墓内十分潮湿。M2前室及中室常年有水侵蚀，非常潮湿，后室墓底潮湿，墓壁较干燥。在墓顶防渗处理前，M2渗水十分严重并造成墓顶层状垮塌（图3-64）。M3前墓室渗水较严重，地面潮湿，特别是雨季时地面常有积水。M4前室地面潮湿，中室、后室稍好。M5渗水较严重，雨季时地面十分潮湿，

图3-64　紫荆湾M2墓顶水害

图3-65　紫荆湾M6墓顶水害

图3-66　紫荆湾M1雕刻表面钙质沉积

图3-67 紫荆湾崖墓墓壁钙质沉积

图3-68 紫荆湾崖墓墓壁上的人为污染

图3-69 紫荆湾M6墓壁生物病害情况

常有积水。M6墓顶及墓底十分潮湿（图3-65），雨季时墓底有积水。M7和M8墓顶防渗处理前渗水严重，目前有所改善。

（4）表面污染

① 钙质沉积

紫荆湾崖墓群的部分墓室（如M1～M5）因墓室内常年渗水，将岩石中方解石与水中CO_2反应生成的可溶性碳酸氢钙带到石刻表面，在光和热的作用下又重新生成不溶的碳酸钙沉积并覆盖在石刻表面，严重影响其外观形貌（图3-66、3-67）。

② 人为污染

2011年对紫荆湾崖墓群墓室顶部进行了防渗加固处理，对石刻表面的碳酸钙做了部分剔除，但在剔除钙质沉积物时，由于方法不当或操作不仔细，在石刻表面留下了很多划痕，给石刻造成了二次损伤（图3-68）。

（5）生物病害

M1墓道左侧及前室墓顶左侧受树木根劈导致墓顶局部垮塌（参见图3-54），前室、后室四周墓壁均长满藓类。M2前室、中室壁面长满藓类，后室无苔藓。M3前甬道外侧雕刻表面有藓类。M4只有前室门框及左壁长藓类。M6前室右壁底部长满藓类（图3-69）。M7前室右壁植物根劈致使墓顶局部坍塌，根系深入墓内，墓内无苔藓。M8有根系伸入墓内。

5. 松林嘴崖墓群一号墓（M1）

松林嘴墓群位于郪江镇2村4社，西南距郪江场镇约2.5km，郪江绕西侧山脚而过。目前松林嘴崖墓群只发掘清理了M1。M1位于村民卢祯明自留地旁山崖，地理坐标为北纬30°45′26.1″，东经105°05′53.9″（图3-2），海拔约367m，与山脚村间机耕道相对高度约15m。20世纪70年代，村民在开山造地过程中发现。墓道前端已遭部分破坏，坐西向东，墓向90°。M1为斜坡踏道式三室墓，由墓道、墓门、甬道、前室、中室、后室和侧室、耳室组成，全长18.7m，最宽处9.1m。后室与墓道现存开口之间斜坡高差1.6m[10]。

在病害调查时，该墓已经完成墓顶防渗处理，渗水病害稍有好转。墓室内部的裂隙变化正在监测。

在该墓的下方，有一条宽约20cm的软弱夹层（图3-70），该夹层处于墓道的中部，延伸至中室时处于墓底，穿过后室地平下方。画像石刻主要分布在前室甬道侧壁、后室左右侧室及墓顶。

（1）岩体裂隙及危岩（危石）垮塌

前室墓顶沿层理大面积垮塌，垮塌区2.7m×3.5m，厚15cm。墓室距地面60cm处有宽20cm的软弱夹层，横向延伸至后室两侧壁，总长7.3m。前室两侧壁有数条竖向小裂隙，相互交错，延伸至墓顶（图3-71）。中室的软弱夹层部位多处出现坍塌。后室右侧室中央坍塌，坍塌区1.4m×1.6m，厚37cm。后室两侧室及墓顶各有一条裂隙延伸到两侧壁与软弱夹层带贯通（图3-72），每条裂隙长3~5m，宽约3cm。

（2）风化病害

墓道两侧严重风化剥落，表面凹凸不平，开凿痕迹模糊不清。前室甬道仙鹤、阙楼等雕刻风化较严重，特别是处于夹层或夹层与细小裂隙交叉部位的雕刻，鳞片

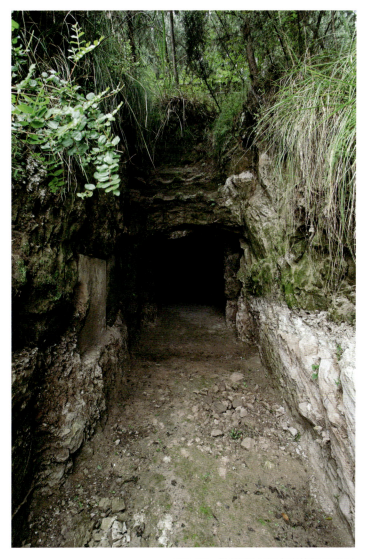

图3-70　松林嘴M1所在崖体软弱夹层

图3-71 松林嘴M1墓顶裂隙

图3-72 松林嘴M1墓壁裂隙

图3-73 松林嘴M1仓廪底部鳞片状剥落

图3-74 松林嘴M1墓顶层状剥落

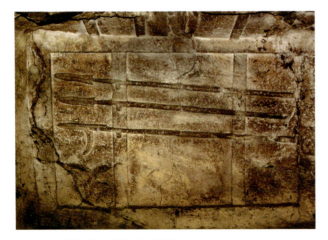

图3-75 松林嘴M1墓壁表面污染

图3-76 松林嘴M1墓壁表面污染

图3-77　松林嘴M1墓室水害情况

图3-78　松林嘴M1前室顶部生物病害

状剥落十分严重，局部模糊不清（图3-73）。墓门的右侧室墓顶后端天花藻井部分层状剥落（图3-74），墓顶及后室两侧室的雕刻保存较好。

（3）表面污染

在M1石刻表面，钙质沉积物随着渗水不断富集，致使表面覆盖一层厚约0.2cm的钙层或钟乳石，严重影响石刻造像外观。由于沉积物与基体的热膨胀属性不一致，当温度发生较大变化时，这种收缩率的差异极易导致沉积物与附着面的分离，附着钙垢层的剥落容易将石刻表层一同剥落，造成石刻表面破坏（图3-75、3-76）。

（4）水害

无雨时，墓室内较干燥，雨季时，地表水沿裂隙向墓内渗漏，整个墓室裂隙渗漏严重（图3-77），墓室侧壁及墓顶上的水渍和钙质沉积物是墓室渗水产生的后果之一。做防水处理后，渗水病害稍有好转。

（5）生物病害

植物根系沿墓顶裂隙伸入，在前室墓顶垮塌部位能明显看到植物根须（图3-78）。墓内雕刻表面无苔藓、地衣等植物。

图3-79　天台山M1外景

6. 天台山崖墓群一号墓（M1）

天台山崖墓群位于郪江镇1村5社天台山，南距郪江镇1km，锦江河与三仓公路沿山脚而过。目前天台山崖墓群发掘清理的只有M1。M1位于天台山中段，地理坐标为北纬30°46′12.6″，东经105°05′02.8″（图3-2），海拔约361m，与山下三仓公路相对高度约15m。M1坐南向北，墓向34°，为斜坡式单室墓，由墓道、墓门、甬道和墓室、侧室组成，全长17.2m，最宽处5.6m（图3-79）。墓室后端与墓道现存开口之间斜坡高差约1m[11]。石刻画像分布在该室右后侧室内龛形崖棺上。

（1）岩体裂隙及危岩（危石）垮塌

天台山M1的裂隙发育不多，几乎没有裂隙交叉的现象。裂隙自上而下顺山坡走势发育。墓门右侧门框有一条裂隙延伸至墓顶崖体，裂隙在墓内部分长1.8m，宽7cm，倾角65°。前室左壁前端有多条裂隙发育延伸至墓顶，长1.8~2.5m，宽0.1~0.3cm，倾角为60°~85°，前室甬道左壁石刻表面多处开裂（图3-80）。中室左壁中段有一条裂隙贯通墓顶发育延伸至右壁，裂隙总长约5.2m，宽2~6cm，倾角

图3-80 天台山M1前室甬道墓壁裂隙

图3-81 天台山M1后室裂隙

图3-82 天台山M1前室坍塌的墓顶

图3-83 天台山M1后室坍塌的墓顶

为71°。后室侧室的左右两壁有一裂隙经墓顶相互贯通，裂隙宽3～5cm，总长约5.5m，倾角为68°（图3-81），裂隙内填充泥土和砾泥结核物。机械裂隙主要集中在斗拱上方应力比较集中的地方。

墓顶前端沿岩体层理大面积塌落，垮塌区为2.46m×2.16m，厚16cm（图3-82）。右前侧室后壁劈裂，大块脱落。中室中段墓顶中央垮塌，垮塌区2.8m×1.5m，厚30cm，右后侧室顶部藻井沿岩体层理片状剥落十分严重。后室墓顶后端中央坍塌，垮塌区1.07m×1.90m，厚30cm（图3-83）。

（2）风化病害

前室甬道左壁石刻严重粉状剥落，轮廓模糊，表面酥碱严重并附积垢物（图3-84），前室右壁斗拱及龛形崖棺上雕刻轻微粉状风化，右后侧室藻井沿层理层状剥落（图3-85）。

（3）颜料脱落

M1的右后侧室仿木结构建筑雕刻多采用彩绘形式加以表现。右后侧室立柱上部和拱身涂靛青色，柱上栌斗、散斗以及栌斗上蜀涂成鲜红色。该室东壁龛形崖棺顶部用朱彩勾边的靛青色绘日字形天花和橼桷，四壁也用靛青色绘制壁柱和壁穿，斗拱表面有红色颜料，右后侧室藻井上有红色、靛青颜料。这些颜料矿物质经过漫长岁月，颜料中胶结物质基本失去，大部分彩绘已经脱落，仅局部保存极少的颜料或痕迹（图3-86）。

图3-84　天台山M1前室甬道石刻风化病害

图3-85　天台山M1后室石刻层状剥落

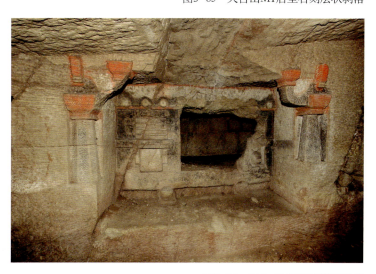

图3-86　天台山M1墓壁颜料脱落

图3-87　天台山M1墓顶生物病害　　　　　　　　图3-88　天台山M1墓壁生物病害

（4）水害

因山顶距离墓室地面不高，山体中的地下水含量有限，只有在雨季时地表水才顺着裂隙渗入墓室，墓壁表面没有大面积渗水痕迹和钙质结晶物。另外，该墓为斜坡单室墓，加之墓道前方为一高10m左右的山崖，排水能力良好，该墓毛细水病害相对其他崖墓较轻。

（5）生物病害

墓顶植物根系顺着裂隙向下延伸进入到前室墓顶，前室墓顶坍塌处能看到伸入的树根（图3-87），前室甬道左壁雕刻表面长满藓类和其他微生物（图3-88）。

7. 吴家湾崖墓群一号墓（M1）

吴家湾墓群位于郪江镇1村9社，南距郪江场镇约1.5km，北与紫荆湾墓群相连，锦江沿山脚蜿蜒流过。目前吴家湾崖墓群只发掘清理了M1。M1位于吴家湾山的中段，地理坐标为北纬30°46′13.5″，东经105°05′16.2″（图3-2），海拔约352m，与山脚小路间相对高度约20m。20世纪70年代，村民在开山造地时发现。墓道前端已遭部分破坏。M1坐东向西，墓向290°，为斜坡踏道式三室墓，由墓道、墓门、甬道、前室、中室、后室和侧室组成，全长13.8m，最宽处6.55m（图3-89）。后室与墓道现存开口之间斜坡高差1m[12]。M1内部没有画像雕刻，但是在后室中央矗立着一根较粗的都柱承斗口跳斗拱，柱高0.85m，径0.75～1.00m。柱上承栌斗，栌斗前面和两侧有斗拱，斗拱通高1.75m，整个都柱十分宏伟壮观。

（1）岩体裂隙及危岩（危石）垮塌

M1所处崖体中有一条沿纵轴发育的软弱夹层，该夹层宽约为1m（图3-90），其内部层状节理发育丰富。夹层的泥岩矿物在水的作用下产生较大的膨胀应力，从而导致开裂和脱落等病害。

前室甬道两侧壁有多条风化裂隙，长5～30、宽0.1～0.8cm，甬道顶部外侧沿层理剥落。中室右侧门柱垮塌，左门框下部局部缺失。中室右侧室前壁有一条宽约6cm的裂隙，前壁沿裂隙垮塌，垮塌区1.2m×0.6m，厚30cm。中室左侧室后壁有一裂隙垂直墓底发育延伸至墓顶，裂隙长1.8m，宽3cm，

图3-89　吴家湾M1外景

图3-91　吴家湾M1后室裂隙

图3-90　吴家湾M1崖体软弱夹层

图3-92　吴家湾M1后室斗拱裂隙

裂隙中填充泥土和钙垢。后室两侧壁各有2条垂直于墓底的裂隙，裂隙止于墓顶，每条裂隙长1.65m，宽约2cm（图3-91）。后室后壁有2条裂隙贯通后室墓底，其中一条从后室都柱贯通，裂隙总长约10.2m，宽2~3cm，倾角约70°。后室都柱承斗口跳斗拱多处开裂（图3-92）。

（2）风化病害

前室甬道两侧壁有多处风化裂隙，前室门柱、侧壁及顶壁多处层状剥落（图3-93），中室甬道右门框风化垮塌，左门框下部风化缺失，后室都柱承斗口跳斗拱轻微粉状风化。

（3）表面污染

M1中虽有很多钙质沉积物，但由于墓内雕刻较少，钙质沉积物对该墓的影响较小。前室甬道侧壁岩石表面覆盖一层厚约0.2cm的泥土与钙垢混合层。中室门框表面覆盖厚约0.15cm的钙层。后室都柱斗拱上有一层钙垢层（图3-94），影响都柱斗拱外观形貌。

（4）水害

M1墓顶已做了防渗排水处理，墓室渗水病害稍有好转，但从斗拱、墓壁以及部分裂隙处的钙

图3-93　吴家湾M1前室墓壁风化病害

图3-94　吴家湾M1后室斗拱表面污染

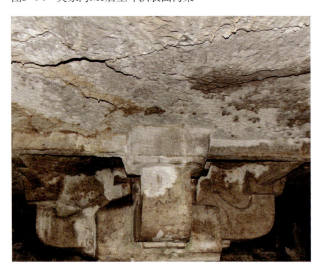

图3-95　吴家湾M1墓室水害

图3-96　吴家湾M1墓门上部生物病害

质沉积物来看，M1内部受到水侵蚀十分严重（图3-95），特别在雨季，地下水仍沿裂隙和墓壁向墓内渗漏。前室受雨水、地表水直接冲蚀，毛细水病害也较严重，前室墓底地面潮湿，中后室墓底相对干燥。但雨季时，整个墓室受渗水及毛细水侵蚀较严重。

（5）生物病害

墓门及前室地面长满苔藓植物（图3-96），中室和后室较干燥，无苔藓植物。

3.2.2　中江塔梁子崖墓群

中江塔梁子崖墓群属全国重点文物保护单位，位于德阳市中江县民主乡八村七社玉江（郪江上游）

北岸的塔梁子半山腰上，地理坐标为北纬30°45′、东经104°53′（图3-97）。塔梁子崖墓群开凿于东汉中晚期，已发掘墓葬9座，尚有数座墓葬未发掘。M1～M9从右至左顺山势依次横向排列分布在塔梁子东西长约400m、距山脚高约30m的浅红色砂岩上（图3-98）。有单室、双室和多室等几种形制，以多室墓为主，由墓道、墓门、甬道、主室、侧（耳）室、棺床、壁

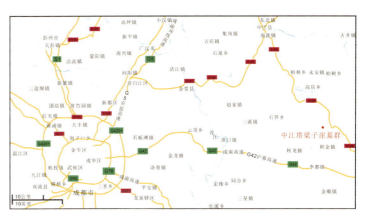

图3-97　中江塔梁子崖墓群位置示意图

图3-98　中江塔梁子崖墓M1～M6远景

龛、灶、案等组成。本次对M1～M9的病害现状进行了调查。中江塔梁子崖墓群M1～M9发现有壁画、彩绘、墨书榜题和石刻画像，共有石刻画像30余幅，主要分布于M3、M4、M6和M8。每个墓室都有仿木结构建筑雕刻，其形式多样、装饰丰富，其中，在M3中发现有8幅墓室壁画[13]。

中江县位于川中丘陵地区西部，属亚热带湿润性气候，四季分明，年平均气温为16.7℃～17℃，年平均相对湿度为72%～80%。无霜期286天，年均降水量为880～1050mm，降水主要集中在6～9月。塔梁子崖墓处于山体中上部，整个墓葬埋于周边岩土中，崖体中含有较多泥质结核、泥岩夹层。墓周植被茂盛，因此墓内常年潮湿，墓内相对湿度一般均在80%以上。距墓区约200m处为居民住宅区，但周边10km内无化工厂等大的污染源，空气质量较好，雨水pH值为5.2（取样时间为2013年5月15～17日），降水阴离子中以硫酸根离子和硝酸根离子为主。

（1）岩体开裂、危岩垮塌病害

M1前室有4条主要裂隙，其中一条从左侧室底部起贯穿前室墓顶，裂隙长4.58m，宽3～16cm，其余3条均在左侧室左壁，裂隙基本垂直于墓室长轴方向（图3-99）。后室顶部垮塌，垮塌区2.1m×2.4m。后室有4条较大的裂隙，其中一条主裂隙从左侧室沿墓顶、墓底一直贯穿整个墓室并延伸至右侧室，裂隙长11.64m，最宽处达11cm，倾角约65°。其他3条裂隙沿此裂隙发育，长短不一。另外，左右侧室分别有不同长度的裂隙相互交错。

M2前室左侧室有一裂隙延伸至墓顶，在墓顶发育成4条裂隙相互交错，这一条裂隙贯穿整个墓室，裂隙总长16.64m，宽3～15cm。前室顶部垮塌部位已修整。后室有4条主要裂隙，其中一条从左侧室贯通墓顶延伸至右侧室，裂隙总长约8.5m，宽0.5～7.0cm。后室左侧室墓壁有一裂隙发育延伸至前室，裂隙长2m，宽1.0～2.5cm，倾角约55°（图3-100）。后室右侧室右壁有一裂隙从墓底发育延伸至墓顶，裂隙长2.1m，宽1.5cm，倾角约65°。

M3前室墓顶大面积垮塌，垮塌区2.3m×2.9m，墓顶2条裂隙相互交错，一条裂隙从右侧室顶部前端延伸至前室左后端，裂隙长6.61m，宽1～10cm。另一条裂隙基本与墓室纵轴平行，长3.98m，宽1～3cm。

图3-99 中江塔梁子M1前室裂隙

图3-100 中江塔梁子M2后室裂隙

二室有5条主裂隙，其中2条分布于二室右侧室墓顶，一条贯穿整个墓顶，长3.34m，宽1～11cm，裂隙走向NE80°，另一条从墓顶经右侧室前壁延伸到墓底，长2.34m，宽0.5～5.0cm，裂隙走向NE35°。另3条分布于二室正室墓顶，其中一条由墓顶发育至墓底，扩开，有钙质结晶和泥砂物。另2条位于墓顶右边，一条长1.38m，宽2～5cm，裂隙走向NE25°；另一条长1.93m，宽1～3cm，裂隙走向NE35°。正室墓顶3条裂隙相互交叉。二室墓顶前端有0.50m×0.35m的区域塌落。三室有多条大裂隙，三室正室有3条主要裂隙，基中一条贯穿三室墓顶经左侧室前壁发育至三室墓底，总长5.53m，宽0.5～4.0cm，裂隙走向NW35°。另一条贯穿三室墓顶发育延伸至左前壁，长1.97m，宽1～4cm，裂隙走向NW45°。第三条切割三室墓底和墓顶，全长3.53m，宽1～4cm，裂隙走向NE78°。三条裂隙在三室顶部交叉。三室右侧室墓顶有3条主要裂隙，其中一条横切整个侧室，贯穿墓顶和墓底发育延伸到四室甬道和正室的墓顶和墓底，长4.96m，宽1.5～8.0cm，裂隙走向NE85°，另两条较短，一条长0.56m，宽0.5～4.0cm，裂隙走向NE25°，一条长1.42m，宽0.5～4.5cm，裂隙走向NW55°（图3-101）。四室甬道左壁有2条平行裂隙，裂隙长2.1m，宽1～13cm，倾角80°。四室墓顶有3条主裂隙，其中一条横切墓室，从四室对角线贯穿墓顶和墓底，墓顶发育延伸到三室右侧墓顶与三室墓顶其他裂隙相互交错，长6.34m，宽0.5～1.0cm，裂隙走向NE78°。一条从四室墓顶后端中央发育至左侧壁，长1.8m，宽2～3cm，裂隙走向NE40°。另一条从四室墓顶右侧后端发育延伸到四室右侧壁，长1.3m，宽3～12cm，裂隙走向NE10°。四室墓顶中央有1.5m×1.7m区域剥落坍塌。后室甬道右壁有一条垂直于地面的裂隙从墓底发育至墓壁上端，长2.46m，宽0.5～5.0cm；后室左侧室墓顶有4条裂隙相互交错，其中一条横切整个侧室，长11.6m，宽1～11cm，裂隙走向NW70°。一条由墓顶中央向两侧发育，长1.85m，宽1～10cm，裂隙走向NE35°。另两条发育相连形成一条，总长6.2m，宽3～6cm，裂隙走向NE35°。后室右壁有一条垂直于墓底的裂隙，长1.8m，宽1.0～1.3cm，后室右侧室开裂较严重，局部垮塌（图3-102）。

M4前室顶部有泥质夹层垮塌，垮塌区1.3m×0.9m，厚约10～21cm。墓顶有一条裂隙从前室左侧室一直延伸至后室右侧室，贯通墓顶与墓底，长4.69m，宽1～2cm，裂隙走向NE35°。后室墓顶有4

图3-101 中江塔梁子M3墓室裂隙

图3-102 中江塔梁子M3后室右侧室垮塌

图3-103 中江塔梁子M2石刻风化病害

图3-104 中江塔梁子M2后室石刻风化病害

条裂隙，后室右侧室2条裂隙互相交错，长度分别为2.26、1.82m，宽1～5cm，倾角为70°。后室顶部2条裂隙与墓纵轴平行发展，其中一条延伸至前室，总长度5.37m，宽1～8cm，裂隙走向NW65°。另一条裂隙长1.24m，宽1.5～10.0cm，裂隙走向NW10°。

M5前室墓顶垮塌严重，垮塌区1.5m×2.0m，厚约65cm。墓底有一条弧形裂隙从前室左壁延伸至右侧室右壁底部终止，长2.68m，宽3～11cm，裂隙走向NE35°。后室顶部泥质夹层大面积垮塌，垮塌区1.8m×1.5m，厚26～77cm。后室有一条沿墓纵轴方向的裂隙从左前角延伸至后室右耳室右壁终止，长4.51m，宽1～9cm，裂隙走向NW55°～NE10°。后室左侧室左壁有一条裂隙长1.58m，宽0.5～3.5cm，倾角70°。后室右耳室右壁有一裂隙长1.85m，宽0.5～3.0cm，倾角85°。

M6裂隙较少，二室右侧室右壁有一条裂隙长约1.23m，宽1～15cm，倾角65°。

M7前室顶部中央大面积垮塌，垮塌区1.8m×1.9m，厚约1.0～1.3m，并有钙化结晶析出。后室垮塌剥落严重，垮塌区1.5m×2.2m，厚约26.2～65.0cm，并露出泥质结核物。

M8前室墓顶沿层理大片坍塌，垮塌区1.55m×3.85m，厚30cm。

M9墓室全部坍塌。

（2）风化病害

M1门框底部雕刻风化较严重，甬道左右两壁严重风化剥落，壁面剥落面积约40m²。M2墓门侧壁上的石刻风化较严重（图3-103），甬道左右两壁（无石刻）大片剥落面积较大，整个墓室剥落垮塌面积约60m²，后室甬道门梁上的画像石风化

图3-105　中江塔梁子M3"兵器图"石刻风化病害

图3-106　中江塔梁子M6石刻风化病害

图3-107　中江塔梁子M3藻井颜料脱落

图3-108　中江塔梁子M3后室石刻颜料脱落

严重（图3-104）。M3前墓室墓顶及两侧墓壁（无石刻）大片剥落，二室和三室甬道雕刻图局部风化较严重，部分图案轮廓模糊；三室左侧室兵器架风化较严重（图3-105），其他石刻画像及建筑雕刻保存较好。M4前室左右两壁的石刻画像轻微粉状剥落，其他建筑雕刻保存较好。M6二室右侧室壁上的画像石刻风化较严重，局部轮廓模糊（图3-106）。M8只有前室左壁双阙、后室斗拱雕刻及壁龛雕刻粉状风化较严重，表面有钙垢层。

（3）壁画及彩绘石刻颜料脱落病害

中江塔梁子崖墓群石刻画像表面彩绘脱落、褪色严重，有些石刻仅局部保存一些颜料痕迹（图3-107、3-108）。M3墓室壁画地仗龟裂、脱落严重，尤其是靠近地面的第2、4、6幅壁画的地仗层几乎完全脱落，壁画内容模糊不清（图3-109、3-110）。

（4）水害

由于墓顶开裂、垮塌、植物根系等因素，加之墓顶砂岩中含有泥质结核，泥质结核遇水软化，大气降水沿裂隙（尤其是张性裂隙）渗漏至墓室，以渗水点或流水点的形式出露。渗水病害多与大气降

图3-109 中江塔梁子M3第2幅壁画脱落

图3-110 中江塔梁子M3第6幅壁画脱落

图3-111 中江塔梁子M3后室墓顶渗水痕迹

图3-112 中江塔梁子M6墓壁渗水痕迹

图3-113 中江塔梁子M8墓顶生物病害

图3-114 中江塔梁子M8生物病害

水和季节有直接关系，一般雨季渗漏水量大，降雨量小则渗漏量小。中江塔梁子崖墓依附的厚层粉砂岩中节理裂隙发育，大气降水沿着这些基岩裂隙下渗至泥岩夹层或透镜体处（相对隔水）便以点状出露，M3后室（图3-111）、M5侧Ⅰ室、M6侧Ⅰ~Ⅱ室洞顶（图3-112）、M7侧Ⅱ室渗水较为严重（2012年已进行了局部防渗排水处理）。另外，因墓室开凿于山坡中上部，岩层含有较多泥质结核和泥岩夹层，水汇聚到这里后较难散失，因此墓室内毛细水上升强烈，墓外空气中的水汽进入墓室遇冷形成凝结水，造成墓内常年十分潮湿。

（5）生物病害

M1~M8墓门周边及墓顶长满灌木、乔木和藤本植物。墓室内石刻表面没有生长苔藓、地衣，但M3、M7墓顶植物根系沿裂隙和软弱夹层伸入墓内，促使裂隙变宽或崖体垮塌（图3-113、3-114）。

（6）表面污染

M3~M8墓室的裂隙和墓壁常年渗水，渗水部位有白色钙质物沉积（图3-115）。

3.2.3　彭山江口崖墓群

彭山县位于成都以南约50km处，属眉山市。彭山县境地貌属川西北丘状高原山地与四川盆地过渡地带前缘。江口崖墓群所处的江口镇位于岷

图3-115　中江塔梁子M6石刻表面钙质沉积

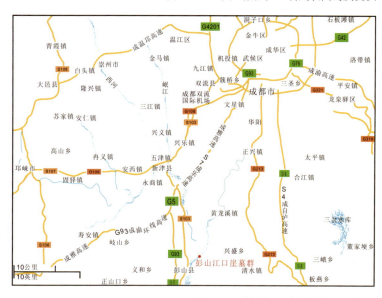

图3-116　彭山江口崖墓群位置示意图

江东岸，龙泉山以西，地理坐标为北纬30°13′，东经103°54′（图3-116），海拔433～645m。彭山属于亚热带湿润气候区。县境内海拔差异小，地区间气候变化不大。其特点是气候温和，雨量充沛，四季分明，夏季长而无酷热，冬无严寒少霜雪，但多寒潮低温，秋季多绵雨。该地区年平均气温为16.8℃～17.5℃，极端最高气温38.7℃，极端最低气温-3.6℃。最高月平均气温为25.7℃（7月下旬～8月上旬），最低月平均气温为6.1℃（1月）。该地区年平均降水量为950～1003.8mm，最多1229mm，最少802.8mm，其中7～8月降雨量大，6、7、9月降雨日多。该地区年平均空气相对湿度为75%～86%。墓区远离城区，周边几公里内无化工厂等大的污染源，空气质量较好，雨水pH值为5.8（取样时间为2013年5月15～17日），降水阴离子中以硫酸根离子和硝酸根离子为主。

彭山江口汉代崖墓群位于四川省眉山市彭山县江口镇岷江东岸上。以江口镇梅花村为中心，在寨子山、高家沟、盐井沟、打鱼沟、油房沟等地点都有分布，面积30.4平方千米，现已发现崖墓4580座。该墓群时代上限为西汉晚期，下限不晚于三国时期（220～280年），以东汉时期（25～220年）崖墓为主。1956年四川省人民政府公布其为第一批"四川省文物保护单位"。2001年公布为第五批"全国重点文物保护单位"。

江口崖墓群是一处数量多、分布密集且保存完好的古墓葬群，这些崖墓融合了四川岷江流域汉代崖墓的特点，并独具特色，是四川岷江流域汉代崖墓的代表之一。其墓葬形制有6种类型，包括船形室墓、竖井横室墓、岩室与砖室结合墓、天井墓和异型墓等。江口崖墓的墓室两面布局、内部设施、排水系统

图3-117　油房沟M955外景

和精湛的雕刻艺术，均可反映其建筑的艺术成就，是研究我国古代建筑史，特别是汉代建筑史与建筑工程技术不可缺少的宝贵实物。本次调查选取了油房沟重点保护区和盐井沟重点保护区两处崖墓作为彭山江口崖墓群的病害调查代表。

1. 江口油房沟崖墓

（1）油房沟M955

江口崖墓M955（图3-117）位于江口镇双江村，岷江东岸上一处崖壁之上，属于油房沟崖墓群。X062县道紧贴崖壁穿过。崖壁距离对面的岷江河面仅百米。

M955是早年修路开山时暴露出来的，考古人员随即进行了清理。但是在清理过程中墓顶发生了严重塌方，故没有完全发掘。至今该墓内尚存有文物。汉代的崖墓和砖室墓是两种不同的墓制，但M955却是一座崖墓与砖墓合二为一的特殊汉墓。左侧室里用花纹砖卷拱撑住岩石。崖墓与砖墓相结合，这在我国尚属首次发现，国内外考古专家、学者均对其有研究和论述[14]。M955内没有石刻画像及仿木建筑雕刻。

1）岩体裂隙及危岩（危石）垮塌

M955裂隙危害十分严重，裂隙数量多、密度大，裂隙切面非平行发育，造成大量的裂隙交叉。由于甬道已经坍塌，侧室又以砖卷拱而成，故其内部裂隙不易反映。但是墓门顶部状况能清楚地反映该墓的裂隙发育。M955甬道后端顶部大面积坍塌，整个甬道几乎被塌方下来的石块堵塞（图3-118、3-119）。由于崖墓本身石质较为松软，层理发育丰富，渗水和地表的植物根系加剧了墓室的坍塌。

2）水害与生物病害

在M955甬道后端顶部的垮塌处有明水渗出，整个墓室内非常潮湿。墓顶垮塌处可见植物根系，植物根系对墓室破坏起了重要作用。

（2）油房沟M951

M951是油房沟崖墓群中最重要、最典型的崖墓。M951包含了9座墓，其雕刻主要分布于M1～M4。由于其他5座墓已用砖石封闭，因此本次只对M1～M4进行病害调查。M951石刻

图3-118　油房沟M955甬道坍塌

图3-119　油房沟M955甬道坍塌

图3-120　油房沟M951-M2外景

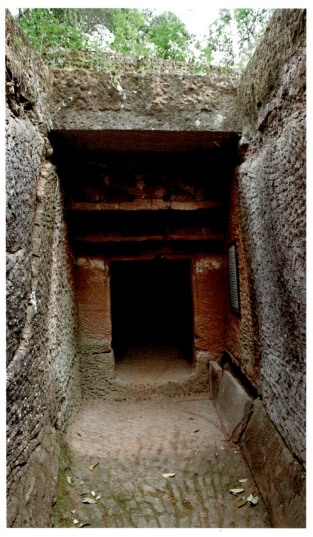

图3-121 油房沟M951-M3外景

图3-122 油房沟M951-M2墓门上部软弱夹层

画像以M2、M3墓内的石刻内容最为丰富。M2墓道狭窄（图3-120），全长约20m，左侧有与墓道同长的陶排水管道从墓内通至墓道口，墓室全长10.6、宽4、高2m。墓门有4道门楣，从上到下依次刻有舞乐、房檐、斗拱、莲花、"胜"，门框两侧各刻有一幅单阙图。墓内分三室，左棺室就地凿有一具画像崖棺，画像崖棺上刻一组祥瑞图，有鹭啄鱼、莲花、鹦鹉对食等内容，侧面刻一个单阙。主室后壁凿出灶台、案龛。主室前右壁刻有"獒犬图"，形态特异，右壁刻"庖厨图"。墓内外画像石刻达10幅之多，其技法为高浮雕和平面浅浮雕，"獒犬"采用了透雕的手法，具有很高的艺术成就。M3的形制结构、规模与M2相似（图3-121），三道门楣从上到下依次刻有斗拱、跪羊与熊、柿蒂纹与"胜"图。门框两侧刻有花草，室内右壁刻"獒犬"、"门吏"，左壁刻有住宅，后壁龛刻有"胜"图。技法是高浮雕和平面浅浮雕[15]。

1）岩体裂隙及危岩（危石）垮塌

M1墓道左壁至前室左壁有宽约2cm平行于墓纵轴的软弱夹层。门楣上方有数条纵横交叉的微小裂纹（闭合），长0.5～4.0m不等。

M2墓道两侧壁各有一条与地面夹角约20°、沿墓纵轴方向发育的软弱夹层，软弱夹层在墓门顶部交汇，夹层宽约2cm（图3-122）。门楣有一条竖向裂隙发育延伸至前室左壁顶部中央，宽约0.3cm，裂隙闭合，总长5m。门楣上有长1.75m的横向闭合裂隙，门楣表面有3条横向浅表裂隙，长度分别为84cm、87cm和170cm，裂隙闭合。前室，左壁"和睦图"表面有3条竖向裂隙，与横向风化裂隙相互交叉（图3-123）。墓室局部沿层理坍塌，但面积较小。

M3门楣正中央有一条竖向裂隙经前室墓顶延伸至前室左壁顶角，裂隙总长4.3m，宽1～5cm，裂隙内填充钙质结晶物（图3-124）。门楣右侧有一条横向裂隙，裂隙长1.14m，宽0.2cm。门楣左侧有一条横向裂隙，裂隙长84cm，宽约0.3cm。门楣第二层表面有2条细小风化裂隙纹，墓室内无开裂病害。

M4门楣上有一条横向闭合裂隙，长2.04m；正中央有一条竖向裂隙，长35cm。前室左壁有一条裂隙，经甬道顶部斜穿至中室右侧室壁，裂隙总长11.1m，宽0.5～2.0cm，裂隙内填充沙砾夹层和钙质结晶物（图3-125）。前室顶部垮塌，已重新修复。

2）风化病害

M1前室墓顶沿层理块状剥落。M2门楣雕刻呈粉状或鳞片状风化。前室左壁"和睦图"人物表面有多条风化裂隙相互交叉，表面呈粉状剥落，鳞片状起翘，片状剥落，人物表面局部酥粉，局部轮廓模糊（图3-123）。右壁石犬粉状剥落，局部酥粉严重。M3门楣第一层左侧斗拱层状剥落，粉状风化严重，轮廓模糊；第二层跪羊和人俑呈粉状风化、鳞片状剥落（图3-124）。门楣"佳禾"、"莲花"表面有钙质结晶物。"莲花"粉状、鳞片状剥落严重，轮廓模糊。"佳禾"粉状风化、鳞片状剥落（图3-126），下部风化严重，前室两侧壁石刻粉状风化较严重，局部轮廓模糊（图3-127）。M4门楣雕刻呈粉状风化，但风化较轻。

3）水害

M1在防渗排水治理前渗水严重，现仍保留有渗水痕迹（图3-128），目前无渗水，雨季时，冷凝水较严重。M2内现没有渗水，但夏季室内冷凝

图3-123　油房沟M951-M2石刻表面裂隙

图3-124　油房沟M951-M3裂隙内的钙质物

图3-125　油房沟M951-M4墓壁裂隙

图3-126 油房沟M951-M3石刻风化病害

图3-128 油房沟M951-M1水害

图3-129 油房沟M951-M3裂隙及钙垢层

水丰富，门坊下部较潮湿。M3和M4墓顶经防渗处理后，墓内无渗水，在裂隙处仍保留渗水所带来钙垢层（图3-129），夏季时，墓内冷凝水较严重。

4）生物病害

M1内无苔藓地衣，墓顶无灌木和乔木，只有草皮。M3和M4的门坊底部有藓类，其他部位没有苔藓地衣。

2. 江口盐井沟崖墓

本次调查的盐井沟崖墓处于公路旁边，墓道、墓门以及甬道均遭到破坏而消失。现存的结构只有一处后室和半边侧室。内部没有画像雕刻及斗拱建筑。仅在后室后壁上有一个很小的后龛。早年修建公路、开山取石时发现并破坏了该墓。

图3-127 油房沟M951-M3石刻风化病害

（1）岩体裂隙及危岩（危石）垮塌

该崖墓存在多处裂隙（图3-130），其中有3条大的裂隙，2条基本垂直于地平面，另外一道则平行墓纵轴。裂隙对崖墓的整体结构稳定造成较大的影响，加之大量的乔木根系沿裂隙和层理伸入，大大加速了裂隙的扩张速度。现存的墓室前半部分大面积坍塌，墓顶和墓壁也大片层状剥落（图3-131）。

（2）表面污染

由于崖墓长期渗水，在崖墓的内壁表面形成了

图3-132　盐井沟崖墓墓壁钙垢层

图3-130　盐井沟崖墓裂隙

图3-133　盐井沟崖墓墓壁钙垢层及剥落的岩层

图3-131　盐井沟崖墓墓顶、墓壁层状剥落

图3-134　盐井沟崖墓墓壁层状剥落

一层钙质硬壳（图3-132），这些硬壳强度较大，而里层的粗粒红砂岩质地较软，当出现温差或是湿度变化时，钙垢层极易将里层的岩层一起夹带脱落（图3-133）。

（3）水害与风化病害

现存墓室前端受地表水直接侵蚀，雨季时地下水沿裂隙向墓内渗漏。因长期受到水害的侵蚀，崖墓表面岩石层片状剥落非常严重（图3-134）。

图3-135　乐山麻浩崖墓位置图

3.2.4　乐山麻浩崖墓群

乐山麻浩崖墓为全国重点文物保护单位，位于乐山市市中区篦子街街道篦子社区，地理坐标为北纬29°32′29.8″，东经103°46′18.2″（图3-135），海拔363m。该墓群建于东汉时期，依红砂石崖凿穴，坐东向西，是一种凿山为室的横穴式墓葬，共有崖墓376座，墓葬形制分为单室、双室、多室等类型，由墓道、墓门、甬道、墓室组成，平面布局是"单室"制和"前堂

图3-136　乐山麻浩崖墓外景

后室"制结构[16]。雕刻主要分布在前堂门楣、壁面及墓室门楣上。本次对已进行了考古发掘的A区5座崖墓进行了调查（图3-136、3-137）。

麻浩崖墓A区5座崖墓前临麻浩河，后依虎头山，西距岷江100m，年平均气温为16.7℃～17.5℃，极端最高气温38.1℃，极端最低气温-4.3℃，年平均相对湿度为75%～82%，最大风速17.0m/s，年平均降水量为1368mm，历年最大一日降水量248.2mm。

乐山城区大气污染属烟煤型污染，主要污染物为二氧化硫（SO_2）、尘埃和氮氧化物（NO_X）。乐山市环境监测部门监测分析数据表明：1991～1995年，乐山大气污染和酸雨污染相当严重，大气中的SO_2浓度、TSP浓度均超过国家大气一级标准。只有NO_2浓度略低于国家大气一级标准，此期间，酸雨平均pH值为4.56，略高于同期全省平均值，但大大低于酸雨标准值（pH=5.6）。2012年7月～2013年6月监测资料显示，这一年期间共出现酸雨5次，雨水pH最低值为4.84，大部分时间内雨水pH值为5.3～5.7，降水酸度和酸雨频率均有较明显降低的趋势。降水离子中，硫酸根离子和硝酸根离子当量浓度仍远远高于其他阴离子，占阴离子总数的70%以上。一次降雨的离子分析中SO_4^{2-}和NO_3^-的含量分别是24.56mg/kg和30.85mg/kg，表明乐山地区酸雨污染以硫酸型和硝酸型为主。

（1）岩体裂隙病害

M1享堂墓顶有一横向裂隙贯穿整个墓顶延伸至两侧壁，裂隙闭合，总长14.5m（图3-138），裂隙中有渗水痕迹和钙垢填充物。M2～M4无明显裂隙。M5墓道左壁有一条裂隙延伸至墓门框，裂隙长2.6m，闭合状，倾角50°（图3-139）。

（2）风化病害

M1门楣雕刻呈粉状、片状剥落，轮廓模糊。享堂左壁"执彗执箕门吏"表面呈鳞片状剥落，粉状风化严重，轮廓

图3-137 乐山麻浩崖墓内景

图3-138 乐山麻浩A区M1墓顶裂隙

图3-139 乐山麻浩A区M5墓道裂隙及植物根系

图3-140　乐山麻浩A区M1石刻风化病害

图3-141　乐山麻浩A区M1石刻风化病害

图3-142　乐山麻浩A区M1墓室水害

模糊。左门柱右侧面雕刻严重鳞片状剥落，只局部残存雕刻轮廓（图3-140）。右门柱左右侧雕刻严重粉状风化、鳞片状剥落，仅局部残存雕刻轮廓（图3-141）。M2门楣雕刻严重粉状风化、片状剥落，局部轮廓模糊。M3前室四壁呈粉状风化、片状剥落。M4墓底及门框表面呈片状剥落和粉状风化。

（3）水害

M1墓门及门框受雨水和地表径流直接侵蚀，享堂四壁表面有白色垢物，享堂两侧壁渗水严重。享堂左侧壁底部常年潮湿，整个右侧壁常年渗水（图3-142）。墓室内无渗水病害，但雨季时，墓内十分潮湿，夏季时墓壁有冷凝水珠挂流。M2左门框外端常年有山体水向下流出，左壁及左门框底部常年渗水，潮湿。门框及门楣受雨水、地表径流直接侵蚀，夏季时，壁面有冷凝水珠。M3无渗水病害，墓内地面较干燥，夏季冷凝水病害较严重。M4墓道右侧常年有水流（图3-143），墓道及前室右壁、墓底及左壁底部十分潮湿，墓底及右壁底部有水渗出。M5墓道受雨水、地表径流倒灌，雨水、地表水沿根系向墓内渗漏，前室十分潮湿，两侧壁底部有水溢出。

（4）生物病害

M1墓门门楣长满苔藓、藤类、灌木、地衣（图3-144）。享堂左壁前端布满苔藓或其尸体，右壁及门框上长满蕨类、苔藓，享堂右壁石刻表面覆盖一层苔藓植物（图3-145、3-146），享堂顶部

图3-143　乐山麻浩A区M4墓道水害

图3-145　乐山麻浩A区M1石刻表面生物病害

图3-144　乐山麻浩A区M1墓门生物病害

图3-146　乐山麻浩A区M1石刻表面生物病害

布满苔藓及尸体。M2左门框及前堂左壁长满苔藓。M3内有黑色的苔藓尸体。M4墓道右壁长满蕨类和苔藓，前室右壁、墓道左壁底部长满苔藓。M5墓道顶部长有树木，树根从墓顶一直伸到墓道底部，墓道、墓室两侧及墓顶长满苔藓。

（5）表面污染

M1表面覆盖一层厚0.2～0.8cm的白色垢物。右门柱左右两侧雕刻表面覆盖一层硬壳结垢，享堂四壁表面有白色垢物（图3-147）。M2门柱及墓壁

图3-147　乐山麻浩A区M1墓壁表面钙垢层

表面有一层薄薄的钙垢物，呈片状剥落。M5墓壁表面有钙垢层，呈粉状、片状剥落。

3.2.5 柿子湾崖墓M1

柿子湾崖墓位于乐山市市中区城东岷江岸旁的柿子湾，地理坐标为北纬29°32′21.6″，东经103°46′17.8″（图3-148），海拔351m。该崖墓群于1937年被业余考古爱好者杨枝高首先发现。柿子湾分南北两小湾，崖墓分布在湾内半山腰约300m，上、下宽115m的范围内，距山脚高10m处的崖壁上，共123座，编为Ⅰ区和Ⅱ区。柿子湾崖墓建于东汉时期，依红砂石崖凿穴，坐东向西。均为单室墓或双室墓，由墓道、墓门、甬道、墓室组成。由于其他崖墓现封闭保存，本次只对M1进行了调查（其外景见图3-149）。M1为前堂二后室墓，坐北向南，墓门为仿木结构，刻有瓦当、斗拱、禽兽、人物等浮雕，宽16、高7.2m。前堂入口处由两根石柱隔为三门，两边各有雕刻。前堂为弧形顶，宽16、高4、长7.3m。崖壁上阳刻

图3-148 柿子湾崖墓地理位置图

图3-149 柿子湾崖墓M1外景

有老莱子娱亲图、车马送行图、董永孝子图、侍从图、武士图及佛像图等14幅高浮雕画像。堂内两个墓室皆为平形顶，墓内壁上凿有崖棺、灶、龛、案等。左墓室长2.23、高1.85m，右墓室长28.25、宽2、高1.9m。M5前堂刻有下山虎、犬、斗拱、瓦当等浮雕。M16为单室墓，墓门上方阳刻有斗拱、瓦当、跪羊、朱雀、杂耍及人物等[17]。柿子湾崖墓于1980年被公布为四川省文物保护单位。该墓群雕刻精美、形制多样，具有较高的历史、艺术价值，为研究汉代社会生活及葬俗、葬制等方面提供了重要的依据。

（1）风化病害

M1门楣、前堂左右两侧及后壁都有石刻。门楣石刻风化较严重，局部轮廓模糊（图3-150）。前堂左壁雕刻粉状、片状剥落，有些雕刻仅残存痕迹。后壁及右壁雕刻鳞片状、粉状风化，局部片块状剥落。整个前堂雕刻表面覆盖一层钙垢沉积物（图3-151）。

（2）生物病害

前堂右门柱上长有树枝，前堂墓顶有树根从岩石中伸入，雕刻表面长满藻类或霉菌（图3-152、3-153）。

图3-150　柿子湾崖墓M1石刻风化病害

图3-151　柿子湾崖墓M1石刻表面钙垢沉积

图3-152　柿子湾崖墓M1石刻表面生物病害

图3-153　柿子湾崖墓M1石刻表面生物病害

图3-154　柿子湾崖墓M1墓内水害　　　　　　　　图3-155　柿子湾崖墓M1墓内水害

（3）水害

M1墓门前方土方堆积比墓室高，致使整个墓室顶部的地表水排泄不畅，雨水、地表水倒灌入墓内，墓顶地表水沿根系渗入墓内。整个墓室四壁存在严重毛细渗水，墓内积水无法向外排泄。墓门封锁，墓内异常潮湿。墓底常年积水，毛细水丰富（图3-154、3-155）。

3.2.6　瑞峰崖墓群

瑞峰崖墓群为全国重点文物保护单位，瑞峰崖墓群位于岷江西岸的蛮洞子山与梨儿湾山脚到半山腰崖壁上，分布在约2平方千米的保护范围内，地理坐标为北纬29°44′32.4″，东经103°48′10.2″（图3-156），海拔391.7m。已探知的崖墓有469座，建于东汉时期，依红砂石崖凿穴，坐西南向东北。墓室形制较为统一，基本都由墓道、墓门、前堂、门楣、甬道、主室、侧室和壁龛组成。分为长方形单室、双室和多室类型，中型或大型墓葬大都采用"前堂后寝，左右厢房"之制，大部分墓室内都凿有前低后高的排水系统。雕刻主要分布在前堂门楣、壁面及墓室门楣上（图3-157）。本次对已进行了考古清理的M1～M5进行了调查。瑞峰崖墓M1～M5崖体整体性好，墓室内没有明显的构造裂隙和机械裂隙，区域内无危岩垮塌病害。

蛮洞子山与梨儿湾一带位于四川盆地西南边缘，岷江中游龙泉山脉尾段，属四川盆地亚热带湿润气候丘陵区。气候温和，雨量充沛，四季分明，冬季无

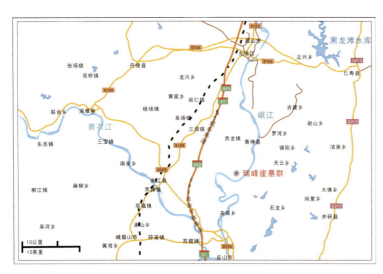

图3-156　瑞峰崖墓群地理位置图

图3-157 瑞峰崖墓群外景

严寒，年平均气温为17.0℃～17.5℃，年平均降雨量为1000～1150mm。瑞峰崖墓远离城区，周边几公里内无化工厂，空气质量较好，雨水pH值为5.9（取样时间为2013年6月中旬）。墓口距离山顶约20m，墓周植被茂盛，坡顶生长有柏木等乔类植物，墓区距岷江约100m。

（1）水害

M1～M5开凿于山腰崖壁，墓口高出地面1.5～3.0m，距离山顶约20m，距离岷江约100m。墓室内凿有前低后高的排水系统，墓室地面潮湿（图3-158），墓壁较干燥。墓内无明显渗水病害，但墓门及前堂两侧壁直接受大气降雨冲刷（图3-159）。

（2）表面风化

M1前堂两壁靠近墓口位置粉状剥落非常严重（图3-160），厚度约4cm。M1前堂后壁雕刻表面呈片状剥落，剥落厚约0.3cm，表面泛盐（图3-161）。M2前堂侧壁造像及纹饰风化非常严重，轮廓模糊，部分造像呈片状剥落。M2墓室门框雕

图3-158 瑞峰崖墓群墓内水害

图3-159 瑞峰崖墓群外壁水害

图3-160 瑞峰崖墓M1墓壁粉状剥落

图3-163 瑞峰崖墓M2石刻表面片状剥落

图3-161 瑞峰崖墓M1石刻表面片状剥落

图3-164 瑞峰崖墓M1生物病害

图3-162 瑞峰崖墓M2石刻表面片状剥落

图3-165 瑞峰崖墓M1生物病害

图3-166　瑞峰崖墓M1石刻表面钙垢层

图3-167　瑞峰崖墓M3墓门表面钙垢层

刻及门楣边缘片状剥落（图3-162、3-163），厚约1cm。M3前堂后壁上的雕刻剥落较严重，剥落厚度0.8～1.0cm。M4除3号墓室门框斗拱片状剥落厚约2cm外，其他墓室门框雕刻保存较好。M5墓门门框片状剥落和粉状剥落较严重，墓门框两侧有斗拱雕刻，斗拱上有题记，保存较好。从M1～M5雕刻风化状况来看，墓门及前堂侧壁靠近墓门的部位风化要严重得多。

（3）生物病害

M1～M4墓门门楣、前堂侧壁底部、后室靠近地面的位置长有苔藓、地衣和蕨类植物，局部有蜂或虫蛀洞（图3-164、3-165）。

（4）表面污染

M1前堂侧壁雕刻表面覆盖一层黑色硬壳钙垢（图3-166），前堂后壁表面覆盖黑色、白色物质。M2、M3前堂侧壁雕刻表面都覆盖一层厚约0.8cm的硬壳钙垢。M3后室门框上覆盖一层白色钙垢物（图3-167）。部分崖墓因人曾居住或曾圈养牲口，雕刻表面有人为刻画和烟熏痕迹（如M4墓室门框雕刻和M5前堂侧壁被烟熏黑）。

3.2.7　黄伞崖墓群

黄伞崖墓群为第六批全国重点文物保护单位，位于宜宾县高场镇拥护村岷江北岸，坐北向南，地理坐标为北纬28°48′21.7″，东经104°24′29.5″（图3-168），海拔282.4m。黄伞崖墓

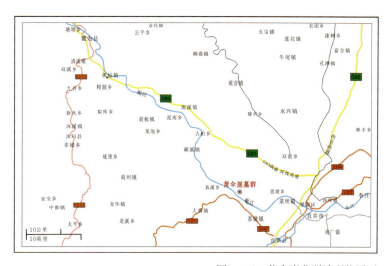

图3-168　黄伞崖墓群地理位置图

图3-169　黄伞崔墓M1外景

群分布面积约120000平方米，分为黄泥巴坡、印子坡、喳口岩3个墓区，共有崔墓188座，墓群建造规模宏大，结构复杂，墓室面积一般为10～40平方米，最大的达79.79平方米。墓门大都仿木建筑，石刻图像内容较丰富，该崔墓群建于东汉时期，多数墓由墓道、门、室及龛等组成，极大型的墓还有享堂，呈前堂后室布局，门前凿立双阙。因其他墓的墓口基本都被土掩埋，本次对已进行了考古清理的M1进行了病害现状调查（图3-169）。黄伞崔墓M1崔体整体性好，墓室内没有明显的构造裂隙和机械裂隙，墓内无危岩垮塌病害。

　　宜宾高场镇属中亚热带湿润季风气候区的四川"盆南"气候类型，并有南亚热带气候属性，四季热量丰足，无霜期为347天。年平均气温为17.2℃～17.9℃，年平均总降雨量为1169.6mm。墓口高出地面约7m，墓口距坡顶高约15m，坡顶为种植土层，墓区距岷江约80m。墓区远离城区，周边无化工厂，空气质量较好，雨水pH值为5.9（取样时间为2013年6月中旬）。

　　（1）水害

　　M1开凿于山腰崔壁，墓口高出地面约7m，前堂通风良好，较为干燥，而3个后室潮湿，地面有沾水现象。墓内无明显渗水病害，墓门上凿有岩檐，墓门两侧、门楣下部及墓门柱直接受大气降雨和地表径流冲刷（图3-170、3-171）。

　　（2）表面风化

　　M1门楣上仿木建筑雕刻风化不明显，而门楣下排斗拱间的人物雕刻粉状剥落和表面溶蚀较严重（图3-172），头像轮廓模糊。前堂门柱风化较为严重，特别是门柱底部存在严重的粉状剥落、片状剥落和表面溶蚀病害。门柱底部明显比上部小，前堂侧壁及后壁上的雕刻风化较轻，但其表面特别是靠近地面位置覆盖白色垢物（图3-173）。

图3-170　黄伞崖墓门柱水害

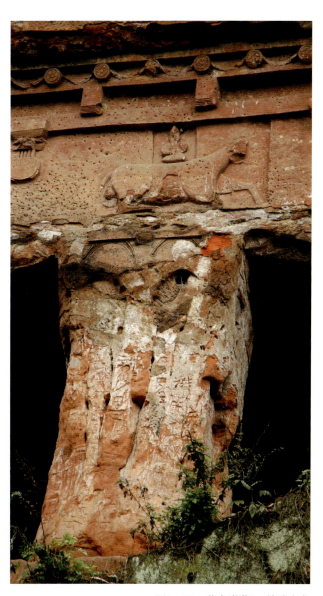

图3-171　黄伞崖墓M1外壁水害

图3-172　黄伞崖墓M1石刻表面风化病害

图3-173　黄伞崖墓M1墓壁表面钙垢层

图3-174 黄伞崖墓M1墓壁生物病害

图3-175 黄伞崖墓M1石刻表面的蛀洞

图3-176 黄伞崖墓M1墓壁表面钙垢层

图3-177 黄伞崖墓M1墓壁表面烟熏痕迹

（3）生物病害

门楣上方及两侧长有绿色苔藓、前堂两侧壁及后壁长有白色、灰黑、黄色或褐色苔藓和地衣（图3-174）。3个后室墓壁及墓底长满了绿色苔藓类植物，局部有蜂或虫蛀洞（图3-175）。

（4）表面污染与人为破坏

前堂两侧壁及后壁雕刻表面覆盖白色钙垢，但钙垢层非常薄（图3-176），后壁及两侧壁局部有烟熏痕迹（图3-177）。

3.2.8 石城山崖墓群

宜宾石城山崖墓群（图3-178）属第六批全国重点文物保护单位，分布于石城山周围的双龙、横江、复龙三镇境内，共有崖墓177座。其中天堂沟墓区44座（天堂沟分布点23座墓，石盘上分布点21座墓）。石盘上分布点地理坐标为北纬27°59′01.9″，东经104°37′56.7″，天堂沟分布点地理坐标为北纬27°58′55.3″，东经104°37′59.4″。北斗岩墓区5座，其地理坐标为北纬27°57′50.25″，东经

104°37′13.92″。三十六臂山墓区55座（老鹰嘴分布点18座，二岩头分布点3座，观音岩7座，箱子石22座，犀牛石5座）。雷打石墓区18座，黑石头墓区55座（共有黑石头、高洞子、石龙、还路上、石坝子、活石包6个分布点）。石城山崖墓群凿造于宋明时期，墓葬大都凿造在陡岩壁上和一些独立的大青石上，墓室结构较简单，都为单室。墓室顶有藻井顶、平顶、拱顶和仿木建筑脊梁顶4种，墓门及室壁分别雕刻有武士、人物、花卉、兽类以及仿木建筑等图像，形象逼真，雕刻精细，内容丰富，大多为浮雕，少数为阴刻。本次选择具有代表性的天堂沟和北斗岩进行了病害调查（图3-179、3-180）。

该崖墓群分布区属中亚热带湿润季风气候区的四川"盆南"气候类型，并有南亚热带气候属性，四季热量丰足，无霜期为340天。年平均气温为16.9℃～17.4℃，年平均降雨量为1150.6mm。石城山墓葬群大都凿造在陡岩壁上和一些独立的大青石上，墓口几乎处在坡顶，墓周植被生长茂盛，周边没有江河。墓区远离人群居住区，周边十几公里内无化工厂，空气质量好，雨水pH值为6.1（取样时间为2013年6月中旬）。

（1）水害

石盘上分布点墓群开凿于坡顶出露地面的独立青石上，大多无岩檐，墓门两侧及门楣雕刻直接受大气降雨和地表

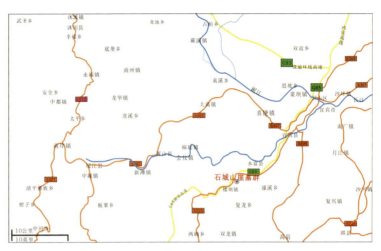

图3-178　石城山崖墓群地理位置图

图3-179　天堂沟崖墓群外景

图3-180　北斗岩崖墓群外景

图3-181　石盘上崖墓外壁水害

图3-182　天堂沟崖墓外壁水害

图3-183　北斗岩崖墓外壁水害

图3-184　北斗岩崖墓墓室水害

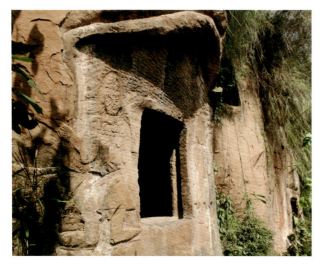

图3-185　石盘上M40石刻粉状剥落

图3-186　天堂沟M13石刻风化病害

径流的冲刷（图3-181），墓内较干燥，基本无渗水和地下毛细水的侵蚀。

天堂沟分布点墓群除M11有岩檐外，其他墓都无檐。墓葬开凿于坡顶崖壁上，墓顶第四系残积层较薄，墓门两侧及门楣上的雕刻直接受大气降雨和地表泾流冲刷（图3-182），墓内较干燥，基本无渗水和地下毛细水病害。

北斗岩崖墓群开凿于坡顶崖壁上，没有岩檐，墓顶第四系残积层非常薄，墓门两侧及门楣雕刻直接受大气降雨和地表径流冲刷（图3-183），M100～M101墓内渗水及雨水倒灌现象严重（图3-184）。

（2）表面风化

石盘上和天堂沟分布点崖墓门楣及墓门两侧的雕刻呈粉状剥落（图3-185），风化程度相对较轻，但在受水直接侵蚀区域、软弱夹层或破碎岩层上的雕刻粉状剥落和片状剥离较严重，如天堂沟分布点M11门柱左侧立士像风化得模糊不清（图3-186）。

北斗岩墓区受雨水直接侵蚀的石刻粉状剥落较严重，表面有浅表性风化裂隙，存在较严重的片状剥落与鳞片状起翘剥落病害，人物造像脸部局部轮廓模糊（图3-187）。

（3）生物病害

石盘上崖墓群的墓门周边长满杂草和藤本植物，植物伸入岩石细小裂隙中，促进岩体裂隙增加，并使已有的裂隙进一步发育，加速岩石表面风化。石盘上崖墓群墓门雕刻局部长有苔藓（图3-188）。天堂沟M7～M15墓门两侧及墓门顶部长有苔藓和地衣（图3-189、3-190）。北斗岩墓区墓门表面长有大量苔藓地衣，而墓内石刻仅局部长有绿色苔藓（图3-191）。

图3-187　北斗岩崖墓石刻风化病害

图3-188　石盘上M41外壁生物病害

图3-189　天堂沟M8外壁生物病害

图3-192　石盘上M41石刻表面水渍钙垢物

图3-190　天堂沟M9外壁生物病害

图3-193　天堂沟M11石刻表面水渍钙垢物

图3-191　北斗岩崖墓外壁生物病害

（4）表面污染

三个墓区墓门雕刻表面局部有白色钙垢，墓门雕刻表面都有水流冲刷痕迹（图3-192、3-193）。

（5）岩体病害

石盘上与天堂沟两个分布点的崖体整体性较好，除局部有细小开裂外，崖墓所依托的岩石没有大的构造裂隙和机械裂隙。北斗岩墓区崖体层理发育丰富，墓门表面浅表性风化裂隙较多，裂隙

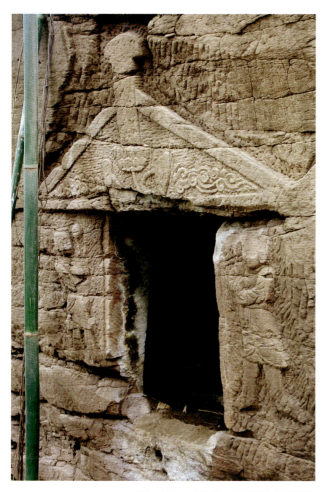

图3-194　北斗岩M100墓门表面裂隙

纵横交错（图3-194），M100～M101墓壁内有一裂隙从墓底延伸至墓顶崖体，裂隙长约2.5m，宽0.5～1.0cm（图3-184）。

3.2.9　长宁七个洞崖墓

七个洞崖墓群是第七批全国重点文物保护单位，位于宜宾市长宁县古河镇保民村8社岷溪河北岸岩壁上，地理坐标为北纬28°40′11″，东经105°01′14″（图3-195），海拔295m。共28座崖墓，其中7座（M1～M7）集中凿于高约20m的绝壁上（图3-196、3-197），其余21座墓分散分布。M1～M7（"七个洞"）形制相似，均为长方形弧形顶单室墓，无墓道。墓门呈方形，并凿三层门楣，由外到内逐层缩小，门额及两侧都凿有整齐平行斜线或错向三角斜线，有的还饰有浮雕图案。7座墓均有石刻画像，内容为神话传说、祥禽瑞兽、传统礼仪、舞乐百戏等，其他墓没有雕刻。本次对M1～M7及右侧的4座墓进行了调查。

宜宾长宁县属中亚热带湿润季风气候的四川"盆南"气候类型，并有南亚热带气候属性，常年受交替的大陆气团和海洋气团影响，气候温和，雨量充沛，无霜期在320天以上，雨热同季，四季分明。春季回暖早，但常有冷空气影响，夏季温湿度高。年平均气温为16.7℃～17.2℃，年平均降雨量为1050～11140mm。M1～M7刻凿于距地面约20m的绝壁上，壁顶岩檐向外伸出约2.5m，崖体整体性较好，墓区距岷溪河约150m，远离人群，周边几公里内无化工厂，空气质量好，无酸雨现象。

（1）水害

M1～M7开凿于20m高的绝壁上，壁顶岩檐向外伸出约2.5m，加之岩体整体性较好，基本不受雨水、渗水和地下毛细水的侵蚀，墓内非常干燥。右侧

图3-195　七个洞崖墓群地理位置图

图3-196　七个洞M1～M7外景

图3-198　七个洞M7右侧瀑布

图3-199　七个洞M8、M9外壁水害

图3-197　七个洞右侧4座墓外景

图3-200　七个洞M10外壁风化病害

有山体水从岩檐上流下（图3-198），但
对M1～M7基本没有影响。右侧4座墓无岩
檐，且距地面较近，大气降雨和地表径流
直接冲刷墓门（图3-199），墓室内受渗水
和地表毛细水侵蚀。

（2）表面风化

M1～M7不受水害直接侵蚀加之石质
良好，因此墓门及墓内雕刻保存非常好，
几乎没有风化。右侧4座墓门岩石风化酥
粉较严重，特别是处于软弱夹层或破碎岩
层上的岩体粉状剥落和片状剥离较严重
（图3-200）。

（3）生物病害

M1～M7墓内较干燥，墓门及墓室内
几乎没有苔藓和地衣。右侧4座墓的墓口
及墓内长满了绿色和白色苔藓地衣类植物
（图3-201）。

（4）表面污染

M1～M7墓外雕刻表面都无明显的垢
物，局部有水渍（图3-202）。右侧4座墓
表面有白色钙垢和水流痕迹（图3-203）。

3.3　结论

此次共调查了四川省内重点崖墓分布
点18个、崖墓110座。分别是三台郪江崖墓
群中金钟山Ⅰ区6座、金钟山Ⅱ区5座、柏
林坡1座、紫荆湾9座、松林嘴1座、天台山
1座，吴家湾1座；中江塔梁子崖墓群9座；
彭山江口崖墓群油房沟5座、盐井沟1座；
乐山麻浩崖墓5座、乐山柿子湾崖墓1座；
青神县瑞峰崖墓群4座、宜宾黄伞崖墓1

图3-201　七个洞M10右侧墓内生物病害

图3-202　七个洞M6外壁钙垢物

图3-203　七个洞M9外壁水害

座；宜宾石城山49座、宜宾七个洞11座。

通过调查，基本掌握了四川地区重点崖墓的病害现状。存在岩体病害的崖墓共12处、39座。存在一般裂隙的共8处、18座，分别是金钟山Ⅰ区M1、M2、M6，金钟山Ⅱ区M2、M5，紫荆湾M3、M6，吴家湾M1，中江塔梁子M1、M6，麻浩崖墓M1、M5，宜宾石城山北斗岩墓区M3、M4，彭山M951—1～4号。其中山体滑坡、墓室坍塌、严重影响结构稳定的崖墓有9处、21座，分别是金钟山Ⅰ区M3、M4，金钟山Ⅱ区M1、M3、M4，柏林坡M1，紫荆湾M1、M2、M4、M5、M7，松林嘴M1，天台山M1，中江塔梁子M3～M9，彭山盐井沟M1、油房沟M955。

墓内存在水害的崖墓共13处、87座。其中一般水害的共7处、15座，包括金钟山Ⅱ区崖墓群M3、M5，紫荆湾M4、M5、M7、M8，天台山M1，彭山M951的1～3号，乐山麻浩崖墓M3，宜宾七个洞右侧4座，宜宾石城山47座。严重水害的共11处、25座，包括金钟山Ⅰ区崖墓群M1、M2、M4～M6，金钟山Ⅱ区M1、M4，紫荆湾M1～M3，松林嘴M1，吴家湾M1，中江塔梁子崖墓群M3、M5～M7，彭山油房沟M955、盐井沟M1，麻浩崖墓群M1、M2、M4、M5，乐山柿子湾M1，宜宾天堂沟北斗岩崖墓群M100、M101。

存在表面风化病害（包括粉状剥落、层状剥落和泛盐等）的崖墓共16处、50座。其中一般风化的共8处、54座，包括金钟山Ⅰ区M1、M2、M6，金钟山Ⅱ区M3，紫荆湾M2、M4，中江塔梁子M4，彭山油房沟M955的1号、4号，麻浩崖墓群M4，青神瑞峰群M4，宜宾石城山43座。存在严重风化病害的共16处、39座，包括金钟山Ⅰ区M3、M4，金钟山Ⅱ区M1、M5，柏林坡M1，紫荆湾M1、M3、M5、M7，松林嘴M1，天台山M1，吴家湾M1，中江塔梁子M1～M3、M6、M8，彭山油房沟M955的2号、3号，彭山盐井沟M1，麻浩崖墓群M1～M3，乐山柿子湾M1，青神瑞峰群M1～M3、M5，宜宾黄伞M1，宜宾石城山天堂沟M11、北斗岩5座，宜宾七个洞右侧4座。

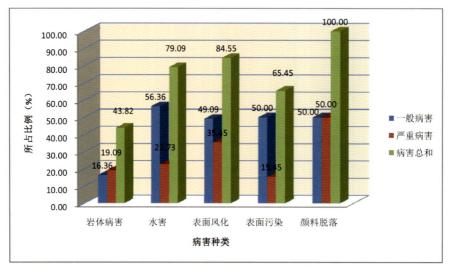

图3-204 崖墓病害分类分析图（共调查崖墓110座，其中发现彩绘颜料的8座）

存在表面污染、变色与人为破坏的崖墓共12处、72座。其中一般病害的共3处、55座，包括金钟山Ⅰ区M2、M3，宜宾石城山49座，宜宾七个洞右侧4座。严重病害的共10处、17座，包括金钟山Ⅰ区M1、M5，紫荆湾M1，松林嘴M1，天台山M1，吴家湾M1，中江塔梁子M3，彭山盐井沟M1，麻浩崖墓群M1、M2、M5，青神瑞峰群M1～M5，宜宾黄伞M1。

所调查的崖墓中共发现5处、8座崖墓有彩绘或是用颜料装饰的仿木建筑，中江塔梁子M3中还保存有墓室壁画。这些彩绘及壁画颜料都存在不同程度的脱落。其中一般脱落共1处、4座，为金钟山Ⅰ区M1～M4；严重脱落共4处、4座，分别是金钟山Ⅱ区M1、天台山M1、柏林坡M1和中江塔梁子M3。此次所调查崖墓的病害分布特征见表3-1、图3-204。

表3-1　崖墓病害分类统计表

	岩体病害			水害			表面风化			表面污染			颜料脱落		
	崖墓处	崖墓数量	占总调查数(110)比例(%)	崖墓处	崖墓数量	占总调查数(110)比例(%)	崖墓处	崖墓数量	占总调查数(110)比例(%)	崖墓处	崖墓数量	占总座数(110)比例(%)	崖墓处	崖墓数量	有颜料崖墓(8)比例(%)
一般	8	18	16.36	6	62	56.36	8	54	49.09	3	55	50	2	5	55.56
严重	9	21	19.09	11	25	22.73	16	39	35.45	10	17	15.45	4	4	44.44
总数	12	39	43.82	13	87	79.09	16	93	84.55	12	72	65.45	6	9	100

注释

[1] WW/T0002-2007《石质文物病害分类及图示》，文物出版社，2008年。

[2] 胡厚田《崩塌与落石》，第1～44页，中国铁道出版社，1989年。

[3] 工程地质手册编委会《工程地质手册》（第四版），第536～540页，中国建筑工业出版社，2007年。

[4] 同[1]。

[5] Ehrlich H L. *How microbes influence mineral growth and dissolution*. Chemical Geology, 1996, 132:5-9.

[6] Ehrlich H L. *Geomicrobiology: Its significance for geology*. Earth-Science Reviews, 1998, 45: 45-48.

[7] 四川省文物考古研究院《三台郪江崖墓》，文物出版社，2007年。

[8] 同[7]。

[9]   同[7]。

[10]   同[7]。

[11]   同[7]。

[12]   同[7]。

[13]   四川省文物考古研究院等《中江塔梁子崖墓》，文物出版社，2008年。

[14]   梁思成《中国建筑史》，第61~64页，百花文艺出版社，1998年；[法]Victor Segalen著、冯承钧译《中国西部考古记》。

[15]   唐长寿《乐山崖墓和彭山崖墓》，电子科技大学出版社，1993年。

[16]   唐长寿《四川乐山麻浩一号崖墓》，《考古》1990年第2期。

[17]   同[15]。

第四章　重点研究崖墓岩样检测分析与崖墓石刻表面苔藓植物分离鉴定

我们对每处被调查的崖墓进行了取样，岩样取自崖墓侧面崖体或墓顶坍塌岩石，岩样长20cm，取样深度25～30cm，进行分析测试时去掉岩样表面约10cm。各崖墓点石样编号如表4-1所示。

表4-1　重点研究崖墓石样编号及采集位置

石样来源	样品编号	采样地点	制好样品特征描述
柏林坡崖墓群	1	后室墓顶垮塌岩石，与崖墓属同一岩层	浅灰色、较硬、表面粗糙
天台山崖墓群	2	M1左侧30m处崖体，取样深30cm，与崖墓属同一岩层	浅灰色、较酥软、表面粗糙
金钟山Ⅱ区崖墓群	3	M3与M4间崖体，取样深30cm，与崖墓属同一岩层	浅灰色带浅粉红、较坚硬、夹杂有石英砂粒
松林嘴M1崖墓	4	前室墓顶垮塌岩石，与崖墓属同一岩层	浅灰色带粉黄、较坚硬、层理发育
吴家湾M1	5	墓左侧2m处崖体，取样深30cm，与崖墓属同一岩层	浅灰色带浅粉色、较坚硬、夹杂有石英砂粒
紫荆湾崖墓群	6	M9右侧崖体，取样深30cm，与崖墓属同一岩层	浅土黄灰色较硬、表面较细滑
金钟山Ⅰ区崖墓群	7	M4与M5崖体，取样深30cm，与崖墓属同一岩层	灰色略带红、酥软、表面粗糙

续表4-1

石样来源	样品编号	采样地点	制好样品特征描述
中江塔梁子	8	M3内部垮塌岩体	肉色,较硬
彭山盐井沟崖墓群	9	墓内垮塌岩石,与崖墓属同一岩层	深红,较酥软,表面粗糙
彭山油房沟崖墓群	10	M4右侧30m处崖体,取样深30cm,与崖墓属同一岩层	浅紫红,较坚硬,表面较细滑
乐山麻浩崖墓A区	11	M5左侧10m处崖体,取样深30cm,与崖墓属同一岩层	浅紫红,酥软,表面粗糙
青神瑞峰崖墓M1墓区	12	M4右侧10m处崖体,取样深30cm,与崖墓属同一岩层	浅紫红,酥软,表面粗糙
宜宾黄伞崖墓M1墓区	13	M1左侧5m处崖体,取样深30cm,与崖墓属同一岩层	紫红,酥软,表面粗糙
宜宾石城山天堂沟墓区	14	天堂沟分布点M11左侧20m处崖体,取样深30cm,与崖墓属同一岩层	浅紫红,十分坚硬,表面细滑
长宁七个洞崖墓	15	M1左侧200m处崖体,取样深30cm,与崖墓属同一岩层	紫红,十分坚硬,表面细滑

4.1 薄片鉴定

4.1.1 薄片鉴定结果

岩样薄片鉴定委托国土资源部成都矿产资源监督检测中心进行。

检测依据:薄片、光片按DZ/T0130.9-2006《地质矿产实验室测试质量管理规范》,岩石分类和命名按GB/T17412.3-3-2006,主要仪器为奥林巴斯BH-2偏光显微镜,鉴定结果如表4-2~表4-16所示。

表4-2　1号样薄片鉴定

样品编号：　　1号	系统编号：　　20-b1
采样地点：柏林坡墓群	鉴定名称：钙质（胶结）细粒长石砂岩

标本特征	浅灰色带粉色色调，块状，较硬。			
组分及其百分含量（%）	碎屑：		填隙物：	
	石英：50~55	泥岩（主） ⎫	方解石：15~20	
	斜长石 ⎫	绢云母千枚岩（少）⎬ 少量	黏土矿物 ⎫	
	钾长石 ⎭ 20~25	硅质岩：少量~5 ⎭	绢云母（少）⎭ 5	
	黑云母、白云母：少量	中性喷出岩：极微量		
	石榴石：极微量	绿泥石集合体：偶见		
		锆石：偶见		

综合叙述	细粒砂状结构，块状构造。矿物成分以石英、长石、方解石为主。孔隙式胶结，颗粒支撑。 碎屑：多呈次棱角状、次圆状，粒度一般为0.1~0.25mm，属细粒砂屑。①石英：广泛存在，较均匀散布，以单晶石英为主，见少量多晶石英集合体。②长石：分布较均匀，斜长石、钾长石均可见，钾长石见微斜长石及正长石，见聚片双晶、格子双晶等。有轻微蚀变发生，见黏土化、绢云母化蚀变。③黑云母、白云母：鳞片状，零星散布，略具定向性。黑云母见绿泥石化蚀变。④石榴石：粒状，均质体，零星可见，0.06~0.15mm不等。⑤泥岩：多呈次圆状，见挤压变形，主要由黏土矿物组成，具泥状结构，可见少量次生绢云母等。⑥绢云母千枚岩：多呈次圆状，见挤压变形，具千枚状构造，主要由定向排列的绢云母构成。⑦硅质岩：具微晶结构，主要由微晶石英构成，见重结晶现象。⑧中性喷出岩：零星可见，量极微，主要由板条状长石微晶等组成，见长石板条状（长条状）微晶具定向性。⑨锆石：粒状，0.08mm±，偶见。 填隙物：充填于碎屑粒间，起胶结作用，以方解石胶结物为主，少量黏土杂基。方解石呈他形晶及集合体，形态不规则，较均匀散布，存在于碎屑（细砂屑）粒间。黏土矿物及少量次生绢云母构成不规则状集合体，零星散布，存在于碎屑粒间。

表4-3　2号样薄片鉴定

样品编号：　__2号__　　　　　系统编号：　__20-b2__　 采样地点：天台山崖墓群　　　　鉴定名称：细粒长石砂岩	

标本特征	浅灰色略带粉色色调，块状，较酥松。

组分及其 百分含量 (%)	碎屑：　　　　　　　　　　　　　　　　　　填隙物：

	石英：55	硅质岩：5	方解石：5～10
	斜长石	石英岩：偶见	黏土矿物：⎫
	钾长石	泥岩：少量	绢云母（少）⎬ 10
	黑云母、白云母：少量	绢云母千枚岩：偶见	
	石榴石：极微量	中性喷出岩：偶见	
		电气石：偶见	

综合叙述	细粒砂状结构，块状构造。矿物成分以石英、长石、泥质（黏土矿物）、方解石为主。孔隙式胶结，颗粒支撑。 碎屑：多呈次棱角状、次圆状，粒度一般为0.1～0.25mm，属细粒砂屑，见少量～部分0.25～0.35mm者，属中粒砂屑。①石英：广泛较均匀散布，以单晶石英为主，见少量多晶石英集合体。②长石：较均匀散布，有轻微蚀变（黏土化、绢云母化）。斜长石、钾长石均可见。钾长石见微斜长石、正长石。见聚片双晶、格子状双晶。③黑云母、白云母：鳞片状，零星散布，略具定向性。个别黑云母见轻微绿泥石化蚀变。④硅质岩：分布较均匀，具微晶结构，主要由微晶石英构成。⑤石英岩：具粒状变晶结构，主要由石英粒状变晶构成，见白云母（具定向性）等。偶见。⑥泥岩：多呈次圆状，见挤压变形，具泥状结构，主要由黏土矿物组成，可见次生绢云母等零星散布。 填隙物：充填于碎屑粒间，起胶结作用，以泥质杂基为主，次为方解石胶结物。泥质杂基由黏土矿物及少量次生绢云母构成，呈不规则状集合体存在于碎屑间，分布较均匀。方解石呈他形晶及集合体，较均匀产出，形态不规则，存在于碎屑粒间。

表4-4　3号样薄片鉴定

样品编号：　　3号		系统编号：　　20－b3	
采样地点：金钟山Ⅱ区崖墓群		鉴定名称：细粒长石砂岩（钙质胶结细粒长石砂岩）	
标本特征	浅灰色带浅粉褐色色调，块状，较坚硬。		
组分及其百分含量（%）	碎屑：		填隙物：
	石英：55	泥岩：少量	方解石：10～15
	斜长石 ⎫ 　　　　⎬ 20 钾长石 ⎭	绿泥石集合体：偶见 石榴石：偶见	黏土矿物：⎫ 　　　　　⎬ 5～10 绢云母（微）⎭
	黑云母、白云母：少量	电气石：偶见	
	硅质岩：5	锆石：偶见	
综合叙述	细粒砂状结构，块状构造。矿物成分以石英、长石、方解石、黏土矿物组成。孔隙式胶结，颗粒支撑。 碎屑：多呈次棱角状，部分次圆状，见棱角状，粒度一般为0.08～0.25mm，属细粒砂屑。①石英：广泛存在，较均匀散布，以单晶石英为主，见少量多晶石英集合体。②长石：斜长石、钾长石均可见，分布较均匀。见轻微蚀变（黏土化、绢云母化）。钾长石见微斜长石、正长石、条纹长石（少）。见聚片双晶、格子状双晶、条纹结构。③黑云母、白云母：鳞片状，零星可见，略具定向排列。个别黑云母可见轻微绿泥石化蚀变。④硅质岩：主要由微晶石英构成，具微晶结构，见重结晶粒度增大的石英。较均匀散布。⑤泥岩：具泥状结构，零星可见，多呈次圆状，可见挤压变形，主要由黏土矿物及次生绢云母（少）组成。⑥薄片中另偶见绿泥石集合体、石榴石、电气石、锆石存在。 填隙物：充填于碎屑间，较均匀存在，以方解石胶结物为主，次为泥质杂基。方解石呈他形晶及集合体，形态不规则，充填于碎屑间。泥质杂基由黏土矿物及次生绢云母（微）构成，呈形态不规则的集合体存在于碎屑间。		

表4-5 4号样薄片鉴定

样品编号：　4号		系统编号：　20-b4
采样地点：松林嘴M1崖墓		鉴定名称：细粒长石砂岩（钙质胶结细粒长石砂岩）
标本特征	浅灰色带粉黄色色调，块状，较酥松。	
组分及其百分含量（%）	碎屑：　　　　　　　　　　　　　　　　　　　填隙物：	
	石英：55　　　　　绢云母千枚岩：微量　　　方解石：10～15	
	斜长石 ⎫ 钾长石 ⎭ 20　　硅质岩：3～5　　　黏土矿物（主）⎫ 绢云母（少）⎭ 5～7	
	黑云母、白云母：少量　磷灰石：偶见　　　绿泥石（微）	
	泥岩：少量　　　电气石：偶见	
	石榴石：偶见	
	锆石：偶见	
综合叙述	细粒砂状结构，块状构造。矿物成分主要为石英、长石、方解石、黏土矿物等。孔隙式胶结，颗粒支撑。 碎屑：多呈次棱角状，次圆状，粒度一般0.1～0.2mm，属细粒砂屑。①石英：广泛大量存在，以单晶石英为主，少量多晶石英集合体。②长石：较均匀散布，斜长石、钾长石均可见，有轻微绢云母化、黏土化蚀变发生，个别蚀变较强。钾长石见微斜长石、正长石，偶见条纹长石。③黑云母、白云母：鳞片状，略具定向性，见鳞片弯曲现象。④泥岩：多呈次圆状，具泥状结构，主要由黏土矿物及次生绢云母（少～次）组成。⑤绢云母千枚岩：具鳞片变晶结构，主要由定向排列的绢云母构成，具千枚状构造。⑥硅质岩：具微晶结构，主要由微晶石英构成，见重结晶。零星散布。⑦石英岩：具粒状变晶结构，主要由粒状石英变晶构成。⑧另外还偶见磷灰石（0.15mm±）、电气石、石榴石、锆石存在。 填隙物：以方解石胶结物为主，次为泥质杂基，充填于碎屑粒间，起胶结作用。方解石呈他形晶及集合体，形态不规则，较均匀存在于碎屑间。泥质杂基由黏土矿物及次生绢云母（少）、绿泥石（微）构成，为形态不规则的集合体，较均匀散布，存在于碎屑间，局部可见不规则状绿泥石集合体（量微，存在于碎屑间）。	

表4-6　5号样薄片鉴定

样品编号：＿＿＿5号＿＿＿	系统编号：　　20-b5
采样地点：吴家湾M1	鉴定名称：细粒长石砂岩（钙质胶结细粒长石砂岩）

标本特征	浅灰色带浅粉色色调，块状，比较硬。

组分及其百分含量（%）	碎屑：		填隙物：	
	石英：50	硅质岩：5	方解石：15	
	斜长石	石英岩：微量	黏土矿物	
	钾长石　20～25	中～酸性喷出岩：微量	绢云母（少）	⎫ ⎬5 ⎭
	黑云母、白云母：少量	石榴石：偶见		
	泥岩：少量	榍石：偶见		
		电气石：偶见		
		锆石：偶见		

综合叙述	细粒砂状结构，块状构造。矿物成分主要为石英、长石、方解石等。孔隙式胶结，颗粒支撑。 碎屑：多呈次棱角状，次圆状，粒度一般为0.1～0.25mm，属细粒砂屑，见少量～部分0.25～0.35mm者，属中粒砂屑。①石英：广泛存在，以单晶石英为主，见少量多晶石英集合体。②长石：较均匀散布，见聚片双晶、格子网双晶、条纹结构。斜长石、钾长石均可见，钾长石见微斜长石、正长石、条纹长石（少）。见轻微蚀变（绢云母化、黏土化），个别蚀变较强。③黑云母、白云母：鳞片状，零星散布，略具定向，见鳞片弯曲现象。个别黑云母见水黑云母化蚀变。④泥岩：零星散布，多呈次圆状，具泥状结构，主要由黏土矿物及次生绢云母（少～次）组成。⑤硅质岩：零星较均匀散布，具微晶结构，主要由微晶石英构成，见重结晶。⑦石英岩：具粒状变晶结构，主要由粒状石英变晶构成。⑧另外还偶见磷灰石（0.15mm±）、电气石、石榴石、锆石存在。 填隙物：以方解石胶结物为主，次为泥质杂基，充填于碎屑粒间，起胶结作用。方解石呈他形晶及集合体，形态不规则，较均匀存在于碎屑间。泥质杂基由黏土矿物及次生绢云母（少）、绿泥石（微）构成，为形态不规则的集合体，较均匀散布，存在于碎屑间，局部可见不规则状绿泥石集合体（量微，存在于碎屑间）。

表4-7　6号样薄片鉴定

样品编号：　　6号		系统编号：　　20-b6
采样地点：紫荆湾崖墓群		鉴定名称：细粒长石杂砂岩（泥质细粒长石杂砂岩）
标本特征	浅土黄色块状，比较坚硬。	
组分及其百分含量（%）	碎屑：　　　　　　　　　　　　　　　　　填隙物：	
	石英：50±　　　　　泥岩：少量　　　　黏土矿物：	
	斜长石⎱ 钾长石⎰20±　　绢云母千枚岩：微量　　绢云母（少）⎱20±	
	绿泥石集合体：偶见　　石英：少量	
	黑云母、白云母：少量　电气石：偶见	
	硅质岩：5　　　　　石榴石：偶见	
	磷灰石：偶见	
	锆石：偶见	
综合叙述	细粒砂状结构，块状构造。矿物成分以石英、长石、黏土矿物为主。孔隙式胶结，颗粒支撑。 碎屑：多呈次棱角状，见棱角状、次圆状，粒度一般为0.07~0.25mm，属细粒砂屑。①石英：广泛存在，以单晶石英为主，见少量多晶石英集合体。②长石：较均匀散布，普遍有轻微蚀变（绢云母化、黏土化），个别蚀变较强。见聚片双晶、格子状双晶、条纹结构等。斜长石、钾长石均可见，钾长石见微斜长石、正长石、条纹长石（少）。③黑云母、白云母：零星散布，鳞片状，略具定向性，见鳞片弯曲现象。④硅质岩：具微晶结构，主要由微晶石英构成，分布较均匀。⑤泥岩：零星可见，多呈次圆状，具泥状结构，主要由黏土矿物及次生绢云母（少）组成。⑥绢云母千枚岩：具鳞片斑晶结构、千枚状构造，主要由定向排列的绢云母鳞片构成。⑦绿泥石：呈集合体，偶见，推测为原暗色矿物强烈绿泥石化蚀变形成。 填隙物：充填于碎屑间，起胶结作用，以泥质杂基为主。见少量硅质胶结物。泥质杂基由黏土矿物及少量次生绢云母构成，呈不规则的集合体存在于碎屑间，分布较均匀。硅质胶结物为它形石英及集合体，外形不规则，存在于碎屑粒间，也见混杂于碎屑间的泥质物中，零星散布。	

表4-8　7号样薄片鉴定

样品编号：　　7号		系统编号：　　20-b7	
采样地点：金钟山Ⅰ区崖墓群		鉴定名称：泥质钙质细粒长石砂岩	
标本特征	浅紫色，块状构造，易碎裂，硬度较低，滴稀盐酸见起泡，茜素红染色试验变红。		
组分及其百分含量（%）	碎屑：80		填隙物：20
	石英：约45	磷灰石：偶见	方解石（钙质）：10
	长石：约25	绿泥石：偶见	黏土杂基：10
	岩屑：1~2	锆石：偶见	铁质物：少量
	白云母：5~9	电气石：偶见	
	黑云母：少量		
综合叙述	岩石具细粒砂状结构，碎屑约占80%，填隙物约占20%，碎屑粒度多为0.06~0.25mm，少部分＜0.06mm或＞0.25mm，分选好，碎屑多呈次圆~次棱角状，磨圆中等。 碎屑组分： 石英：主要由单晶石英及部分多晶石英、硅质岩、石英岩岩屑组成，分布广泛，均匀，约占碎屑总量60%。 长石：为斜长石和钾长石，部分发生绢云母化、黏土化、方解石化蚀变，分布较广泛，约占碎屑总量30%。 岩屑：主要为泥岩岩屑、灰岩岩屑，分布不均匀，约占碎屑1%~2%。 白云母：分布不均，约占碎屑总量7%~9%。 黑云母：分布不均，少量。偶见磷灰石、绿泥石、锆石、电气石。 填隙物：主要由方解石（钙质）胶结物和黏土杂基（泥质）组成，充填于碎屑之间，分布不均，还有少量铁质胶结物，与黏土相混杂，分布不均。 支撑类型：杂基支撑。 胶结类型：基底~孔隙式胶结。		

表4-9　8号样薄片鉴定

样品编号：　8号		系统编号：　20－b8
采样地点：中江塔梁子		鉴定名称：钙质细～中粒长石砂岩
标本特征	紫红色，块状构造，易碎裂，硬度较低，滴稀盐酸起泡，茜素红染色试验变红。	

组分及其百分含量（%）	碎屑：85		填隙物：15
	石英：50～60	磷灰石：偶见	方解石（钙质）：10
	长石：20～30	绿泥石：偶见	黏土杂基：5
	白云母：6	电气石：偶见	铁质物：少量
	黑云母：少量		
	岩屑：1～2		

| 综合叙述 | 岩石具细～中粒砂状结构，碎屑约占85%，填隙物约占15%，碎屑粒度多为0.06～0.5mm，少量 <0.06mm或>0.5mm，分选较好；碎屑多呈次圆～次棱角状，磨圆中等。
碎屑组分：
石英：主要由单晶石英，少部分为多晶石英及硅质岩、石英岩岩屑，分布广泛，均匀，约占碎屑总量68%～70%。
长石：有斜长石和钾长石，部分发生绢云母化、黏土化、方解石化蚀变，分布较广泛，约占碎屑总量30%。
岩屑：主要为泥岩岩屑，分布不均匀，约占碎屑总量1%～2%。
另有白云母、少量黑云母，偶见磷灰石、绿泥石、电气石。
填隙物：主要由方解石（钙质）胶结物和黏土杂基组成，呈不规则状充填于碎屑之间空隙中，分布不均，还有少量铁质胶结物，与黏土杂基相混杂。
支撑类型：颗粒支撑。
胶结类型：孔隙式胶结。 |

表4-10 9号样薄片鉴定

样品编号：___9号___		系统编号：___20-b9___	
采样地点：彭山盐井沟崖墓群		鉴定名称：泥质~钙质中~细粒长石砂岩	
标本特征	浅紫红色，块状构造，较致密，硬度较低，滴稀盐酸起泡，茜素红染色试验变红。		
组分及其百分含量(%)	碎屑：80		填隙物：20
	石英：约60	磷灰石：偶见	方解石：（钙质）：10
	长石：约16	锆石：偶见	黏土杂基：10
	白云母：3	绿泥石：偶见	铁质物：少量
	黑云母：1~2	电气石：偶见	
	岩屑：1~2		
综合叙述	岩石具中细粒砂状结构，碎屑约占80%，填隙物约占20%，碎屑粒度多为0.06~0.5mm，少量<0.06mm或>0.5mm，分选较好，碎屑多呈次圆~次棱角状，磨圆中等。 碎屑组分： 石英：主要由单晶石英及部分多晶石英、硅质岩、石英岩岩屑组成，分布广泛，均匀，约占碎屑总量75%。 长石：主要为斜长石和钾长石，部分发生绢云母化、黏土化、方解石化蚀变，分布较广泛，约占碎屑总量20%。 岩屑：主要为泥岩岩屑，分布不均匀，约占碎屑总量1%~2%。 白云母：分布不均，约占碎屑总量3%~5%。 黑云母：分布不均，约占碎屑总量1%~2%。 偶见磷灰石、锆石、绿泥石、电气石。 填隙物：主要由方解石（钙质）胶结物和黏土杂基（泥质）胶结物，呈不规则状充填于碎屑之间空隙中，分布不均，还有少量铁质胶结物，与黏土相混杂。 支撑类型：杂基支撑。 胶结类型：基底式胶结。		

表4-11　10号样薄片鉴定

样品编号：　10号		系统编号：　20-b10
采样地点：彭山油房沟崖墓群		鉴定名称：泥质钙质细粒岩屑长石石英砂岩
标本特征	浅紫红色，块状构造，较疏松，硬度较低，滴稀盐酸起泡，茜素红染色试验变红。	
组分及其百分含量（%）	碎屑：80		填隙物：20
	石英：50～55	电气石：偶见	方解石（钙质）：10
	长石：15～20	锆石：偶见	黏土杂基（泥质）：10
	岩屑：5	绿帘石：偶见	铁质物：少量
	云母：5		
	磷灰石：偶见		
综合叙述	岩石具细粒砂状结构，碎屑约占80%，填隙物约占20%，碎屑粒度多为0.06～0.25mm，少部分<0.06mm或>0.25mm，分选好，碎屑多呈次圆～次棱角状，磨圆中等。 碎屑组分： 石英：主要由单晶石英及部分多晶石英、硅质岩、石英岩岩屑组成，分布广泛，约占碎屑总量70%。 长石：有斜长石和钾长石，部分发生绢云母化、黏土化、方解石化蚀变，分布较广泛，约占碎屑总量25%。 岩屑：主要为泥岩岩屑，分布不均匀，约占碎屑总量5%。 云母：有白云母和黑云母，分布不均，约占5%。 偶见磷灰石、电气石、锆石、绿帘石。 填隙物：主要由方解石胶结物和黏土杂基组成，呈不规则状充填于碎屑之间空隙中，分布不均匀，另有少量铁质胶结物，与黏土杂基混杂。 支撑类型：杂基支撑。 胶结类型：基底式胶结。		

表4-12　11号样薄片鉴定

样品编号：　11号	系统编号：　20-b11
采样地点：乐山麻浩崖墓M1墓区	鉴定名称：泥质细粒岩屑长石石英砂岩

标本特征	浅紫红色，块状构造，较疏松，硬度低，酥软。

组分及其百分含量(%)	碎屑：85		填隙物：15
	石英：56~60	锆石：偶见	黏土杂基：10~12
	长石：约20	绿泥石：偶见	铁质物：3~5
	岩屑：4	磷灰石：偶见	
	云母：5		
	电气石：偶见		

综合叙述	岩石具细粒砂状结构，碎屑约占85%，填隙物约占15%，碎屑粒度多为0.06~0.25mm，少部分<0.06mm或>0.25mm，分选好，碎屑多呈次圆~次棱角状，磨圆中等。 碎屑组分： 石英：主要由单晶石英及部分硅质岩、石英岩岩屑组成，分布广泛，约占碎屑总量70%。 长石：为斜长石和钾长石，部分发生绢云母化、黏土化蚀变，分布不均，约占碎屑25%。 岩屑：主要为泥岩岩屑，分布不均匀，约占碎屑总量5%。 云母：主要为白云母和黑云母，分布不均。 偶见电气石、锆石、绿泥石、磷灰石。 填隙物：主要由黏土杂基（泥质）及部分铁质胶结物组成，二者相互混杂，呈不规则状充填于碎屑之间空隙中，分布不均匀。 支撑类型：颗粒支撑。 胶结类型：孔隙胶结。

表4-13　12号样薄片鉴定

样品编号：　　12号	系统编号：　　20-b12
采样地点：青神瑞峰崖墓M1墓区	鉴定名称：泥质细~中粒长石石英砂岩

标本特征	紫红色，块状构造，疏松，硬度较低。		
组分及其百分含量（%）	碎屑：85~90		填隙物：10~15
	石英：70~80	磷灰石：偶见	黏土杂基：主要
	长石：约15	电气石：偶见	铁质物：少量
	岩屑：少量	绿泥石：偶见	
	云母：少量		
	锆石：偶见		
综合叙述	岩石具中细粒砂状结构，碎屑约占85%~90%，填隙物约占10%~15%，碎屑粒度多为0.06~0.5mm，少量<0.06mm或>0.5mm，分选较好，碎屑多呈次圆~次棱角状，磨圆中等。 碎屑组分： 石英：主要由单晶石英及部分多晶石英、硅质岩、石英岩岩屑组成，分布广泛，约占碎屑总量85%~90%。 长石：为斜长石和钾长石，部分发生黏土化、绢云母化蚀变，分布不均，约占碎屑总量10%~15%。 岩屑：主要为泥岩岩屑，分布不均匀，少量。 云母：主要为白云母和黑云母，分布不均，少量。 黑云母：分布不均，约占碎屑总量1%~2%。 偶见锆石、磷灰石、电气石、绿泥石。 填隙物：主要由黏土杂基（泥质）组成，呈不规则状充填于碎屑之间空隙中，分布不均，另有少量铁质胶结物，与黏土杂基相混杂。 支撑类型：颗粒支撑。 胶结类型：孔隙式胶结。		

表4-14　13号样薄片鉴定

样品编号：<u>　13号黄伞崖墓岩样　</u>		系统编号：<u>　56-b1　</u>	
采样地点：宜宾黄伞崖墓M1墓区		鉴定名称：<u>泥质细～中粒长石石英杂砂岩</u>	
标本特征	紫红色，较疏松，硬度低。		
组分及其 百分含量 （%）	碎屑：80		填隙物：20
	石英：65～70		黏土杂基：主要
	长石：7～10		铁质物：少量
	白云母：微量		
	电气石：偶见		
	锆石：偶见		
综合叙述	岩石具细～中粒砂状结构，碎屑约占80%，填隙物约占20%，碎屑粒度多为0.06～0.5mm，少量＜0.06mm或＞0.5mm，分选较好，多呈次圆～次棱角状，磨圆中等。 碎屑组分： 石英：以单晶石英为主，部分多晶石英及硅质岩岩屑，分布广泛，约占碎屑总量93%。 长石：主要为钾长石，部分为斜长石，分布不均，约占碎屑总量6%～7%。 另有微量白云母，偶见电气石、锆石。 填隙物：主要由黏土杂基（泥质）组成，呈不规则状充填于碎屑之间，分布广泛。另有少量铁质胶结物。 支撑类型：杂基支撑。 胶结类型：基底式胶结。		

表4-15　　14号样薄片鉴定

样品编号：　14号天堂沟岩样	系统编号：　　56-b2
采样地点：宜宾石城山天堂沟墓区	鉴定名称：钙质细粒长石石英砂岩

标本特征	浅紫红色，致密，硬度低于小刀，滴稀盐酸起泡，茜素红染色试验变红。	
组分及其百分含量（%）	碎屑：80	填隙物：20
	石英：50～55	方解石：10
	长石：20～25	黏土杂基：7～8
	白云母：5	铁质物：少量
	电气石：偶见	
	锆石：偶见	
综合叙述	岩石具细粒砂状结构，碎屑约占80%，填隙物约占20%，碎屑粒度多为0.06～0.25mm，分选好，碎屑多呈次圆～次棱角状，磨圆中等。 碎屑组分： 石英：以单晶石英为主，部分多晶石英及硅质岩岩屑，分布广泛，约占碎屑总量60%～70%。 长石：有斜长石、钾长石，分布不均，约占碎屑总量25%～30%。 白云母：分布不均，约占碎屑总量7%。 偶见电气石、锆石。 填隙物：主要为方解石（钙质）胶结物和黏土杂基，呈不规则状充填于碎屑之间，另有部分铁质胶结物。 支撑类型：杂基支撑。 胶结类型：基底式胶结。	

表4-16　　15号样薄片鉴定

样品编号：15号七个洞岩样		系统编号：56-b4
采样地点：长宁七个洞崖墓		鉴定名称：细粒长石石英砂岩
标本特征	紫红色块体，致密坚硬，表面细滑。	
组分及其百分含量（%）	碎屑： 石英：65±　　硅质岩（主） 钾长石　　石英岩（少）}5~7 斜长石}13~15　泥岩：少量 黑云母　　中性喷出岩：微量 白云母}微量　榍石：偶见	填隙物： 方解石：10± 黏土矿物：5± 褐铁矿：少量
综合叙述	细粒砂状结构，块状构造。孔隙式胶结，颗粒支撑。 碎屑：多呈次棱角状，较均匀散布，粒度一般为0.06~0.25mm，属细粒砂屑，见少量中粗砂屑及粉砂屑存在。①石英：广泛存在，为主要碎屑物。以单晶石英为主，见少量多晶石英集合体。②长石：分布较均匀，钾长石、斜长石均可见，见轻微黏土化、绢云母化蚀变。③黑云母、白云母：鳞片状，零星可见。④硅质岩、石英岩：主要由石英组成，以前者为主，分布较均匀。前者具微晶结构，后者具粒状变晶结构。⑤泥岩：多呈次圆状，具泥状结构，零星可见，主要由黏土矿物及次生绢云母组成。　填隙物：充填于碎屑间，以方解石为主，次为黏土矿物，少量褐铁矿。方解石呈他形晶及集合体，较均匀存在于碎屑间。黏土矿物呈不规则状集合体，较均匀存在于碎屑间。褐铁矿多呈微细尘点状混杂于黏土矿物、方解石中，沿碎屑颗粒边缘有相对集中。　褐铁矿：多呈微细尘点状及集合体（少），混杂于填隙物中，有的碎屑颗粒中也见有混杂。其广泛存在，渲染标本使其标本显紫红色。	

4.1.2 薄片鉴定结论与讨论

薄片鉴定砂岩的分类定名以黏土基质含量为界划分，基质含量小于15%的为砂岩，基质含量大于15%的为杂砂岩，当基质含量大于50%时则过渡为泥质岩。在砂岩和杂砂岩中按石英、长石及岩屑的相对含量划分砂岩类型，长石含量大于25%、岩屑含量小于25%的为长石砂岩（杂砂岩）类，岩屑含量大于25%、长石含量小于25%的砂岩为岩屑砂岩（杂砂岩）类，岩屑和长石含量均大于25%的砂岩为岩屑长石砂岩或长石岩屑砂岩（杂砂岩）类，岩屑和长石含量均小于25%的为石英砂岩（杂砂岩）类。如长石或岩屑含量为10%~25%则将砂岩细分为长石质或岩屑质××砂岩，含量小于10%的组分不参加定名[1]。

薄片鉴定表明15处崖墓岩石均为块状构造砂岩，其中塔梁子崖墓、彭山盐井沟崖墓、瑞峰崖墓、黄伞崖墓的岩石为细—中粒砂岩，其他崖墓岩石均为细粒砂岩，但各种粒度矿物在每一处岩石的含量不一。各崖墓岩石胶结类型和支撑类型也不同，其中彭山盐井沟、油房沟、黄伞崖墓、石城山崖墓岩石为基底胶结、杂基支撑，其他崖墓岩石为孔隙式胶结、颗粒支撑。15处崖墓砂岩由砂粒碎屑和填隙物组成，填隙物含量均在10%以上，填隙物主要由黏土矿物、方解石、绢云母、铁质等组成。填隙物充填于岩石碎屑粒间，起胶结作用，柏林坡、金钟山Ⅱ区、松林嘴M1、吴家湾M1、中江塔梁子、七个洞等崖墓岩石填隙物以方解石（钙质）为主；天台山、紫荆湾、乐山麻浩、青神瑞峰、黄伞等崖墓岩石填隙物以黏土杂基（泥质）为主；金钟山Ⅰ区、彭山盐井沟、彭山油房沟、天堂沟等崖墓岩石填隙物中方解石（钙质）和黏土杂基（泥质）含量基本相当。通过薄片观测和莫氏硬度测定（表4-17），柏林坡、天堂沟、七个洞3处崖墓的岩石较致密，硬度以石城山天堂沟岩石最大；金钟山Ⅰ区、盐井沟、麻浩、瑞峰、黄伞5处崖墓的岩石疏松，硬度低。

4.2 岩样矿物成分分析

岩样矿物成分分析采用DX-2000X光衍射仪，检测环境条件为：温度24℃，湿度56%，检测依据为DS327-3112-08。根据四川崖墓分布、崖墓石刻风化状况及崖墓岩石结构特征，我们选择了6#、7#、8#、10#、11#、14#进行定量分析，其他样品做半定量分析。

4.2.1 岩样定量分析结果

1. 郫江紫荆湾岩样XRD定量分析结果（岩样编号6#，图4-1、4-2）

钠长石（Albite low）18%，正长石（Orthoclase）6.3%，白云母（Muscovite）4.1%，绿泥石（Clinochlore）3.9%，黑云母（Biotite）1.5%，磁铁矿（Magnetite）0.7%，锐钛矿（Anatase）0.5%，石膏（Anhydrite）0.4%，石英（Quartz）63.6%，其他1.0%。

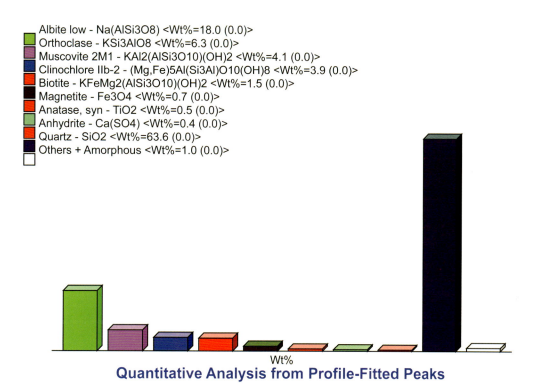

图4-1　6#岩样矿物成分定量图

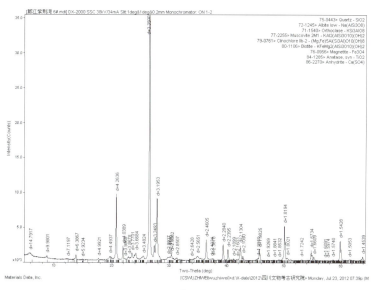

图4-2　6#岩样X衍射图谱

2．郫江金钟山Ⅰ区岩样XRD定量分析结果（岩样编号7#，图4-3、4-4）

钠长石（Albite low）13.2%，钙长石（Anorthite）19.2%，白云母（Muscovite）9.7%，石英（Quartz）46.3%，方解石（Calcite）7.9%，绿泥石（Clinochlore）1.8%，磁铁矿（Magnetite）1.8%，其他成分（Others）1.0%。

3．中江塔梁子崖墓岩样XRD定量分析结果（岩样编号8#，图4-5、4-6）

方解石（Calcite）9.4%，钠长石（Albite low）10.1%，正长石（Orthoclase）6.8%，拉长石（Anorthite sodian）4.8%，白云母（Muscovite）7.1%，绿泥石（Clinochlore）1.0%，滑石（Talc）1.2%，赤铁矿（Hematite）0.6%，石膏（Anhydrite）0.3%，锐钛矿（Anatase）0.2%，石英（Quartz）58.0%，其他0.5%。

4．彭山油房沟岩样XRD定量分析结果（岩样编号10#，图4-7、4-8）

钠长石（Albite low）16.9%，正长石（Orthoclase）6.3%，拉长石（Anorthite sodian）6.7%，白云母（Muscovite）5.8%，绿泥石（Clinochlore）1.0%，黑云母（Biotite）3.2%，方解石（Calcite）4.4%，赤铁矿（Hematite）1.2%，磁铁矿（Magnetite）0.6%，石膏（Anhydrite）0.3%，锐钛矿（Anatase）0.7%，石英（Quartz）52.2%，其他0.7%。

5．麻浩崖墓岩样XRD定量分析结果（岩样编号11#，图4-9、4-10）

钠长石（Albite low）10.4%，微斜长石（Microcline）10.7%，白云母（Muscovite）7.8%，绿泥石（Clinochlore）0.8%，黑云母（Biotite）1.1%，方解石（Calcite）0.4%，滑石（Talc）0.9%，赤铁矿（Hematite）1.1%，磁铁矿（Magnetite）0.6%，锐钛矿（Anatase）0.8%，石膏（Anhydrite）0.2%，石英（Quartz）64.3%，其他0.9%。

6．宜宾石城山天堂沟岩样XRD定量分析结果（岩样编号14#，图4-11、4-12）

钠长石（Albite low）26.1%，拉长石（Anorthite sodian）2.6%，白云母（Muscovite）4.8%，绿泥石（Clinochlore）1.0%，方解石（Calcite）4.8%，赤铁矿（Hematite）0.7%，磁铁矿（Magnetite）0.3%，滑石（Talc）2.4%，锐钛矿（Anatase）0.6%，石膏（Anhydrite）0.4%，钡硬锰矿（Romanechite）0.9%，石英（Quartz）54.7%，其他0.7%。

4.2.2　其他崖墓岩样半定量分析结果

1．郫江柏林坡岩样XRD半定量分析结果（岩样编号1#，图4-13）

石英（Quartz）＞50%，钠长石（Albite low）＞12%，微斜长石（Microcline）＞7%，白云母（Muscovite）＞4%，方解石（Calcite）＞8%，绿泥石（Clinochlore）＜1%，其他＜2%。

2．郫江天台山岩样XRD半定量分析结果（岩样编号2#，图4-14）

石英（Quartz）＞55%，钠长石（Albite low）＞10%，微斜长石（Microcline）＞7%，白云母（Muscovite）＞3%，方解石（Calcite）＜4%，绿泥石（Clinochlore）≈1%，其他＜2%。

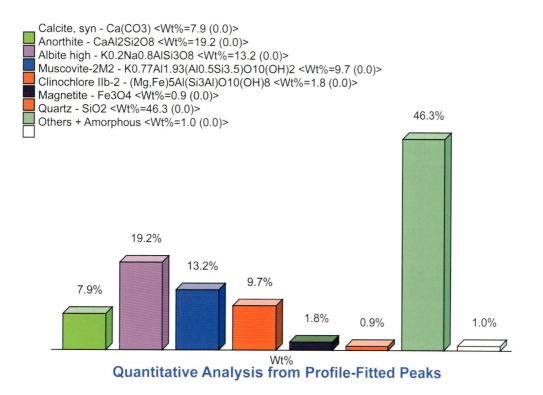

图4-3　7#岩样矿物成分定量图

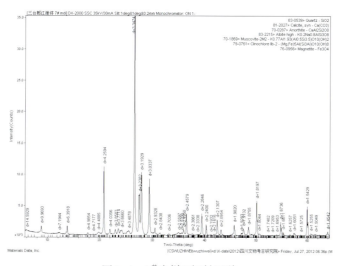

图4-4　7#岩样X衍射图谱

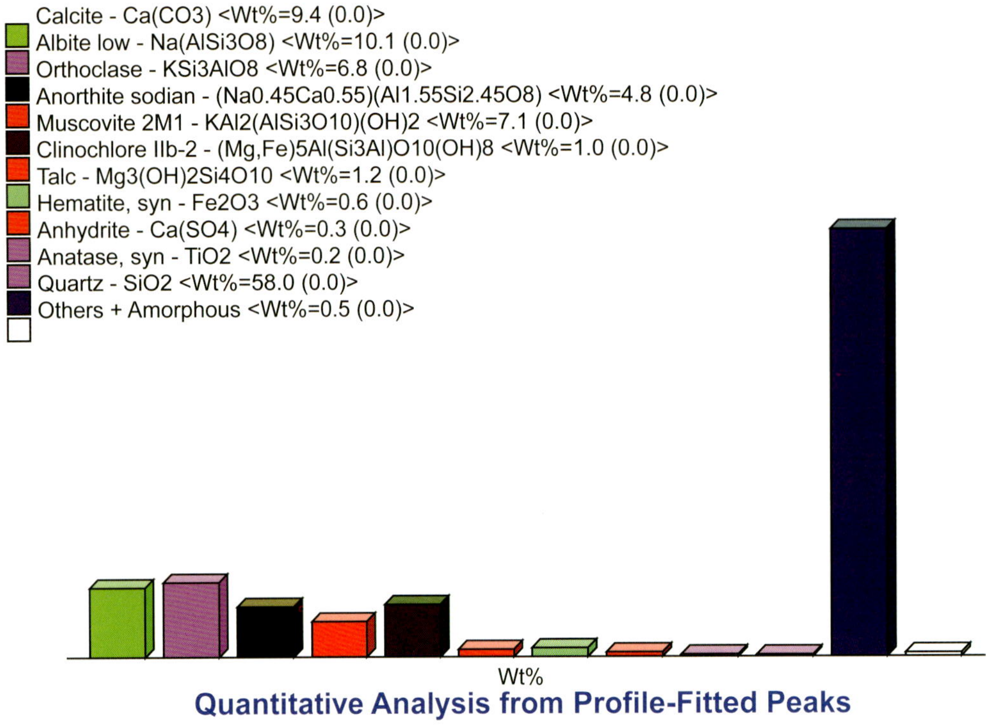

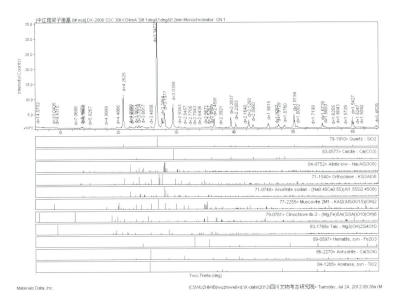

Calcite - Ca(CO3) <Wt%=9.4 (0.0)>
Albite low - Na(AlSi3O8) <Wt%=10.1 (0.0)>
Orthoclase - KSi3AlO8 <Wt%=6.8 (0.0)>
Anorthite sodian - (Na0.45Ca0.55)(Al1.55Si2.45O8) <Wt%=4.8 (0.0)>
Muscovite 2M1 - KAl2(AlSi3O10)(OH)2 <Wt%=7.1 (0.0)>
Clinochlore IIb-2 - (Mg,Fe)5Al(Si3Al)O10(OH)8 <Wt%=1.0 (0.0)>
Talc - Mg3(OH)2Si4O10 <Wt%=1.2 (0.0)>
Hematite, syn - Fe2O3 <Wt%=0.6 (0.0)>
Anhydrite - Ca(SO4) <Wt%=0.3 (0.0)>
Anatase, syn - TiO2 <Wt%=0.2 (0.0)>
Quartz - SiO2 <Wt%=58.0 (0.0)>
Others + Amorphous <Wt%=0.5 (0.0)>
Wt%
Quantitative Analysis from Profile-Fitted Peaks

图4-5　8#岩样矿物成分定量图

79-1910> Quartz - SiO2
83-0577> Calcite - Ca(CO3)
84-0752> Albite low - Na(AlSi3O8)
71-1540> Orthoclase - KSi3AlO8
71-0748> Anorthite sodian - (Na0.45Ca0.55)(Al1.55Si2.45O8)
77-2255> Muscovite 2M1 - KAl2(AlSi3O10)(OH)2
79-0761> Clinochlore IIb-2 - (Mg,Fe)5Al(Si3Al)O10(OH)8
83-1768> Talc - Mg3(OH)2Si4O10
89-0597> Hematite, syn - Fe2O3
86-2270> Anhydrite - Ca(SO4)
84-1285> Anatase, syn - TiO2
Two-Theta (deg)
Materials Data, Inc.

图4-6　8#岩样X衍射图谱

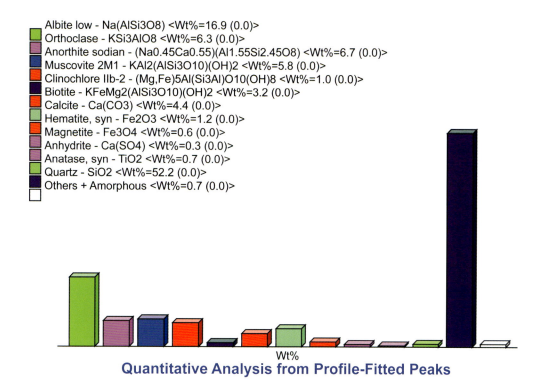

Albite low - Na(AlSi3O8) <Wt%=16.9 (0.0)>
Orthoclase - KSi3AlO8 <Wt%=6.3 (0.0)>
Anorthite sodian - (Na0.45Ca0.55)(Al1.55Si2.45O8) <Wt%=6.7 (0.0)>
Muscovite 2M1 - KAl2(AlSi3O10)(OH)2 <Wt%=5.8 (0.0)>
Clinochlore IIb-2 - (Mg,Fe)5Al(Si3Al)O10(OH)8 <Wt%=1.0 (0.0)>
Biotite - KFeMg2(AlSi3O10)(OH)2 <Wt%=3.2 (0.0)>
Calcite - Ca(CO3) <Wt%=4.4 (0.0)>
Hematite, syn - Fe2O3 <Wt%=1.2 (0.0)>
Magnetite - Fe3O4 <Wt%=0.6 (0.0)>
Anhydrite - Ca(SO4) <Wt%=0.3 (0.0)>
Anatase, syn - TiO2 <Wt%=0.7 (0.0)>
Quartz - SiO2 <Wt%=52.2 (0.0)>
Others + Amorphous <Wt%=0.7 (0.0)>

Wt%
Quantitative Analysis from Profile-Fitted Peaks

图4-7　10#岩样矿物成分定量图

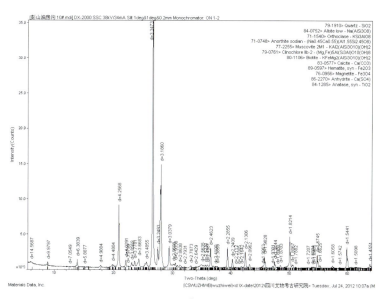

图4-8　10#岩样X衍射图谱

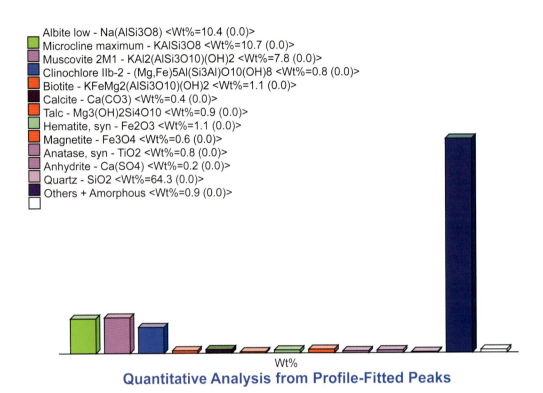

Albite low - Na(AlSi3O8) <Wt%=10.4 (0.0)>
Microcline maximum - KAlSi3O8 <Wt%=10.7 (0.0)>
Muscovite 2M1 - KAl2(AlSi3O10)(OH)2 <Wt%=7.8 (0.0)>
Clinochlore IIb-2 - (Mg,Fe)5Al(Si3Al)O10(OH)8 <Wt%=0.8 (0.0)>
Biotite - KFeMg2(AlSi3O10)(OH)2 <Wt%=1.1 (0.0)>
Calcite - Ca(CO3) <Wt%=0.4 (0.0)>
Talc - Mg3(OH)2Si4O10 <Wt%=0.9 (0.0)>
Hematite, syn - Fe2O3 <Wt%=1.1 (0.0)>
Magnetite - Fe3O4 <Wt%=0.6 (0.0)>
Anatase, syn - TiO2 <Wt%=0.8 (0.0)>
Anhydrite - Ca(SO4) <Wt%=0.2 (0.0)>
Quartz - SiO2 <Wt%=64.3 (0.0)>
Others + Amorphous <Wt%=0.9 (0.0)>

Wt%

Quantitative Analysis from Profile-Fitted Peaks

图4-9   11#岩样矿物成分定量图

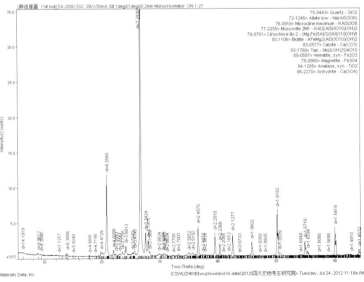

图4-10   11#岩样X衍射图谱

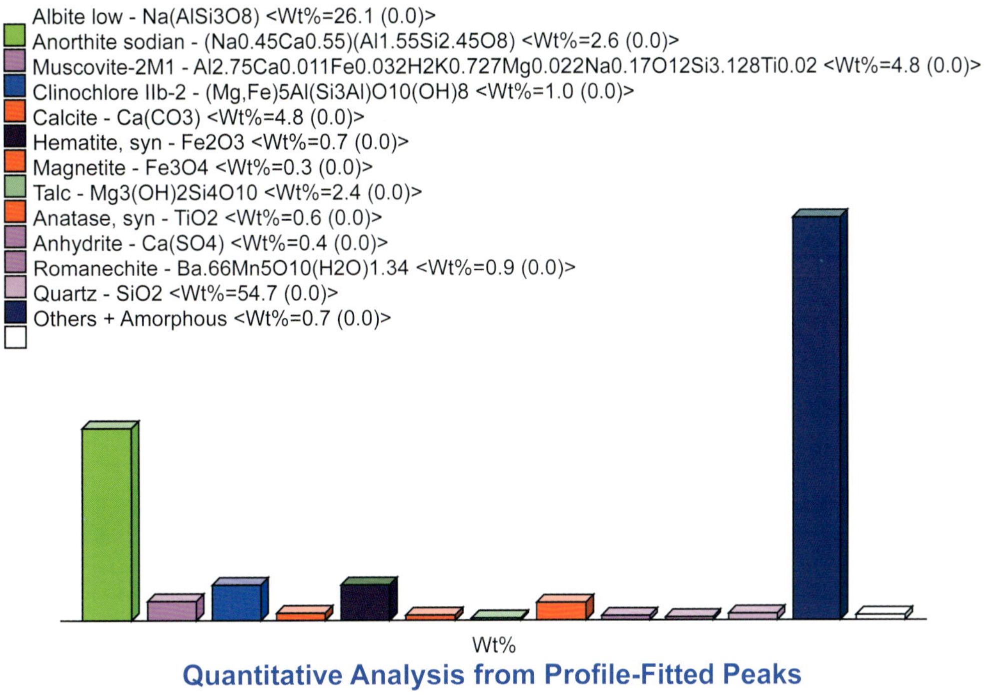

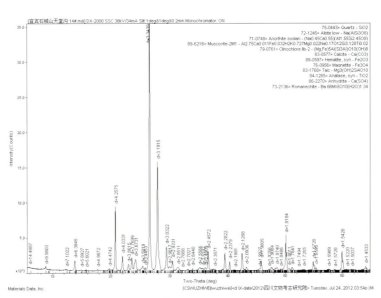

Albite low - Na(AlSi3O8) <Wt%=26.1 (0.0)>
Anorthite sodian - (Na0.45Ca0.55)(Al1.55Si2.45O8) <Wt%=2.6 (0.0)>
Muscovite-2M1 - Al2.75Ca0.011Fe0.032H2K0.727Mg0.022Na0.17O12Si3.128Ti0.02 <Wt%=4.8 (0.0)>
Clinochlore IIb-2 - (Mg,Fe)5Al(Si3Al)O10(OH)8 <Wt%=1.0 (0.0)>
Calcite - Ca(CO3) <Wt%=4.8 (0.0)>
Hematite, syn - Fe2O3 <Wt%=0.7 (0.0)>
Magnetite - Fe3O4 <Wt%=0.3 (0.0)>
Talc - Mg3(OH)2Si4O10 <Wt%=2.4 (0.0)>
Anatase, syn - TiO2 <Wt%=0.6 (0.0)>
Anhydrite - Ca(SO4) <Wt%=0.4 (0.0)>
Romanechite - Ba.66Mn5O10(H2O)1.34 <Wt%=0.9 (0.0)>
Quartz - SiO2 <Wt%=54.7 (0.0)>
Others + Amorphous <Wt%=0.7 (0.0)>
Wt%
Quantitative Analysis from Profile-Fitted Peaks

图4-11　14[#]岩样矿物成分定量图

Intensity(Counts)
Two-Theta (deg)
Materials Data, Inc.

图4-12　14[#]岩样X衍射图谱

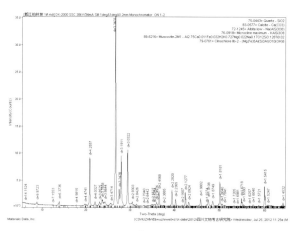

图4-13　1#岩样X衍射图谱

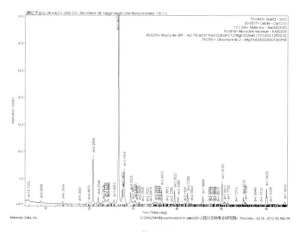

图4-14　2#岩样X衍射图谱

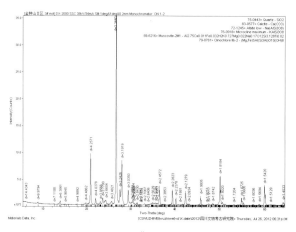

图4-15　3#岩样X衍射图谱

3. 金钟山Ⅱ区岩样XRD半定量分析结果（岩样编号3#，图4-15）

石英（Quartz）>52%，钠长石（Albite low）>11%，微斜长石（Microcline）>7%，白云母（Muscovite）>2%，方解石（Calcite）<5%，绿泥石（Clinochlore）<1%，其他<3%。

4. 郫江松林嘴岩样XRD半定量分析结果（岩样编号4#，图4-16）

石英（Quartz）>50%，钠长石（Albite low）>14%，微斜长石（Microcline）>9%，白云母（Muscovite）>3%，方解石（Calcite）>5%，绿泥石（Clinochlore）>1%，其他<2%。

5. 郫江吴家湾岩样XRD半定量分析结果（岩样编号5#，图4-17）

石英（Quartz）>43%，钠长石（Albite low）>15%，微斜长石（Microcline）>6%，白云母（Muscovite）>3%，方解石（Calcite）>9%，绿泥石（Clinochlore）≈1%，其他<3%。

6. 彭山江口盐井沟崖墓岩样XRD半定量分析结果（岩样编号9#，图4-18）

石英（Quartz）>45%，钠长石（Albite low）>10%，正长石（Orthoclase）<5%，白云母（Muscovite）>3%，方解石（Calcite）>6%，绿泥石（Clinochlore）≈1%，赤铁矿（Hematite）≈1%，其他<3%。

7. 青神瑞峰崖墓岩样XRD半定量分析结果（岩样编号12#，图4-19）

石英（Quartz）>60%，钠长石（Albite low）>9%，正长石（Orthoclase）>7%，白云母（Muscovite）<2%，方解石（Calcite）<1%，绿泥石（Clinochlore）<1%，蒙脱石（Montmorillonite-15A）≈1%，赤铁矿（Hematite）>1%，其他<2%。

8. 宜宾黄伞崖墓岩样XRD半定量分析结果（岩样编号13#，图4-20）

石英（Quartz）>57%，钠长石（Albite low）<3%，微斜长石（Microcline）>8%，白云母（Muscovite）<2%，方解石（Calcite）<2%，绿泥石（Clinochlore）<1%，赤铁矿（Hematite）>1%，其他<3%。

9. 长宁七个洞岩样XRD半定量分析结果（岩样编号15#，图4-21）

石英（Quartz）>49%，钠长石（Albite low）>11%，微斜长石（Microcline）>6%，白云母（Muscovite）≤5%，方解石（Calcite）>7%，绿泥石（Clinochlore）>1%，赤铁矿（Hematite）≈1%，其他<3%。

4.2.3　岩样矿物组成及风化特点

长石族矿物分为钾长石和斜长石"两亚"族，钾长石化学式为$K(AlSi_3O_8)$，晶体属单斜或三斜晶系的架状硅酸盐矿物，有透长石、正长石和微斜长石等。斜长石晶体属三斜晶系的架状硅酸盐矿物，是由端员矿物钠长石$Na(AlSi_3O_8)$、钙长石$Ca(Al_2Si_2O_8)$及它们的中间矿物（更长石、中长石、拉长石、培长石）组成的类质同象系列的矿物总称。

岩样X射线衍射分析表明，四川重点研究崖墓岩石中的长石含量高，一般都在15%以上，仅次于石

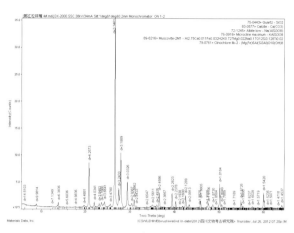

图4-16　4#岩样X衍射图谱

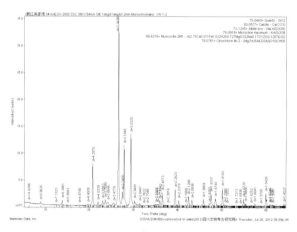

图4-17　5#岩样X衍射图谱

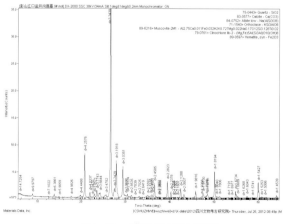

图4-18　9#岩样X衍射图谱

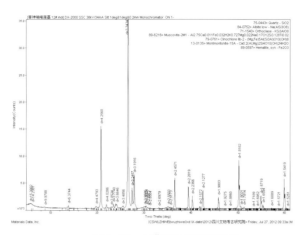

图4-19　12#岩样X衍射图谱

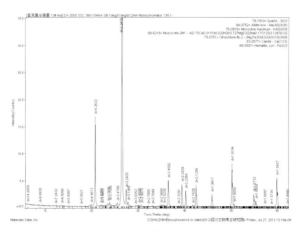

图4-20　13#岩样X衍射图谱

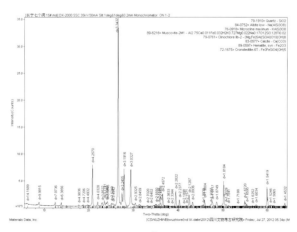

图4-21　15#岩样X衍射图谱

英的含量，长石主要有钠长石、正长石、拉长石、微斜长石。胶结物主要为方解石、白云母、黑云母、绿泥石、石膏、铁矿石等。各种矿物抵抗风化作用的能力相差很大。石英在风化作用中稳定性极高，几乎不发生化学溶解作用，一般只发生机械破碎作用。长石抗风化稳定性次于石英，在长石族矿物中，钾长石的稳定性较高，多钠的酸性斜长石次之，中性斜长石又次之，多钙的基性斜长石最低。在钾长石风化过程中最先析出钾，然后是硅，最后才是铝，与此同时，氢氧根或水参加到矿物晶格中来，随着钾、硅、铝的逐步析出和水的加入，原来的钾长石逐步转变为水白云母、高岭石、蛋白石和铝土矿。斜长石风化时除钙、钠、硅等从矿物中转移出去外，常形成一些在风化带中相对稳定的新矿物，如沸石、蒙皂石、蛋白石等。在云母类中，白云母的抗风化能力较强，所以在砂岩中相当常见，白云母在风化过程中主要析出钾和加入水，先变成水白云母，最后变成高岭石。黑云母抗风化能力比白云母差得多，黑云母在风化时钾、镁等成分首先析出，加入水后，转变为蛭石、绿泥、褐铁矿等。各种黏土矿物如高岭石、水云母等本来就是在风化条件下或者沉积环境中生成的，在风化带中相当稳定，但在一定条件下也会转变为更加稳定的铝土矿、蛋白石等矿物。方解石等碳酸盐矿物风化稳定性很低，容易溶于水并被转移。各种硫酸盐矿物（如石膏、硬石膏）和硫化物矿物（如黄铁矿）的风化稳定性最低，最易溶于水，多呈真溶液状流失[2]。

4.3 岩样物理性能及力学强度测试

岩样物理性能及力学强度按《工程岩体试验方法标准》GB/T50266－99进行测试，结果见表4－17、4－18。

表4-17 岩样物理性能测试成果

指标 编号	比重 (g/cm3)	含水量 (%)	吸水率 (%)	饱水率 (%)	饱水系数 (%)	孔隙率 (%)	天然密度 (g/cm³)	干密度 (g/cm³)	莫氏硬度
1	2.62	10.44	15.87	16.03	0.99	37.89	1.93	1.9	4
2	2.64	8.98	15.27	15.58	0.98	35.38	1.97	1.95	3
3	2.66	5.16	11	11.22	0.98	30.39	2.07	2.04	3
4	2.65	3.22	11.19	11.42	0.98	25.59	2.14	2.11	3
5	2.68	3.83	11.14	11.37	0.98	17.03	2.32	2.29	3
6	2.6	4.34	9.72	9.92	0.98	25.6	2.09	2.07	4
7	2.62	4.14	8.51	8.68	0.98	24.76	2.13	2.1	2
8	2.64	6.37	10.48	10.69	0.98	26.32	2.12	2.09	3
9	2.68	4.47	7.41	7.56	0.98	17.54	2.32	2.28	2

续表4-17

指标 编号	比重 （g/cm3）	含水量 （%）	吸水率 （%）	饱水率 （%）	饱水系数 （%）	孔隙率 （%）	天然密度 （g/cm³）	干密度 （g/cm³）	莫氏硬度
10	2.65	7.02	15.54	15.86	0.98	29.27	2.08	2.05	2
11	2.65	6.82	9.87	10.07	0.98	34.52	2.11	1.97	2
12	2.62	11.35	21.89	22.11	0.99	49.71	1.93	1.75	2
13	2.63	9.42	16.97	17.14	0.99	30.04	1.99	1.84	2
14	2.68	4.8	9.88	10.08	0.98	17.54	2.3	2.21	6
15	2.66	2.8	6.77	7.13	0.95	13.53	2.36	2.3	5

表4-18　岩样力学强度测试成果表

石样 编号	受力方向	试样状态	抗压强度（MPa）				抗剪断强度				内摩擦角φ 度	凝聚力C Mpa	抗拉强度（MPa）			
							应力	受力角度（度）								
			I	II	III	平均值	Mpa	50	60	70	度	Mpa	I	II	III	平均值
1	⊥	天然	5.1	4.7	4.7	4.8	σ	2.2	1.1	0.4	38	0.9	0.26	0.18	0.2	0.21
							τ	2.6	1.8	1.2						
								—	—	—						
		饱和	1.9	1.3	1.5	1.6							—			
2	⊥	天然	4	4.7	4.9	4.5	σ	2.1	1	0.4	36.9	0.9	0.25	0.19	0.2	0.21
							τ	18.2	11.4	7.3						
		饱和	2.3	1.3	1.5	1.7							—	—	—	—
3	⊥	天然	3.6	3.3	4.3	3.7	σ	1.9	0.9	0.4	36.6	0.8	0.13	0.22	0.18	0.18
							τ	2.2	1.6	1.1						
		饱和	1.7	1.4	1.6	1.6										
4	⊥	天然	7.9	9.1	12.1	9.7	σ	3.9	1.7	0.7	39.8	1.4	0.35	0.47	0.4	0.41
							τ	4.7	2.9	2						
		饱和	2.5	3	2.7	2.7										
5	⊥	天然	18.4	15	20.1	17.9	σ	6.8	2.9	1.1	41	2.3	0.85	0.92	0.78	0.85
							τ	8.1	5	3.1						
		饱和	7.4	7.5	6.3	7.1										

续表4-18

石样编号	受力方向	试样状态	抗压强度（MPa）				抗剪断强度				内摩擦角φ	凝聚力C	抗拉强度（MPa）			
			I	II	III	平均值	应力	受力角度（度）			度	Mpa	I	II	III	平均值
							Mpa	50	60	70						
6	⊥	天然	2.7	3.6	4.2	3.5	σ	1.6	0.8	0.4	35.3	0.8	0.15	0.12	0.2	0.16
							τ	1.9	1.4	1						
		饱和	1.6	1.9	1	1.4										
7	⊥	天然	5.1	7.9	10	7.7	σ	3.1	1.4	0.6	38.8	1.2	0.33	0.41	0.38	0.37
							τ	3.8	2.4	1.7						
		饱和	1.5	2.3	1.8	1.9										
8	⊥	天然	10.4	7.9	11.5	9.9	σ	4.2	1.9	0.8	40.1	1.5	0.47	0.53	0.39	0.46
							τ	5.1	3.2	2.1						
		饱和	5.1	2.7	3	3.6										
9	⊥	天然	14.3	10.4	12.3	12.4	σ	5	2.2	0.9	40.2	1.8	0.53	0.65	0.49	0.56
							τ	6	3.7	2.4						
		饱和	5.6	4.5	6.2	5.4										
10	⊥	天然	6.8	5.4	7.2	6.5	σ	2.6	1.2	0.5	37.3	1.1	0.35	0.28	0.3	0.31
							τ	3.1	2.1	1.5						
		饱和	2.1	1.6	2.3	2										
11	⊥	天然	3.4	3.2	3.8	3.5	σ	1.8	0.9	0.4	37.5	0.8	0.2	0.13	0.16	0.16
							τ	2.1	1.6	1						
		饱和	1.4	2	1.5	1.6										
12	⊥	天然	0.8	0.9	0.9	0.9	σ	1.8	0.9	0.4	37.5	0.8	0.2	0.13	0.16	0.16
							τ	2.1	1.6	1						
		饱和	0.3	0.2	0.3	0.3										
13	⊥	天然	1.5	1.3	1.2	1.3	σ	0.72	0.42	0.21	28.8	0.47	0.03	0.05	0.06	0.05
							τ	0.86	0.72	0.57						
		饱和	0.7	0.8	0.6	0.7										
14	⊥	天然	35.4	35.9	37.8	36.4	σ	15.2	6.6	2.7	40.3	5.4	1.6	2.4	1.8	1.9
							τ	18.2	11.4	7.3						
		饱和	28.7	16	23.3	22.7										

续表4-18

石样编号	受力方向	试样状态	抗压强度（MPa）				抗　剪　断　强　度					内摩擦角φ	凝聚力C	抗拉强度（MPa）			
			I	II	III	平均值	应力	受力角度（度）				度	Mpa	I	II	III	平均值
							Mpa	50	60	70							
15	⊥	天然	25.2	31.1	27.3	27.9	σ	10.6	4.6	2		39.5	4	1.3	2	1	1.4
							τ	12.6	8	5.5							
		饱和	12.1	16.9	14.8	14.6											

　　岩石物理性能及力学强度测试成果表明，15处崖墓岩石的孔隙率大、饱和吸水率较高，其中七个洞崖墓岩石的孔隙率最小，为13.53%，饱和吸水率最低，为7.13%；瑞峰崖墓岩石孔隙率最大，为49.71%，饱和吸水率最高，为22.11%。与四川摩崖造像岩石进行对比，四川崖墓岩石的孔隙率和饱和吸水率大[3]。除吴家湾M1、天堂沟崖墓和七个洞崖墓岩样的强度能达到中等强度外，其他12处崖墓岩石的力学强度都较小，特别是在饱水状态下，岩石的强度减小非常明显，其中瑞峰崖墓和黄伞崖墓岩样的饱和抗压强度只有0.3MPa和0.7MPa。对比四川地区摩崖造像岩石的强度，四川地区崖墓岩石的力学强度要小得多，在饱水状态下，它们的饱和抗压强度是同地区摩崖造像岩石强度的1/2甚至更低[4]（吴家湾M1、天堂沟崖墓和七个洞崖墓除外），这说明开凿崖墓的岩石比雕刻摩崖造像的岩石孔隙率更大、力学强度更低，在饱水条件下，更为酥松，抗风化能力相对较差。

4.4　四川重点研究崖墓石刻表面苔藓、地衣植物的分类鉴定

　　四川崖墓石刻表面的植物种群十分丰富，因受研究条件限制，本课题研究只针对肉眼能够观察到的、崖墓石刻表面常见的苔藓、地衣植物种类进行了取样和分类研究（表4-19）。

表4-19　各处崖墓苔藓、地衣植物分类及生物风化程度统计表

序号	标本采集地及部位	苔藓、地衣种类	生物风化程度
1	郪江崖墓群金钟山Ⅰ区M3墓门左侧，M5、M6地面、侧壁和外端	小石藓、地钱、平叉苔、地木耳、梅衣属	严重
2	郪江崖墓群金钟山Ⅱ区M1前室右侧壁	平叉苔、小石藓，地木耳，梅衣属	严重
3	郪江崖墓群柏林坡M1门楣	平叉苔、小石藓，地木耳，梅衣属	中度
4	郪江崖墓群紫荆湾M2前室、M4前室	平叉苔、小石藓，地木耳，梅衣属	严重
5	郪江崖墓群松林嘴M1墓道	小石藓，地木耳，梅衣属	严重

续表4-19

序号	标本采集地及部位	苔藓、地衣种类	生物风化程度
6	郫江崖墓群天台山M1门楣	平叉苔、小石藓，地木耳，梅衣属	中度
7	郫江崖墓群吴家湾M1门楣及地面	平叉苔、小石藓，地木耳，梅衣属	中度
8	乐山麻浩崖墓M1~M3门楣及外壁、M4右侧壁流水处	平叉苔、角苔、毛地钱、小石藓、长蒴藓，地木耳，梅衣属	严重
9	乐山青神瑞峰崖墓M1前堂右壁下方	羽枝青藓、长叶曲柄藓、角苔	中度
10	彭山江口盐井沟崖墓M1前室右壁	平叉苔、丛本藓	严重
11	彭山江口油房沟崖墓M951-2号墓墓道及墓门左侧	地钱、平叉苔	严重
12	宜宾黄伞崖墓M1前堂两侧壁	角苔、小石藓	中度
13	宜宾七个洞崖墓右侧四座墓门	异枝皱蒴藓、拟合睫藓	中度
14	宜宾天堂沟崖墓M11墓门	异枝皱蒴藓、拟合睫藓	严重
15	中江塔梁子崖墓M3墓道右壁	平叉苔、羽枝青藓	中度

　　苔藓植物是一群小型的多细胞绿色植物，多适宜生长在阴湿的环境中。最大的类型也只有数十厘米，简单的种类与藻类相似，呈扁平的叶状体。比较高级的种类，植物体已有假根和类茎、叶的分化。苔藓植物体的形态构造虽然简单，但由于苔藓植物具有似茎、叶的分化，孢子散发在空气中，对陆生植物生活仍然有重要的生物学意义[5]。

　　苔藓植物很容易生长在崖墓石刻表面，假根伸入石刻表面微孔，吸收岩石矿物成分，分泌酸性物质，对石刻表面造成严重的腐蚀作用。经过对苔藓植物现场生长环境及生长形貌的观察分析，确定了苔藓植物的门类。将采集回来的样品在实验室用无菌土培养，再在显微镜下对植株做进一步的显微分析，确定其在分类学上的属类。通过形态观测并与植物标本图谱对比[6]，在所提取的苔藓地衣植物标本中共鉴定出3个属的苔纲植物、7个属的藓纲植物和2个地衣种属。经过对所调查的15处崖墓石刻表面苔藓、地衣植物生长状况的分析与分类，初步掌握15处崖墓石刻表面苔藓、地衣植物的分布状况及生物风化程度，为今后崖墓石刻表面苔藓、地衣的治理工作提供可靠翔实的数据。

4.4.1　四川崖墓石刻表面苔纲分类

　　苔纲（Hepaticae）是苔藓植物门的一纲。苔为小型绿色植物，具有明显的世代交替，在世代交替中，孢子体占劣势，配子体占优势，平常所见的植物体即配子体。大部分为肉眼可见。*Ephemerum*属及

图4-22　麻浩崖墓A区M1右壁石刻表面的毛地钱

*Nanomitrium*属需用放大镜方能看清，而道森氏苔属（*Dawsonia*）可高达0.6m。有茎样构造（假茎）及叶样构造（假叶）。假茎匍匐而有不规则的分枝或直立（不分枝或于基部或顶部分枝）。假叶形狭长，似叶，螺旋状排列于假茎上；由一层细胞组成，无叶脉，可有厚壁细胞构成的中肋；尖端圆、尖或极细，可终于一根毛样构造；表面光滑或覆以多数乳头。苔类的分布范围从南极至北极（为北极冻原植被的重要组分），在热带及温带雨林中亦繁盛，成花彩状挂于树上，又于土壤上、木上、砾石上形成厚垫状。沙漠中亦偶见。水生者常见于泉水、溪流、水坑或淡水水体边缘。是生态学上的先锋植物。四川盆地全年温暖湿润，阳光充足，四川地区崖墓石刻中，苔类植物分布较为广泛。

1. 毛地钱

毛地钱（*Dumortiera hirsuta*）叶状体扁平带状，深绿色，质硬且脆，半透明，长5～10、宽1～2cm，多回二歧分支。先端心形。背面略呈波

图4-23　毛地钱背面

图4-24　毛地钱腹面（示假根分布）

图4-25 麻浩崖墓A区M1右壁表面生长的平叉苔

图4-26 平叉苔实验室培养后

状。无气孔和气室的分化。腹面呈淡绿色。具多数细长、黄色、平滑的假根。叶状体中部约12~16层细胞。紧密排列，无气室。雌雄异株或同株，雄托着生于叶状体先端背面，圆盘状，中央凹陷。周边密被毛；托柄极短。雌托呈圆盘状，背面密被纤毛。腹面具6~10个总苞。每苞内具1个有短柄的孢蒴。雌托柄细长，呈赤褐色，具疣。分布于秦岭以南的各省区，广布热带、亚热带及其他地区。多生于阴暗潮湿的土坡和岩石上[7]（图4-22、4-23、4-24）。

图4-27 平叉苔显微形貌

图4-28 平叉苔生殖苞

2. 叉苔属

叉苔属（*Metzgeria*）叉苔生于山区和平原的湿润沙石、树干基部和隐蔽岩石薄土上。叉苔属带状，稀疏交织成片，黄绿色，透明，长约3cm，宽2mm，叉状分枝，分枝狭带状，有明显中肋，沿中肋腹面密被多数刺状毛；两侧边缘下卷，有成对的刺状毛；叶细胞薄壁。雌雄同株。雌、雄苞均着生于中肋腹面。雄苞由短分螺旋卷成圆球形。雌苞较粗大，蒴帽短棒形，密被刺状毛。孢蒴椭圆形，红棕色，成熟后四瓣开裂，裂瓣尖部具弹丝柄。弹丝有阔螺纹加厚。孢子黄褐色。叉苔属为世界广布种，我国南北各省区都有分布（图4-25、4-26、4-27、4-28）。

3. 角苔

角苔（*Anthoceros laevis L.*）叶状，柔软，淡绿色或绿色，叉形分瓣呈不规则圆形，直径0.5～3.0cm。背面平滑，边沿常有不规则的缺刻或裂瓣，腹面有假根，无中肋。每个细胞内有1个大型绿

图4-29　瑞峰崖墓M1前堂右壁表面角苔

图4-30　角苔放大照片

图4-31　角苔植株显微形貌

图4-32　角苔植株孢蒴显微形貌

图4-33　麻浩崖墓A区M3外壁生长小石藓

图4-34　小石藓实验室培养

图4-35　小石藓显微照片

色载色体。雌雄同株。精子器常1～3个隐身于叶状体内。颈卵器受精后，渐由叶状体内部突出成长角状的孢蒴，中央有一中轴，成熟后，孢蒴呈2瓣分裂。孢子黄绿色，四分孢子型，有疣。假弹丝灰褐色，由1～4个细胞组成。分布于我国南北各省，欧洲、北美和日本也有生长。多生于山区阴湿溪边、田野和土坡（图4-29、4-30、4-31、4-32）。

4.4.2　四川崖墓石刻表面藓纲分类

藓纲（*Musci*）是苔藓植物门最大的一纲，通称藓类。藓纲植物有茎与叶的分化。茎直立，稀少分枝，或匍匐而不规则分枝或羽状分枝，组织上仅有中轴与皮部的初步分化。叶呈辐射状排列，多具中肋。叶细胞多边形、方形、六角形或线形，胞壁等厚或不规则加厚，平滑，具疣或乳头。假根由多细胞构成。孢蒴具蒴轴、蒴齿和蒴盖，无弹丝。原丝体发达，1个孢子形成的原丝体上可产生多个配子体。蒴柄延伸多在孢蒴成熟之前。孢蒴顶部有断裂的颈卵器壁形成的蒴帽。孢蒴成熟后多盖裂，多数具蒴齿。组织构造较苔类植物为坚挺。雌雄同株或异株，或雌雄混生同苞。多分布于温暖湿润而多云雾地区的溪边、阴湿土坡、树干、岩面，悬挂于树枝或稀附生叶面。藓纲植物是生态学上的先锋植物，包括南极在内的世界所有地区均有藓类植物的踪迹。在四川地区的崖墓石刻表面共鉴定出7个属的藓纲植物。

1. 小石藓

小石藓（*Weisia viridula Hedw*）密集丛生，鲜绿或深绿色。茎短小，单一，稀分枝，直立，高0.5～1.0cm。叶多簇生枝顶，上部的叶较大，下部叶较短小，干时皱缩，卵状长披针形，基部较阔，上部渐狭，叶边内卷，全缘。中肋粗壮，突出叶尖呈刺状，叶上部细胞呈圆形或方形，两面均密被粗疣，下

图4-36　麻浩崖墓A区M3外壁表面长蒴藓

部1/3的细胞呈长方形，胞壁薄，透明，无疣。蒴柄黄色，长3～7mm。孢溯直立，卵状圆柱形，有蒴齿及蒴盖的分化。蒴齿短，直立。蒴盖圆锥形，具细长喙，成熟后脱落。蒴帽兜形。主要分布于我国的陕西、江苏、浙江、福建、四川、贵州和云南，日本、菲律宾和印度尼西亚也有分布。多生于较空旷的地上和附有薄土的岩面（图4-33、4-34、4-35）。

2. 长蒴藓

长蒴藓（*Trematodon Longicollis Michx*）毛状，黄绿色，疏松丛生。茎直立、单一，稀具分枝，高4～8mm。叶干时卷曲，湿润时伸展，基部阔椭圆形，鞘状，上部渐狭，呈披针形。叶边全缘，仅先端有微齿。中肋长达叶尖或突出。叶细胞平滑，薄壁，基部细胞长方形或长六边形，无色透明，上部细胞渐短，近于方形，绿色。雌雄同株。蒴柄细长，直立，黄色，高1.0～1.8cm。孢蒴圆柱形，弓形弯曲，台部特

图4-37　实验室培养后的长蒴藓

图4-38　长蒴藓的微观形貌

长，其长度往往超过壶部的2倍。蒴齿单层。蒴盖圆锥形，顶端具斜长喙状尖。蒴帽兜形。广布于我国长江流域各省，朝鲜、日本、锡兰、印度尼西亚、菲律宾、欧洲和美洲部分地区也有分布。多生于旷野和山麓向阳的土坡（图4-36、4-37、4-38）。

3．羽枝青藓

羽枝青藓（*Brachythecium plumosum*）柔嫩，呈绿色、黄绿色或黄色，有光泽。径长4～10cm，匍匐，具有束状的假根，不规则分支枝，枝呈圆条形。叶多列，基部阔卵形，内凹，略下延，上部渐呈毛状尖，叶边平展，全缘。中肋单一，长达叶片中部以上；叶细胞狭长方形，角细胞略分化，圆方形

图4-39　吴家湾M1墓门表面生长的羽枝青藓　　　　图4-40　实验室培养后的羽枝青藓

图4-41　羽枝青藓的显微形貌

图4-43　实验室培养后的长叶曲柄藓

图4-42　瑞峰崖墓M1右壁生长的长叶曲柄藓　　　　图4-44　长叶曲柄藓的显微形貌

枝叶长卵形，渐尖，雌雄同株，蒴柄细长，红色。孢蒴长卵形，褐色或暗黑色。蒴盖圆锥形，具短喙。分布于我国各省区，亚洲东部及欧洲、北美和新西兰也有分布。常见于潮湿土壤、林边或岩面薄土上（图4-39、4-40、4-41）。

4. 长叶曲柄藓

长叶曲柄藓（*Campylopus atrovirens De Not*）密集丛生，暗绿带棕黄色，或呈赭黑色。茎直立或倾立，叉形分枝或束状分枝，高2～4cm。叶密生，干时紧贴茎上，不卷曲，温润时倾立，往往向一侧偏斜，卵状狭长披针形，基部阔，具耳状下延，上部渐狭；叶边全缘；中肋粗壮，下部宽度约为叶片的1/4～1/3，上部几乎全为中肋所占，先端突出，呈芒状长尖，无色；叶细胞长方形，叶基角细胞红棕色，胞壁特厚。雌雄异株。蒴柄鹅颈状弯曲。孢蒴椭圆形，具纵纹。蒴盖圆锥形，具斜长喙状尖。蒴帽兜形，边缘分裂成须状。广布我国长江流域山地，亚洲其他地区、欧洲和北美也有分布。多生于向阳的岩面和土坡上（图4-42、4-43、4-44）。

图4-45 天堂沟分布点M11墓门表面的拟合睫藓   图4-46 拟合睫藓的显微形貌

图4-47 七个洞M10墓壁表面的异枝皱蒴藓   图4-48 异枝皱蒴藓的显微形貌

5. 拟合睫藓

拟合睫藓（*Pseudosymblepharis papillosula*）大片密集丛生，暗绿色，高3～6cm。茎直立，稀分枝，基部密被黄棕色假根。叶密生，干时卷曲，叶基卵形，呈鞘状，上部狭窄，呈细长披针状，叶边全缘。中肋粗大，突出叶尖呈芒状，叶中上部细胞细小，方形或圆形，绿色，细胞厚，密被粗疣，基部细胞分化成方形或长方形，细胞薄透明，无疣，分化细胞沿叶缘向上延伸，成斜形分化边。雌雄异株，蒴柄长1.5cm。孢蒴直立，圆柱形。蒴齿短，齿片直立，披针状，黄色具细疣。分布于我国湖北、四川和贵州，越南和日本也有分布，多生于砂岩和花岗岩石壁上（图4-45、4-46）。

6. 异枝皱蒴藓

异枝皱蒴藓（*Aulacomnium heterostichum*）密集成丛或呈垫状，黄绿色或草绿色，无光泽。径长2～3cm，直立，或具分支，基部密生棕色假根，叶干燥时皱缩，湿润时略一向倾立。阔披针形，上部渐尖，叶边中部以上有细齿。中肋较粗，不到叶尖即消失。叶细胞小，5～6边形，壁较厚，中央有不明显的单疣。蒴柄直立，长约2cm，黄色。孢蒴垂倾，长圆柱形，略弯曲，有短台部，黄棕色，蒴齿2层。蒴盖圆锥形，有斜喙。蒴帽兜，有长喙，一侧开裂，易脱落，孢子小形[8]。分布于我国东北和四川山地，亚洲东北部和北美也有分布。常生于高山针叶林的沼泽和湿草地（图4-47、4-48）。

7. 丛本藓

丛本藓属（*Anoectangium*），植物体纤细、绿色，丛生。茎枝下部常丛生毛状假根。中轴不分化或分化不明显，叶直立，细长或狭长形，叶尖旋扭，平时常卷缩。中肋强劲，长达叶尖；叶细胞圆形

图4-49　麻浩崖墓A区M1右壁表面的丛本藓

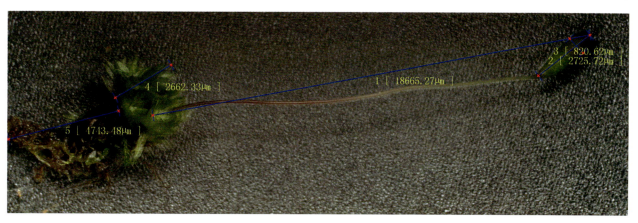

图4-50　丛本藓植株及孢蒴

图4-51 麻浩崖墓A区M1右壁生长地木耳

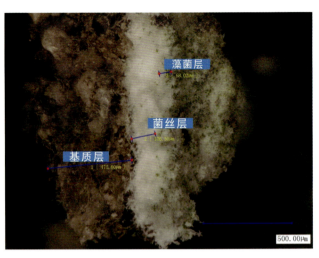

图4-54 梅衣属横截面显微形态

或多角形。具密顿疣。基部细胞长方形。有时透明。雌雄异株。苞叶具鞘状基部。孢蒴长倒卵形。蒴盖具长形斜喙、蒴帽兜形。孢子子棕黄色，平滑无疣。分布于我国陕西、四川和中部平原地区[9]（图4-49、4-50）。

4.4.3 四川崖墓石刻表面地衣分类

地衣是多年生植物，是由一种真菌和一种藻类组合的复合有机体，因为两种植物长期紧密地联合在一起，无论在形态上、构造上、生理上和遗传上都形成单独的固定有机体。在所提取的地衣植物标本中共分离出地木耳和梅衣属两个地衣种属。

1. 地木耳

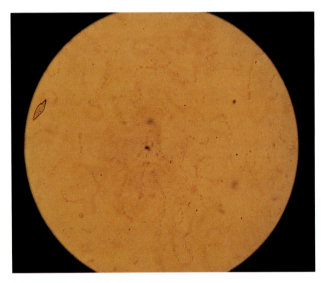

图4-52 地木耳中分离的念珠藻

地木耳（*Nostoccommunevauch*），藻体坚固、胶质，最初为球形，后扩展为扁平，直径几厘米，为常有穿孔的膜状物或革状物。有时会出现不规则的卷曲，形似木耳，在潮湿环境中呈蓝色、橄榄色，失水干燥后藻体呈黄绿色或黄褐色。藻体由许多屈曲盘绕的藻丝组成，藻丝则由多个球形细胞连接而成，其胶质鞘分层不明显，无色透明。藻丝

图4-53 金钟山Ⅰ区M3外壁表面梅衣属

一般不分枝，长4.5～6.0um，其间有异形细胞。其繁殖方式一种是通过细胞分裂长成新的藻丝，另一种方式是形成厚壁孢子，经过休眠后萌发成新的藻丝（图4-51、4-52）。

2．梅衣属

梅衣属（*Parmelia Ach*.）地衣体叶状，皮层由假薄壁组织构成，上表面灰色、灰绿色、淡褐色至褐色，具粉芽或裂芽，或二者均缺乏，具假杯点或缺乏。下表面淡色、褐色至黑色，具假根。子囊盘散生于上表面，子囊内8个孢子，孢子无色，单胞（图4-53、4-54）。

4.5　四川重点研究崖墓石刻彩绘及墓室壁画颜料XRF分析

在重点研究的崖墓石刻中，保留有彩绘颜料的有5处、8座，中江塔梁子M3既有彩绘又保存有墓室壁画。由于风化破坏，这些颜料脱落或褪色严重，大多仅局部残存少量颜料或痕迹。由于颜料保存量少，取样困难，为了最大限度地保存这些珍贵遗迹，本次调查采用便携式X荧光光谱分析仪在现场进行原位无损分析。

4.5.1　检测仪器及条件

仪器名称：便携式X荧光光谱分析仪

型号：NITON，XL3T

产地：美国

测量条件：矿物模式，电压40（KV），电流为自动调节，一般为5uA，60s。

4.5.2　颜料样品检测位置

由于一些颜料残存较少无法检测，本次只对金钟山Ⅰ区M2、金钟山Ⅱ区M1、柏林坡M1、天台山M1、中江塔梁子M3做了颜料分析（表4-20）。

表4-20　颜料XRF检测位置

样品编号	检测编号	测试位置
1	430	金钟山Ⅰ区M2前室左耳室前壁前上方（红色）
2	433	金钟山Ⅰ区M2前室左耳室前壁前上方（空白）
3	391	金钟山Ⅱ区M1前室左耳室后壁（红色）
4	392	金钟山Ⅱ区M1前室左耳室后壁（空白）

续表4-20

样品编号	检测编号	测试位置
5	393	柏林坡M1中室左耳室顶部中间（红色）
6	396	柏林坡M1后室左后壁（黑色）
7	397	柏林坡M1（空白）
8	399	天台山M1右壁后柱（红色）
9	400	天台山M1右壁后柱（黑色）
10	402	中江塔梁子M3中室左侧柱画像石（红色）
11	403	中江塔梁子M3第一幅壁画（蓝色）
12	404	中江塔梁子M3第三幅壁画（红色）
13	405	中江塔梁子M3第八幅壁画（蓝色）
14	406	中江塔梁子M3第八幅壁画（红色）
15	407	中江塔梁子M3兵器架（红色）
16	408	中江塔梁子M3壁画室右门柱（蓝色）
17	442	中江塔梁子M3壁画（空白）

4.5.3 分析结果与讨论

1.分析结果

通过现场检测、软件分析后得出检测部位颜料的元素组成，结果如表4-21所示。分析图谱见附件7.7。

表4-21 各检测点颜料中元素含量

样品编号	Bal	Si	Fe	Ca	Al	K	S	Hg	As	Pb	Cu
1	72.447	18.453	4.258	0.798	2.279	0.983	0.241				
2	74.032	20.237	1.225	0.734	1.897	1.242	0.134				
3	64.65	6.92	1.34	12.53	1.06	0.48	12.82				

续表4-21

样品编号	Bal	Si	Fe	Ca	Al	K	S	Hg	As	Pb	Cu
4	68.65	9.58	0.87	12.89	1.08	0.55	6.1				
5	77.87	6.9	2.41	11.17	0.89	0.56	0.08				
6	84.52	9.77	1.01	2.95	0.71	0.63	0.23				
7	72.45	20	1.03	1.83	2.45	0.91	0.53				
8	78.58	11.37	1.57	6.13	1.23	0.7	0.2				
9	79.69	7.74	1.46	9.08	0.88	0.67	0.32				
10	74.2	6.57	0.58	1.52	0.71	0.45	9.15		0.69	4.17	
11	84.26	3.11	0.97	1.66	0.37	0.34	0.98		0.34	0.92	6.12
12	71.78	3.69	0.54	0.66	0.6	0.28	6.5	6.5	0.98	5.78	0.02
13	81.75	3.93	1.49	0.68	0.73	0.44	0.06			0	9.98
14	71.92	5.06	1.31	1.03	0.9	0.53	5.5	5.5	1.75	3.4	0.02
15	74.62	7.07	0.66	1.82	0.8	0.44	4.8	4.8	0.45	2.26	0.01
16	84.08	7.68	0.98	1.21	0.83	0.57	0.07				4.09
17	77.375	11.942	1.964	3.588	1.8	1.312	0.93		0.025	0.173	0.022
备注	表中"Bal"为C、H、O的含量，由于仪器条件限制无法分别检测。										

1）金钟山Ⅰ区

金钟山Ⅰ区M2检测数据中，1号为红色颜料，2号为空白。对比发现，铁元素在空白样中明显偏低（图4-55）。可以推断红色颜料成分为含铁的矿物颜料，可能是红土或赤铁矿。

2）金钟山Ⅱ区

金钟山Ⅱ区M1检测数据中，3号为红色颜料，4号为空白。对比发现，铁元素和硫元素的含量，在空白样中明显偏低（图4-56），但是与硫元素在组成红色矿物颜料的汞和砷元素并没有出现，因此可以推断红色颜料成分为含铁的矿物颜料，可能是红土或赤铁矿。

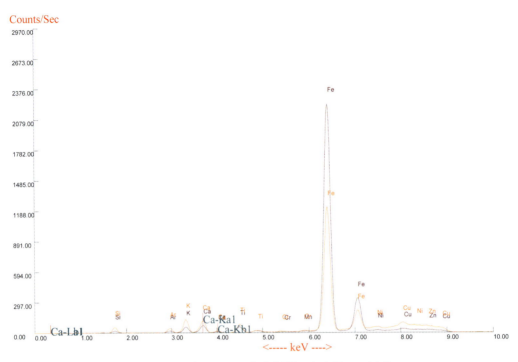

图4-55　金钟山Ⅰ区M2红色颜料及空白样XRF图谱

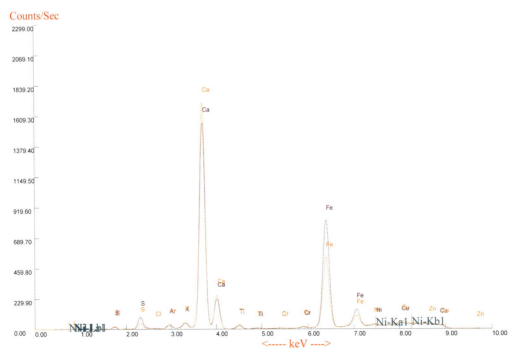

图4-56　金钟山Ⅱ区M1红色颜料及空白样XRF图谱

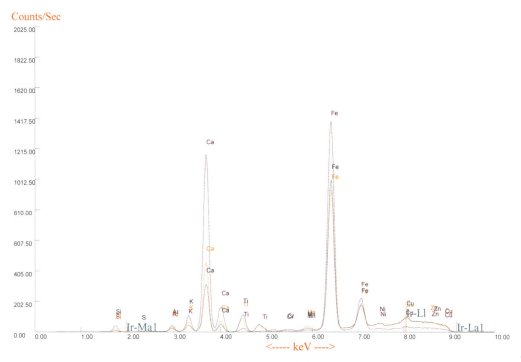

图4-57　柏林坡M1红色及黑色颜料XRF图谱

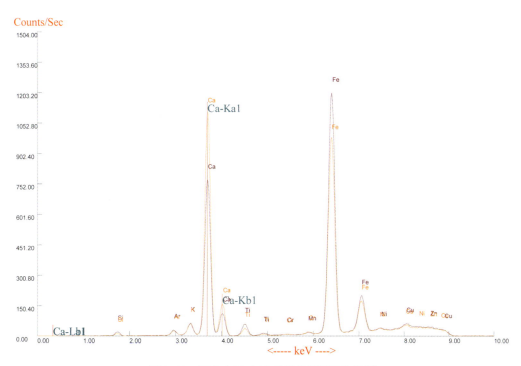

图4-58　天台山M1红色及黑色颜料XRF图谱

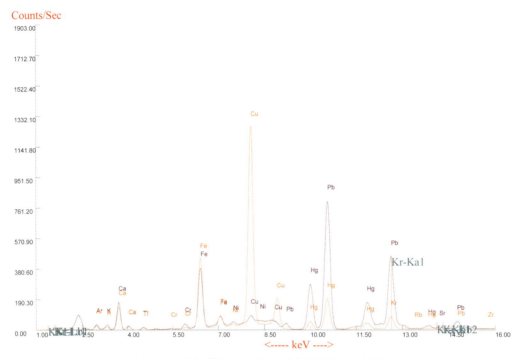

图4-59　中江塔梁子M3红色及蓝色颜料XRF图谱

3）柏林坡M1

柏林坡M1检测数据中，5号为红色颜料，6号为黑色颜料，7号为空白。数据表明红色颜料中铁含量明显偏高（图4-57），黑色颜料与空白谱图中各元素含量基本一致。由此推断，红色颜料为含铁矿物，可能是红土或是赤铁矿，黑色颜料为墨。

4）天台山M1

天台山M1的检测数据同样是红色颜料中铁元素含量较黑色颜料明显偏高（图4-58）。因此可以推定，其使用的矿物颜料是红土或是赤铁矿，黑色颜料为墨。

5）中江塔梁子M3

中江塔梁子M3中有壁画残存。壁画绘制在平涂的一层细泥层上，以线绘为基础，平涂敷彩，部分用色彩渲染。从蓝色颜料和红色颜料的对比图谱中可以发现（图4-59），红色的颜料中铅的含量高，但还有少量的汞和硫。蓝色颜料中，铜的含量高，而铅的含量极低。同时，在地仗空白样中，汞、铜、铅、硫的含量几乎为零。由此推测，壁画表面红色颜料的铅不是来自于地仗层，而是来源于颜料层。从红色颜料的色泽观察，其并非朱砂的大红，也并非赤铁矿的赤红，而是铅丹的橘红色，并存在变色现象。因此，红色颜料主要为铅丹和朱砂混合颜料。而蓝色颜料中大量铜元素的出现表明，蓝色颜料为蓝铜矿。

2．颜料分析结论

经过对崖墓颜料XRF数据的分析，得出了检测点颜料的种类（表4-22）。在三台郪江崖墓中，红色颜料为红土或赤铁矿，黑色颜料为墨。而中江塔梁子M3颜料检测结果表明，红色颜料为铅丹，并有少量朱砂。蓝色颜料为蓝铜矿。

表4-22　三台、中江部分崖墓颜料种类

	崖墓	颜料颜色	颜料种类
1	郪江金钟山Ⅰ区M2	红色	红土或赤铁矿
2	郪江金钟山Ⅱ区M1	红色	红土或赤铁矿
3	郪江柏林坡M1	红色	红土或赤铁矿
		黑色	墨
4	郪江天台山M1	红色	红土或赤铁矿
		黑色	墨
5	中江塔梁子M3	红色	铅丹和朱砂混合物
		蓝色	蓝铜矿

4.6　四川重点研究崖墓部分风化岩石样与新鲜岩样电子显微镜分析

4.6.1　检测仪器及条件

仪器名称及型号：Quanta600 环境扫描电镜

分析条件：电压20kv，Spot：4，放大倍数×2000

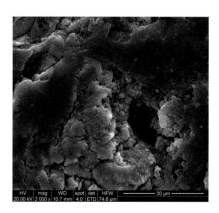

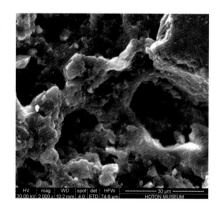

图4-60　麻浩崖墓风化样表面微观
形貌图像

图4-61　麻浩崖墓新鲜岩样表面微观
形貌图像

图4-62　金钟山Ⅰ区风化岩样表面
微观形貌图像

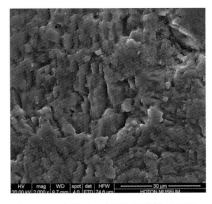

图4-63　金钟山Ⅰ区新鲜岩样表面微观形貌图像

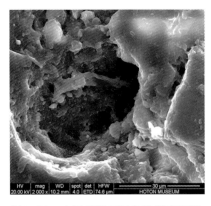

图4-64　中江塔梁子风化岩样表面微观形貌图像

图4-65　中江塔梁子新鲜岩样表面微观形貌图像

　　分析方法：按《JY／T010-1996分析型扫描电子显微镜方法通则》，将待观察面喷金后，放于样品台上进行微观形貌分析。

4.6.2　检测样品

　　在四川重点研究崖墓中选择了三处具有代表性的岩石进行电子显微镜分析，样品编号如表4-23所示。

表4-23　电子显微镜分析样品编号

样品编号	仪器编号	样品来源
1	ST00285-1	麻浩崖墓风化样
2	ST00285-2	麻浩崖墓新鲜岩样
3	ST00286-1	郪江崖墓金钟山Ⅰ区风化样
4	ST00286-2	郪江崖墓金钟山Ⅰ区新鲜岩样
5	ST00287-1	中江塔梁子崖墓风化样
6	ST00287-2	中江塔梁子崖墓新鲜岩样

4.6.3 检测结果

麻浩崖墓新鲜岩样表面平整，伴有微裂隙，风化样中空隙发育明显扩大，结构松散，呈碎屑状。郫江崖墓金钟山Ⅰ区新鲜岩石是较为明显的层理结构，而风化岩样中层状结构打破，发育成结构相连的孔洞。中江塔梁子崖墓新鲜岩样中结构平整，有微裂隙，但在风化岩样中发育出现了较大的孔洞。一般情况下，风化严重的砂岩与较新鲜的砂岩相比，最明显的区别是片层间的结构，风化后的砂岩结构松散，片层间的分界模糊，片层间有较大的空隙，这与砂岩胶结物的风化有直接联系[10]。新鲜砂岩中发育有微观裂隙[11]。通过电子显微镜分析结果，新鲜岩石风化后，岩石表面孔洞增加变大，空隙发育扩张，表面层理结构打破，岩石结构变松散，在浸水条件下，水更容易侵入，一些微生物的菌丝、苔藓植物的假根更容易进入这些空隙，使风化病害向岩石内层加速发育。

注释

[1] 朱筱敏《沉积岩石学》，第9～147页，石油工业出版社，2008年。

[2] 同[1]。

[3] 韦荃、谢振斌等《四川摩崖造像岩石的工程物理特性》，《文物保护与考古科学》2009年第21卷第2期。

[4] 曾中懋《四川地区古代石刻风化原因的研究》，《文物保护与考古科学》1991年第3卷第2期。

[5] 胡人亮《苔藓植物学》，高等教育出版社，1987年。

[6] 同[5]。

[7] 吴国芳等《植物学（下）》，高等教育出版社，1991年。

[8] 中国科学院植物研究院《中国高等植物图谱》（第一册），科学出版社，1971年。

[9] 同[8]。

[10] 翁履谦、杨海峰等《云冈石窟砂岩微观风化特征研究》，《材料导报》2011年第25卷第18期。

[11] 冯文凯等《岩石的微观结构特征与其力学行为启示》，《水土保持研究》2009年第16卷第6期。

第五章 四川重点研究崖墓石刻风化机理研究

5.1 文献概述[*]

石质文物病害又称为风化、劣化，是指石质文物由于物理状态和化学组分改变而导致价值缺失或功能损伤（ICOMOS-ISCS）。石质文物风化劣变过程是一个逐步发展的过程，在这个过程中，不同的因素在不同时间起着不同的作用，其病害原因分为物理风化、化学风化及生物风化，其中生物风化也可以理解为生物作用带来的物理风化和化学风化。

石质文物病害研究是石质文物保护基础性研究的主要方向，主要包含岩石力学研究、岩石材料矿物及微观结构特性研究、岩石材料病害检测研究、岩石风化病害类型及成因研究等内容。目前研究最多的是石质文物风化病害及影响因素研究。

5.1.1 关于石质文物病害的分类及评价

分类与评价体系的建立是全面科学评估石质文物的保存现状，定量划分病害危险区域与程度，科学制定石质文物保护措施与风险预警的基础，也是从表象上判定文物病害严重程度最直观的方式。目前国外对石质文物的病害残损描述及评价指数的研究方案较多，意大利Normal委员会[1]编制的《石材的可视性病害：术语》（1980年）将石质艺术品表面可肉眼观察的病害分成25类，并给出了相应的解释、图片和图例，2006年修改扩充为27个类型。Bemd Fitzner[2]等于2002年提出的病害分类方法，通过对世界范围内石质文物病害种类及环境的大量现场调查分析，把病害分类、病害绘制作为无损检测的一种方式，将石质文物病害分为4组（材料缺失、变色／沉积、分离和裂缝／变形）、25类、75种，对每一种病害现象根据其严重程度又分为若干级，编制了"病害表象→病害分类→病害评价"一套完整体系，并最终给出病害严重程度的定量指标（病害指数）。Warke[3]等借鉴医学界已经广泛运用的癌症患者TNM阶段系统（肿瘤转移阶段系统），提出了包含耐久性预测内容的石质文物UAS评价系统。目前，国际范围内应用较广泛的是Bemd Fitznei等提出的病害分类体系。国内通过对各区域重要的石质文物的病害进行调查，对于石质文物的病害类型及特点已经有了较为全面和准确的认识，而对石质文物表面风化程度评估与定级的研究相对较少。中国文化遗产研究院的李宏松、张金凤[4]等对碳酸盐石质文物劣化定量分析与评

＊ 本节部分内容引用了张金凤《石质文物病害机理研究》（2008年）中的部分研究成果。

价系统进行了基础研究，并借鉴国外病害分类及评价系统，编制了文物劣化定量分析与评价软件系统。故宫对建福宫石质文物进行了风化评价，提出了定量和半定量的评价指标。郑州嵩山历史建筑群保护办公室的李瑞[5]对石质文物表面风化进行了初步探究，结合石质文物损害指数和文化遗产监测指标的相关理论，提出了给予风化损害的分级监测模型。南京博物院的杨毅[6]采用超声波对安徽凤阳明皇陵的石像生进行风化程度检测，并提出以风化系数的概念对风化程度进行量化、分级。2008年国家文物局[7]发布了《石质文物保护行业标准》，对石质文物病害进行分类与定义，将病害分为7大类、19种，确定了各种病害的图示，但对病害的劣变程度没有统一量化评估，该标准在我国现有石质文物保护中广泛推行应用。在防风化保护材料方面，我国也正在制定《砂岩质地文物防风化材料保护效果评估标准》等相关行业标准。

5.1.2　关于石质文物风化病害的勘察调查

石质文物风化病害勘察在勘察目的、原则、手段和方法、勘测重点、分析方法等方面均具有鲜明的特点，与传统的工程勘察有较大的区别。对于勘察对象不仅要求其结构稳定，而且应对文物保存环境和风化因素进行长期监测与检测，特别要求对文物表面微观形态、岩石风化过程矿物组成的分析及定量评价、岩石风化速度、风化深度等病变属性进行细致的勘测研究，同时对文物所依托崖体的岩石构造、岩性特征、外界环境中的影响因素也要进行翔实勘察与试验。由于文物保护的特殊性，近景摄影测量、三维扫描、电法、磁法、钻入阻力测强仪、CT扫描、X射线衍射法、电子显微镜、地质雷达、声波测试技术、电法微测深技术和核子水分密度仪等先进分析方法和勘探技术不断应用于石质文物病害勘察[8]。

5.1.3　关于石质文物风化机理的研究

从病害根源分析石质文物风化类型可分为物理风化、化学风化和生物风化，主要研究方法是在对研究对象的水文气象环境及工程地质环境进行调查勘查后，采用化学分析、X-衍射、X线断层扫描、色差仪、扫描电镜、超景深显微镜、物探法、薄片鉴定等多种手段对文物本体的颜色变化、表面微观形态、新鲜岩石与风化岩石的化学成分、矿物组成、微观结构变化、文物表面附集物化学成分等各方面进行系统研究[9]。由于岩性和岩石结构决定的岩石自身的耐久性能对风化病害类型及病害程度起着重要作用，因此不同的岩性文物风化原因各不相同，而对某种岩性而言，各种风化因素的危害程度也不一样。近年来文物工作者试图对病害表现程度和岩性、环境、病害反应过程、表面形状四个独立参数之间的相互作用进行分解研究，以实现对病害的准确判定和预测。Biscontin、Grinm等[10]均证实了岩性或均一性的微小变化，都可能引起风化程度的巨大不同。十五期间，我国也开展了砂岩空臌剥离病害机理、石灰岩溶蚀病害机理、云冈石窟石雕砂岩风化机理及防治方法研究等技术课题。李宏松以北京西黄寺建筑砂岩材料为研究对象，研究砂岩文物表层劣化空臌病害的特征和形成机理，研究表明砂岩类文物岩石的内部结构、矿物成分特别是胶结物的类型及含量对岩石表面劣化起着决定作用[11]，并在对黏土质长石砂岩和微晶白云大理岩两种不同岩性的岩石材料的风化剥离机理与表面力学性能改变的基本规律进行研究后认为，不同岩性材料存在的较大差异性主要是由岩石矿物成分和结构特点上的差异性导致的[12]。宗静婷等综合利用温湿度测试、渗水实验、吸水和红外成像、岩石特征分析等手段，研究了四川广元千佛崖石窟造像表面风化机理[13]。王帅结合西黄寺石质文物的环境因素和岩石特性，并依据石质劣化的主要形式，从表层剥落和溶蚀两方面研究了石质文物表层的劣化机理[14]。曾中懋对大足、安岳、乐山、广元、雅安等多处砂岩的物理力学性能分析研究后认为，该地区砂岩风化是水、酸雨、砂岩结构组成等多因素共同影响的结果[15]。

在研究外因对石质文物的影响方面，常采取试验的方法来分析、评估影响因素与病害进程之间的关系。根据试验目的不同，试验研究可以分为简单模拟试验、实验室老化模拟试验和田野长期观测试验。在实验室条件下，模拟自然条件下复杂的风化过程会涉及时间及尺寸比例效应问题，以及自然条件下湿度、温度和其他因素的复杂关联关系，因此，即使再完美的模拟实验也难以精确模拟文物病害，但是实验室模拟配合各种检测手段，可在较短时间内针对某种风化因素对石质文物影响程度及风化过程中的微观变化做出观察评价。目前国内外进行得比较多的是冻融（冷热）试验、盐类试验和环境污染试验。

岩石在正常的温度范围内不足以产生破坏，但是在冻融或冷热循环作用下，其风化现象与风化程度与冻融（冷热）循环作用的频率和程度直接相关。国外不少学者都对此进行了研究。Ruiz等[16]用CT扫描技术对西班牙的Laspra白云岩在循环冻融（在$-15{\,}^{\circ}\!\mathrm{C}$及$+10{\,}^{\circ}\!\mathrm{C}$下各放置25h为一个循环）条件下岩样的孔隙结构的演化过程进行观察分析。Nicholson等[17]对10种不同的沉积岩在冻融循环试验一个周期后（从$-180{\,}^{\circ}\!\mathrm{C}$（18h）到$+180{\,}^{\circ}\!\mathrm{C}$（6h））的质量损失进行分析，并提出岩石已有缺陷对岩石影响的4种岩石劣化模型。Hallet[18]提出了一个冰冻模型，Viklander[19]则对冻融循环作用下岩体的冻胀进行了研究。Marini[20]利用超声脉冲速度法（UPV）对大理岩、石灰岩和砂岩进行120个冻融循环后的波速变化进行了研究。

当石质内部含有可溶盐时，由于岩石干湿交替变化，岩石中可溶盐的溶解和结晶循环交替，可溶盐析出时晶体体积膨胀，产生很大的结晶压力或水合压力，反复的溶解和结晶足以胀破石材微孔，形成表面的裂纹甚至鳞片状剥落。已知的能形成盐霜的盐有50多种，主要是碳酸盐、硫酸盐、盐酸盐、硝酸盐、草酸盐和重盐。Storch和Tur[21]用声发射方法模拟了砂岩在硫酸钠结晶和冻融循环条件下微裂隙发育情况。Warke等[22]进行的包含盐风化和冻融循环的耐久性试验表明，中粗粒的砂岩比细中粒的耐久性好，这是由于中粗沙的低空隙、低渗透性阻止了盐的渗入。矿物和结构的微小差别就可影响风化特性、风化速度和破坏方式。国内也进行过很多这方面的试验研究，戎岩等[23]采用可溶盐浸泡、盐雾实验、冻融实验等方法，对承德石刻的岩样进行模拟老化实验，更加深化了对承德石刻腐蚀过程的认识。张傲等[24]对碳酸盐岩风化过程进行了模拟试验，得出凝结水和二氧化碳会明显加剧龙门石窟碳酸盐岩体风化的结论。

国内学者对于环境中的污染物、风、水等因素对石质文物影响进行了不同程度的研究。汪东云等[25]

通过对大足宝顶的岩石成分和结构特征等内部因素及酸雨雾降、渗流、风蚀、降雨特征、温湿变化、风化产物成分及特征等多种外部因素的分析研究，详细阐述了大足宝顶山石窟的风化破坏原因。赵以辛[26]等对南响堂石窟进行了酸雨淋滤溶蚀模拟实验，并给出了酸雨破坏石质文物速度和溶蚀深度，他指出，石雕表面的"气水—粉尘—岩相"相互作用是文物表面破损的一个主要原因。周尚忠[27]模拟温度变化、降水、酸雨、降尘、风环境等不同环境因素对云冈石窟的影响。周骏一[28]以乐山大佛为例，结合遗址区酸雨特征和基岩风化剥蚀的表层层次结构，分析了红砂岩文物在酸雨作用下的淋滤溶蚀机理，并采用模拟试验验证了酸雨溶蚀危害的严重性。Snethlage R[29]指出高含水量、高浓度的污染物（SO_2 及其衍生物）、低干燥速度会导致最严重的风化，而岩体中的方解石可以阻止 SO_2 的侵蚀，直到其全部转化为石膏。Butlin等[30]对29处石质和铁质文物进行长期监测后发现，文物的侵蚀速度取决于 SO_2 的长期平均浓度，而不是短期浓度。

微生物对石质文物风化腐蚀的研究，目前主要在石质文物表面微生物的分类及相互作用机制分析方面，而关于各类微生物对石质腐蚀的模拟试验极少。周跃飞等[31]研究认为长石在微生物作用下的分解机制主要包括质子交换和配体络合作用，微生物生理活动、微生物及代谢产物种类、生长条件，以及长石的种类、结构、成分及表面特征等均会影响其风化速率和风化程度。张秉坚[32]对细菌、真菌、光合类微生物和地衣等有关微生物的侵蚀作用过程的生物化学和生物物理机理进行了研究。傅亦民等[33]对宁波东钱湖石刻表面微生物群进行分离鉴定，并提出了相应的保护对策。

对于石质文物风化速度与风化深度的研究，国外学者研究较多，Oguchi等[34]以火山喷发时作为风化起点，研究了4万年内流纹岩的风化特性。Yukinori Matsukura等[35]用质量缺失表征化学风化速度，分别选用不同年代的多孔流纹岩进行实验表明，岩体的年代不同，风化速度不同，其化学风化速度主要由高空隙率和大比表面积决定。Grinm发现孔隙率越高，黏土和可溶矿物的含量越高，越容易产生风化，但是风化速度取决于存放环境。Kimiya[36]证明花岗质砂砾石的抗拉强度与风化时间成指数递减。Tamer Topal[37]利用光学显微镜、XRD、化学分析、SEM和风化指数等多种方法对土耳其的一块微风化的凝灰岩碑刻进行研究分析后认为，化学风化指数中烧失量和WPI（风化潜指数）能较好地表征凝灰岩风化深度。Esaki和Jiang[38]利用了物理风化指数、化学风化指数和同时考虑这两种因素的风化指数对日本鹿儿岛的一处熔凝灰岩石桥的风化深度进行了研究，结果表明物理风化特点是有效孔隙率的增大，深度大约是5cm，化学风化主要是水合作用和氧化作用，深度约10cm。我国钟世航[39]根据风化岩石与未风化（弱风化岩石）电阻率间的差异，采用自己研制的C-1微测深仪对山西大同云冈石窟石雕的风化深度进行了无损测试。

随着检测技术提高及各种检测仪器不断应用到文物保护中，石质文物风化病害研究方法也越来越多，但石质文物病害是以某一因素为主的多因素作用的结果，不同岩性的风化因素不同，同岩性的文物因所处的环境和形状不同，其风化速度和程度也相差较大。对某一特定文物如何综合义物本体岩性、环境、形状及病害过程等因素对其病害机理进行研究，是目前学者研究的重要方向。

5.2 岩石内部因素引起崖墓石刻风化的机理研究

5.2.1 岩石矿物成分及含量对崖墓石刻风化影响研究

重点研究崖墓岩石矿物分析结果表明，15处崖墓岩样长石的含量均在15%以上，填隙物含量均在10%以上，填隙物以黏土矿物或方解石为主，不稳定长石类矿物和风化的泥质类矿物含量均较大。岩石胶结物以泥质钙质为主，胶结类型为孔隙式和基底式，综合分析岩样矿物组成及力学强度检测结果，岩石的物理力学性能与胶结矿物组成、矿物粒度大小密切相关，测试结果表明以方解石为主要胶结物的岩石的强度（特别在饱水条件下）比以黏土杂基为主要胶结物的岩石的强度要大。黏土杂基胶结的砂岩颗粒联结强度差，黏土矿物含量高的岩石在吸水条件下非常酥软；而在相同条件下，矿物粒度越大的岩石，其饱水强度也会减小。以各岩样中的黏土矿物含量为横坐标，岩样饱和抗压强度为纵坐标，绘制饱和抗压

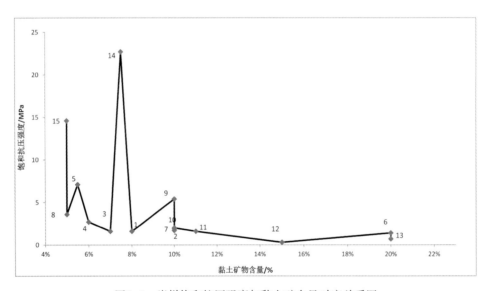

图5-1 岩样饱和抗压强度与黏土矿含量对应关系图

强度与黏土矿物含量对应关系图（图5-1）。

从图5-1可看出，岩样（14#岩样较特殊）的饱水抗压强度随岩石中的黏土矿物含量增大而呈递减趋势，这种现象在紫荆湾崖墓、金钟山Ⅰ区、彭山油房沟、麻浩崖墓、瑞峰崖墓及黄伞崖墓表现最为明显，特别是瑞峰崖墓和黄伞崖墓岩石矿物粒度为0.06~0.50mm，黏土矿物含量15%以上，其岩石特别疏松，硬度很低，在吸水条件下岩石表面只要轻轻摩擦就会大量掉砂，瑞峰崖墓岩样在水中浸泡1~2h后酥粉脱落特别严重，这说明砂岩中黏土矿物的含量越高、颗粒越大，在吸水条件下岩石强度降低越明显，

越容易产生各种风化劣变。

四川崖墓岩石主要由石英、钠长石、拉长石、微斜长石、正长石、方解石、云母、锐钛矿等矿物组成，各种成分的热胀冷缩系数不一样（砂岩主要矿物组成的热胀冷缩系数见表5-1），在冷热交替变化情况下，会产生轴向性热胀冷缩，即使在同一温度下，由于岩石内部各个部位热胀冷缩的程度不同，也会使矿物颗粒之间产生应力，连在一起的岩石矿物颗粒彼此脱开，使岩石产生破裂、酥松等病变。另外岩石中钠长石、钙长石、黏土矿物等在水作用下产生溶解、迁移、变异和膨胀，也会引起岩石表面产生溶蚀、酥碱剥离等病变（若干矿物在25℃条件的溶解度见表5-2）。

表5-1　主要矿物组成不同晶轴方向的热膨胀系数[40]

晶体名称	热膨胀系数（X10-6/℃）	
	与C轴垂直方向	与C轴平行方向
SiO_2（石英）	14	9
$NaAlSiO_8$（钠长石）	4	13
Al_2O_3	8.3	9
$3Al_2O_3 \ 2SiO_2$	4.5	5.7
Al_2TiO_5	−2.6	11.5
TiO_2	6.8	8.3
$CaCO_3$（方解石）	−6	25

表5-2　若干矿物的溶解度（25℃）

矿物名称	云母	滑石	方解石	硬石膏	岩盐
溶解度	1/340	1/115	1/66	2.1	320

综上所述，岩石的矿物成分、粒度成分、胶结物成分、含泥量及泥夹层等要素错综复杂的变化组合特征，决定着岩体抗风化能力，控制着岩体风化强度的差异性，其中泥质类以不同方式存在（矿物成分、胶结物、夹层等）和分布（粒间均布、层状及透镜状、团块状等），对岩体差异风化的形成、发展起到至关重要的作用。

5.2.2 岩石结构构造对崖墓石刻风化影响研究

岩体中原生和次生孔隙的形成和发展，为风化营力的深入创造了有利条件，孔隙同时向内扩展，促进风化病害向纵深发育。15处重点研究崖墓岩石孔隙发达，这些岩样的孔隙率都在10%以上，砂岩的饱和吸水率与其孔隙率密不可分，而岩石吸水率又影响着岩体的表面强度，从图5-2、5-3、5-4可看出，岩样饱和吸水率随岩石孔隙率增大呈递增趋势，但岩样的饱和抗压强度随岩石的孔隙率和饱和吸水率的增大而减小，这说明岩石孔隙率越大，其吸水率就越高，岩石强度则降低，在吸水条件下岩石表面抗风化能力减弱。

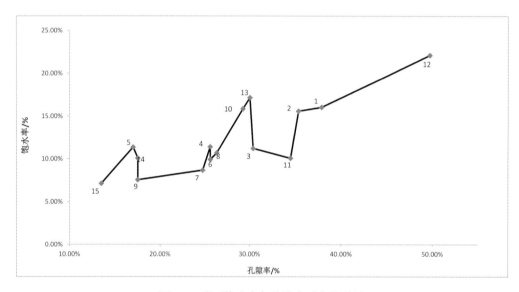

图5-2　岩石饱水率与孔隙率对应关系图

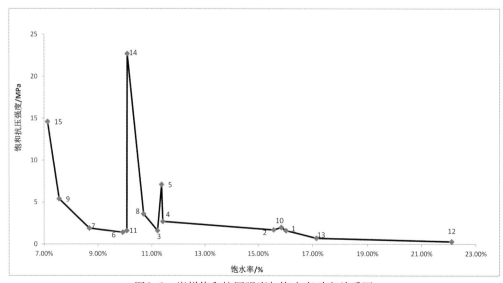

图5-3　岩样饱和抗压强度与饱水率对应关系图

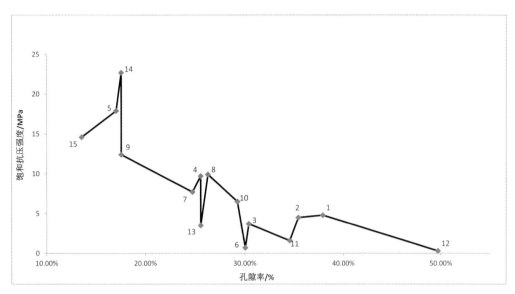

图5-4　岩样饱和抗压强度与孔隙率对应关系图

5.2.3　岩体软弱结构面对崖墓石刻风化影响研究

通过现场勘察调查和室内分析得知，四川地区崖墓岩石层理构造与泥质软弱夹层发育，且三台郪江崖墓群、中江塔梁子崖墓群及彭山江口崖墓群的崖体开裂严重。崖体中不同类型成因的裂隙系统、层理构造及软弱夹层，均是降低岩石力学强度导致抗风化能力具有明显差异的软弱结构面，其存在和分布的不均衡性，对岩体差异风化向纵身发展起着控制作用。构造裂隙对岩体形成交叉切割，为风化营力的纵身发育创造了良好条件，导致岩体变形破坏。同时构造裂隙也是地下水的主要存储空间和转运通道，雨季时，这些崖墓区地下水补给源充沛，地下水通过构造裂隙，以裂隙渗水、孔隙渗水和毛细水等水害形式侵蚀岩体，加速崖墓石刻破坏。机械裂隙发育程度与分布状况对崖墓岩体的风化破坏与构造裂隙具有相同的作用，二者相互交叉，从整体上控制岩体强度、渗水方向及危害程度。岩体表面发育形成的风化裂隙，虽然是浅表裂隙，但其数量多、方向杂乱（参见图3-194），与构造裂隙和机械裂隙具有继承性，可在各种风化营力作用下不断形成。岩体表层风化裂隙网络是水和可溶盐的储存场所与渗水通道，对风化病害的纵身发育起着重要作用。另外，四川重点研究崖墓的岩体均属于沉积砂岩，层理构造与泥质夹层较发育（参见图3-53、3-56、3-90）。层理构造是伴随沉积环境的频繁变迁形成的，与物质成分和沉积韵律的变化有直接关系，沿层理面常发育有张开裂隙，并充填泥质。层理裂隙和泥质夹层中的泥质成分经风化剥蚀软化干裂崩解脱落，裂隙由表及里扩大加深，导致岩体沿层理或夹层呈片状或板状脱落。此外，泥质相对富集的部位又是滞水层和隔水层，地下水在泥质层受阻后就会从临空立壁或墓顶岩面孔隙中渗出，直接造成墓壁雕刻的风化、变色污染和微生物侵蚀。

因此，软弱结构面导致岩体力学强度和导水性能各向异性，在水、可溶盐、植物根系等外部因素共同促进下，导致崖墓墓壁大片剥落或垮塌、表层风化加剧，在调查的崖墓中（如金钟山Ⅰ区M1～M4、金钟山Ⅱ区、吴家湾M1、紫荆湾M1～M5、中江塔梁子M3等），产生严重垮塌、大面积剥落病害的部位都是这些软弱结构面。金钟山Ⅱ区M5（参见图3-37）、柏林坡M1（参见图3-48、3-49）、松林嘴M1（参见图3-73）、紫荆湾M1～M5（参见图3-56）、彭山江口崖墓M951（参见图3-122、3-123）等崖墓中，处于裂隙周围或软弱夹层带的雕刻明显比同墓室其他部位的雕刻风化严重。

5.3　外部环境因素引起崖墓石刻风化的机理研究

5.3.1　"水害"引起崖墓石刻风化的机理研究

四川气候潮湿多雨，四川崖墓主要分布地的年平均降水量大都为800～1200mm，崖墓内年平均湿度大多在70%以上，夏季时，墓内相对湿度在90%以上。四川崖墓普遍受到不同程度"水害"侵蚀，"水害"形式主要有雨水、地表水、地下水和凝结水。根据调查，四川崖墓墓壁、墓顶大多存在裂隙渗水、孔隙渗水或漏水情况，大气降水和墓葬周边汇集的水通过各种裂隙渗入岩体，当遇到相对隔水的粉砂泥质岩层时，沿水平层理、裂隙渗透，并沿岩石裂隙和壁面孔隙排泄。由于裂隙分布不均匀，水的出露高度、水量各异，雨季时常出现微细的水流或滴水（如金钟山Ⅰ区、紫荆湾M1～M5、柏林坡、吴家湾、中江塔梁子M3、麻浩崖墓A区M1、石城山北斗岩M100等），同时水沿裂隙渗透时，还会将盐类带到崖墓石刻表层，而且这类水在不断变化迁移，另外，凝结水和地下毛细水被岩石表面吸收或蒸发造成石刻表层干湿交替变化，同时水的运动对可溶盐的富集、迁移、结晶起到重要的媒介作用。水害对崖墓石刻的破坏作用主要表现在以下几个方面：

1．水对崖墓石刻的机械破坏作用

在一些没有岩檐或出檐短的崖墓中，墓门门柱和门楣上的石刻常年受雨水和地表水的直接冲刷，对石刻表面产生较大的机械冲击力，使这些部位的岩石的损坏程度明显比其他不受水害直接冲刷的部位大（这种现象在乐山麻浩崖墓、青神瑞峰崖墓和宜宾黄伞崖墓的墓门位置特别明显）。一方面，水的直接冲刷可将岩石中的可溶性胶结物和岩盐带走，直接增大了岩石表面孔隙率和酥松度。另一方面，水对岩体的机械破坏是通过结晶膨胀作用来实现的，水的结晶作用包括结冰与岩石矿物吸水膨胀两个方面。岩体因软弱结构面含有地下水，当其随着气温下降而结冰时，体积增加9.1%，对周围岩石可产生1000～6000kg/cm² 的压力，超过一般砂岩的抗压强度，从而使岩石原有微小裂纹和层理构造扩大，使之产生破坏[41]。冰融化后，扩大了的裂隙又有水渗入，当水再次结冰时，裂隙进一步扩大，经过若干次反复结冰和融化的过程，裂隙和层理不断地扩大、加深，最终使岩石崩解、脱落和酥粉。

岩石矿物中的硬石膏和其他黏土矿物吸水发生水合作用形成多种水化物，矿物吸收的水分子与晶架连接起来引起的矿物体积的膨胀和收缩，不仅产生较大的侧压力，而且会加速岩石矿物成分的改变，例如，硬石膏（Ca_2SO_4）吸水变成石膏（$CaSO_4 \cdot 2H_2O$）的过程，其化学反为：$CaSO_4 + 2H_2O \rightarrow CaSO_4 \cdot 2H_2O$，其结果，一方面产生了硬度低的新矿物，削弱了岩石抵抗其他破坏作用的能力；另一方面在常温常压条件下硬石膏水化成石膏，体积增大31%，同时产生0.15MPa的膨胀压力。硫酸钠发生水合作用转化成芒硝，体积增大1.04倍，产生0.44MPa的膨胀压力[42]，这些可溶盐水化作用所产生的膨胀力对粒间连结脆弱的部位产生的蠕动作用并将酥松部位胀裂，形成片状脱落和粉状剥落风化。

另外，岩石吸收水后明显变酥软，强度明显降低，岩样力学强度测试成果（参见表4-18）表明，岩样饱和抗压强度还不及天然岩样的1/2，而柏林坡M1、松林嘴M1、金钟山Ⅰ区、彭山油房沟M951、瑞峰等崖墓岩样的饱和抗压强度小于天然岩样抗压强度的1/3。

2．岩样冻融模拟实验

我们参考GB/T9966.1-2001就冻融对重点研究崖墓岩样的影响情况进行模拟实验（岩样编号及采集位置见表4-1），实验方法如下：将崖石切割成边长40mm的正方体，三块一组平行，留一个试样作为空白样。将试样放入20℃（±2℃）的蒸馏水中浸泡48h后取出，立即将试样放入冷冻箱-20℃（±2℃）冷冻4h。再将试样放入流动水中融化4h，为一个循环。共进行40个循环，记录、观察样品表面是否有裂纹、缺棱和缺角现象，每4个循环称量样品重量，岩样冻融表面变化状况见表5-3，岩样冻融过程中重量变化及对比照片见附件7.3。

表5-3　冻融实验岩样表面变化描述表

样品编号	样品描述
1	1次冻融后样品掉砂；4次冻融后样品掉砂增多；至8次冻融后，样1的三个角缺失，松散脱落，样2的一棱边局部缺失；至12次冻融后，样1两个棱边松散脱落，样2的一条棱和一个角松散脱落；16次后样1两个面层开始脱落，样2棱角继续脱落；20次后样1两个面出现开裂迹象，样2四个角脱落；24次后，样1严重酥粉掉砂；样2局部脱落严重。因石样产生严重酥粉脱钞和缺失，停止实验。
2	1次冻融后样品出现掉砂，4次、6次冻融后样品掉砂增多。8次冻融后，样1的一棱边有一小块脱落，样2有一棱边微小翘起；12次后，样1的一棱边有一小块脱落，一个面开裂，样2的一棱边起翘脱落；16次后，样1裂隙扩大，样2的一面开始开裂；20次后，两块样品出现层状剥离，酥粉，局部脱落严重；因石样产生酥松垮塌和缺失，停止实验。
3	4次冻融后样品有微量掉砂；8次后掉砂加剧；12次冻融后，变化不明显；16次冻融后，样1有一角落脱落一小块；24次后岩样掉砂增加，其它变化不大；28次后，样1出现微小开裂，样2产生开裂；随着实验进行，样品开裂状况逐步加重，至36次时，样1表面尤其是棱边酥粉严重，样2严重开裂，停止实验。

样品编号	样品描述
4	4次冻融后样品有微量掉砂；8次冻融后，掉砂增加；12次后样品外观较前几次变化不明显；16次后样1的一条棱边脱落一小块，样2保持较好；20次后，样1较前变化不明显，样2稍有起甲；24次后，样1开裂，样2一个面的角呈鳞片状脱落；28次后，样1一个面沿层理酥松，中间沿层理开裂严重，样2一个面鳞片脱落，因产生酥粉、开裂脱落，停止实验。
5	在1~8次冻融时，样品有微量掉砂外，其它保存较好；12次后，样品仍保存较好；16次后，样1基本完好，样2一条棱边局部酥粉，一个角缺失一小块；24次后两样较前面变化不明显；28次后，样1表面掉砂增加，样2有两条棱边酥粉；32次后，样2棱边酥粉，但没有崩塌；36次后，样品与32次相比无太大变化；40次后，样2有一棱角塌落。
6	4次冻融后样品掉砂；8次冻融后，样2有一面呈层状剥落，有一个棱边开裂，样1保存较好。12次冻融后，样2两个面沿层理开裂起臌，局部片状剥落，样1掉砂较多；16次后，样2脱落加剧，样1的一个棱角局部脱落；20次后，样2四个面酥粉脱落严重，样1的一个面和几条棱边酥粉较严重，因石样酥粉脱落严重，停止实验。
7	4次冻融后样品有微量掉砂；8次冻融后，样1保存较好，样2的一条棱边有一小块脱落；12次后，样1的一个角脱落，一条棱边酥粉脱落，样2的一条棱边酥粉脱落；16次，样1的两个面酥粉脱落严重，样2的二条棱边酥粉较严重；20次后，样1的多个面严重酥粉，样2的多条棱边局部脱落缺失，停止实验。
8	4次冻融后样品掉砂；至12次冻融后，样品较前几次无明显变化；20次后，样1棱边产生微小裂纹，样2基本完好；24次后，样1裂隙稍有扩大，样2无明显变化；28次后，样1出现酥粉脱落现象，沿层理方向开裂，样2无明显变化；32次后，样1沿层理开裂裂隙变宽，样2棱边产生微小裂纹；36次后，样1沿层理严重酥粉脱落和开裂，样2棱边局部小片脱落，停止实验。
9	4次循环后，样品有少量掉砂，至12次时，样品除有少量掉砂外其它外观保存较好；16~20次后，表面有少量细砂粒脱落；28次后，样1有一小块缺失，两石样表面逐步酥松，均掉砂；32~36次，样品表面酥粉略有加重；40次后，样品表面变酥粉，样1棱边局部小块脱落。

续表5-3

样品编号	样品描述
10	4次循环后，掉砂较少；8次冻融后，样2的一条棱边局部脱落；12次后，二样品各有一面的四条边开裂；16次后，样品裂隙加宽，表面变酥松，掉砂增加；20次后，两块样品各有一个面沿层理严重酥粉脱落，停止实验。
11	第1次后，两块样品均有粉粒脱落；第2、3次样品表面掉砂；4、5次后两块样品酥粉加剧，样2棱角开始塌落；6、7次后样2棱角继续酥松塌落；第8次冻融后，样2变得酥松，呈块状脱落，样1的棱边局部缺失；12次后，样1一个面的四个角酥粉塌落，样2严重酥松，呈块状脱落，形貌完全改变，停止实验。
13	1次循环后，有许多砂粒脱落；4次后，样品掉砂加剧；8次冻融后，样1棱边大块开裂，面上呈泡状起臌，另一个样酥粉脱落严重；12次后，两块样品完全酥松，严重酥粉脱落，两块样品的形貌完全改变，停止实验。
14	1~12次冻融后，样品保存较好，掉砂极少；至24次后，样品仍保存较好；28次后，样2的一面沿层理开裂，产生细小的裂纹；32次后，样2裂隙变化不明显；36次后，样1产生细小裂纹，样2裂隙加宽加长；40次后，两块样品表面的裂隙稍微扩大。
15	1~12次后，保存较好，掉砂粉极少；16次后掉砂略有增加；20次、24次后，样品基本完好，仅表面略有掉砂；28~36次无太大变化；40次后样品仍保存完好，样品表面仅有轻微掉砂。

注：因青神瑞峰崖墓（12#）岩样在水中浸4h后酥粉脱落十分严重，故没有进行相关模拟实验。

　　冻融模拟实验与岩样物理性能检测综合分析表明：岩样本身强度越低、孔隙率越大、饱和吸水率越高，受到冻融破坏越快、越明显。天台山、紫荆湾、乐山麻浩、黄伞等崖墓岩石填隙物以黏土杂基（泥质）为主，这些岩样在冻融实验过程中酥粉、开裂的速度较快，经过12次冻融实验后，样品产生明显的酥粉、开裂病害，这说明冻融对这些岩样的破坏作用较大。由于重点研究崖墓所在地区的冬季气温除个别极限低温在−3℃～−2℃外，一般都在0℃以上，即使冻冰其时间也较短，且冬季墓内温度比墓外气温要高，所以，冻融对四川崖墓石刻的破坏比北方地区要小得多。

3．水的化学作用

岩石中的一些矿物与水接触后产生溶解、离子交换、矿物转化的化学风化作用，有些矿物吸水分解生成H^+与$(OH)^-$，这种作用对硅酸盐矿物表现出强烈的破坏作用。例如，岩石中正长石（$KAlSi_3O_8$）和钠长石$[Na(AlSi_3O_8)]$发生水解反应成为黏土矿物高岭石$[Al_4(Si_4O_{10})(OH)_8]$，经水解作用形成的KOH、$NaOH$随水流失，析出的一部分SiO_2呈胶体随水流失，一部分形成蛋白石（$SiO_2 \cdot nH_2O$）留存于原地，只有松散的高岭石作为残积物留在原地。在长石高岭石化过程中，不仅由于钾离子、钠离子和二氧化硅被移去，体积缩小，从而产生一定量的孔隙空间，而且自生黏土矿物对砂岩渗透率的破坏远大于对孔隙度破坏。在水的作用下，长石高岭石化过程逐步导致砂石产生酥粉、剥离脱落等病害，其化学反应式为：

$$4KAlSi_3O_8（正长石）+6H_2O \rightarrow Al_4(Si_4O_{10})(OH)_8+8SiO_2+4KOH$$

$$4Na(AlSi_3O_8)（钠长石）+ 6H_2O \rightarrow 4NaOH+8SiO_2+ Al_4(Si_4O_{10})(OH)_8$$

分散于砂岩缝隙间的方解石可水解迁移，热力学计算表明，当介质pH值小于8时，方解石在水中的溶解度仍可超过100mg/L[43]。大气降水补给的侵蚀性CO_2使方解石发生如下水解：$CaCO_3 + CO_2 + H_2O \rightarrow Ca(HCO_3)_2$（易溶），生成易溶性碳酸氢钙后，$Ca^{2+}$随水逐步流失。当墓室岩体表面因温度升高、压力降低、蒸发作用强烈时（尤其在伏旱季节），壁面表面原先的浸润水逐渐干涸，呈溶解状态的碳酸氢钙浓缩过饱和或因为光和热的作用重新分解析出难溶的碳酸钙（方解石），富集在石壁表面，使石刻表面产生污染，其反应过程为：

$$Ca(HCO_3)_2 \xrightarrow{\text{在热和光的作用下}} CaCO_3 + CO_2 + H_2O$$

4．水的溶解作用

水对岩石的溶解是普遍发生的，各种矿物的溶解度相差很大（表5-2），岩盐、硬石膏之类矿物具有很高的溶解度，而其他的矿物溶解度很低，因此，溶解作用对由方解石、硬石膏、岩盐含量较高的岩石的破坏更为突出。矿物在水中溶解度的大小主要取决于元素本身和化合物的性质，还取决于外界条件，如水中二氧化碳的含量大则会大大提高水对碳酸盐的溶解能力。此外，岩石内的湿气在岩石细小通道内流动，溶解岩石的可溶成分，当水为弱酸性时，溶蚀作用加剧。水的溶蚀使岩石中原有的细小裂缝变宽，最终分裂岩石。经过长时间的溶蚀作用，岩石中的可溶物被溶解带走，难溶解的物质残留原地，降低了岩石的硬度，为岩石风化与机械破坏创造了条件。

5．碳酸盐化

岩石中的硅酸盐矿物类碱金属同碳酸水反应而生成碳酸盐。通常空气中的二氧化碳溶解在雨水中形成碳酸，碳酸也是酸雨的成分之一。碳酸化作用实质上是水解作用的另一种形式，例如，岩石中的正长石经碳酸盐化而产生易溶的碳酸钾（K_2CO_3）而被破坏，其反应式为：

$$2KAlSi_3O_8+2H_2CO_3+9H_2O \rightarrow Al_2Si_2O_5(OH)_4+4H_2SiO_4+2K^++2HCO_3^-$$

经过碳酸化作用，正长石中的碱金属钾转化为碳酸盐随水流失，产生的新矿物高岭土残留原地，这是岩石表面疏松的原因之一。斜长石的碳酸盐化速度比正长石还要快，由于水和空气中二氧化碳的存在，长石的碳酸盐化破坏是岩石表面极为普遍的风化作用。

6．水的媒介作用

引起崖墓石刻风化的诸多外界影响因素如可溶盐、有害气体及生物侵蚀，都是通过水的媒介作用来实现对石刻的侵蚀破坏的，其中最具有代表性的是可溶盐对崖墓石刻的破坏，可溶盐在崖墓石刻表面的迁移、聚集、溶解、结晶始终都有水的参与。

在"水害"作用下，岩石中的长石和填隙物逐步风化、溶蚀或被溶解带走，岩石结构逐步变松散，片层间的分界变模糊，片层间空隙增大，岩石层状结构被打破，发育成结构相连的较大孔洞（如4.6.2电子显微镜检测结果所示），岩石表层形成许多凹坑，为"水害"的深入破坏、风化病害的纵身发展、微生物与苔藓植物的生长发育创造了有利条件。

5.3.2　可溶盐引起崖墓石刻风化的机理研究

由于崖墓开凿于山体之中，地下水位与墓底通常相隔很近，靠近墓底一定高度范围内存在一个毛细水强烈上升带，毛细水上升将墓底及周围泥土（岩石）中的可溶盐带到毛细水侵蚀区。在墓内干湿循环控制的深度范围内，有一个永久性的潮湿带，在这个潮湿带内含盐量最高。另外，裂隙渗水和孔隙渗水将泥土和崖体中的可溶盐带到岩石表层，当墓内干燥时，岩体中的水分携带可溶盐向墓壁表面迁移，水分蒸发导致可溶盐在墓壁表面富集并结晶。当墓壁潮湿时，墓壁表面结晶盐溶解并随水的运动再次迁移、富集和结晶。如此反复循环，盐的结晶膨胀所产生的应力导致崖墓石刻产生鳞片状风化剥落，在毛细水永久性的潮湿带的含黏土成分砂岩更容易受到这种破坏[44]。

根据四川重点研究崖墓分布与崖墓石刻风化状况，我们选择了金钟山Ⅰ区、中江塔梁子崖墓、麻浩崖墓、黄伞崖墓和天堂沟崖墓作为试验点，分别对金钟山Ⅰ区和麻浩崖墓内渗水及这5处崖墓顶部泥土、新鲜岩石和风化岩石中的可溶盐进行了测试，样品来源见表5-4，检测依据：GB/T50123-1999，并对5个崖墓区一次性降雨中的硫酸根、硝酸根及pH值进行了分析，结果如表5-5、5-6、5-7、5-8、5-9所示。

表5-4　各样品取样位置

崖墓名称	分析样品名称	取样位置
金钟山Ⅰ区	渗水	M4墓内渗水
	泥土	M4墓顶地表泥土
	新鲜岩石	M4与M5崖体，取样深30cm，与崖墓属同一岩层
	风化岩石	M4前室墓壁风化剥落残片和岩粉

续表5-4

崖墓名称	分析样品名称	取样位置
麻浩崖墓	渗水泥土	M1右壁渗水M2墓顶地表泥土
	新鲜岩石	M5左侧10m处崖体，取样深30cm，与崖墓属同一岩层
	风化岩石	M2墓门柱上风化剥落岩块和岩粉
黄伞崖墓	泥土	M1墓顶表面泥土
	新鲜岩石	M1左侧5m处崖体，取样深30cm，与崖墓属同一岩层
	风化岩石	M1墓门柱上风化剥落岩块和岩粉
天堂沟崖墓	泥土	M11墓顶表面泥土
	新鲜岩石	M11左侧20m 处崖体，取样深30cm，与崖墓属同一岩层
	风化岩石	M11墓外层风化剥落岩块
中江塔梁子崖墓	泥土	M3墓顶表面泥土
	新鲜岩石	M3左侧室墓顶垮塌岩石，与崖墓属同一岩层
	风化岩石	M3前室两侧壁风化剥落岩块

表5-5　麻浩崖墓各样品中可溶盐含量测试成果表

成分	K^+	Na^+	Ca^{2+}	Mg^{2+}	Cl^-	SO_4^{2-}	CO_3^{2-}	HCO_3^-	NH_4^+	NO_3^-	pH
含量	mg/kg	mg/kg	mg/kg	mg/kg	mg/kg	mg/kg	mg/kg	mg/kg	mg/kg	mg/kg	
土壤	60	10	290.6	30.4	14.18	268	0	91.53	15.4	385	6.4
新鲜岩石	42	15	60.12	6.08	17.73	54	0	213.5	0	0	7.3
风化岩石	45	67.5	365.7	145.9	127.6	574	0	91.53	43.05	1017.5	6.6
渗水	24.84		81.76	17.63	8.15	236	12	48.81	<0.02	16.87	8.8
雨水	——	——	——	——	——	24.56 mg/L	——	——	——	30.85 mg/L	5.3

表5-6　金钟山 I 区崖墓各样品中可溶盐含量测试成果表

成分	K^+	Na^+	Ca^{2+}	Mg^{2+}	Cl^-	SO_4^{2-}	CO_3^2	HCO_3^-	NH_4^+	NO_3^-	pH
含量	mg/kg	mg/kg	mg/kg	mg/kg	mg/kg	mg/kg	mg/kg	mg/kg	mg/kg	mg/kg	
土壤	9	<2.5	190.4	30.4	<1.75	45.6	0	701.7	9.6	46.7	7.7
新鲜岩石	26.5	15	60.12	6.08	10.64	37.2	0	213.5	0	<2.5	7.3
风化岩石	40	<2.5	190.4	6.08	<1.75	105.2	0	335.6	2.45	12.3	7.6
渗水	24.8		82.16	20.67	9.93	22.96	0	347.8		26.25	7.1
雨水	——		——	——	——	3.2mg/L		——	——	0.56mg/L	5.8

表5-7　宜宾黄伞崖墓各样品中可溶盐含量测试成果表

成分	K^+	Na^+	Ca^{2+}	Mg^{2+}	Cl^-	SO_4^{2-}	CO_3^2	HCO_3^-	NH_4^+	NO_3^-	pH
含量	mg/kg	mg/kg	mg/kg	mg/kg	mg/kg	mg/kg	mg/kg	mg/kg	mg/kg	mg/kg	
土壤	6	10	7.14	18.24	7.09	99.2	0	91.53	1.95	71.9	6.6
新鲜岩石	4.5	8.5	45.09	9.12	17.73	34.8	0	198.3	6.85	15.65	0.09
风化岩石	130	370	992	297.9	684.3	2000	0	91.53	39	2018	6
雨水	——	——	——	——	——	4.6mg/L	——	——	——	0.96mg/L	5.6

表5-8　宜宾天堂沟崖墓各样品中可溶盐含量测试成果表

成分	K^+	Na^+	Ca^{2+}	Mg^{2+}	Cl^-	SO_4^{2-}	CO_3^2	HCO_3^-	NH_4^+	NO_3^-	pH
含量	mg/kg	mg/kg	mg/kg	mg/kg	mg/kg	mg/kg	mg/kg	mg/kg	mg/kg	mg/kg	
土壤	16	20	320.6	12.16	7.09	3.6	0	488.1			7.4
新鲜岩石	17.5	40	180.4	6.08	7.09	321.4	0	274.6			7.2
风化岩石	65	115	1162.3	24.32	106.4	2000	0	244			6.6
雨水	——	——	——	——	——	3.0mg/L	——	——	——	0.62mg/L	5.9

表5-9　中江塔梁子崖墓各样品中可溶盐含量测试成果表

成分	K^+	Na^+	Ca^{2+}	Mg^{2+}	Cl^-	SO_4^{2-}	CO_3^{2-}	HCO_3^-	NH_4^+	NO_3^-	pH
含量	mg/kg	mg/kg	mg/kg	mg/kg	mg/kg	mg/kg	mg/kg	mg/kg	mg/kg	mg/kg	
风化岩石	32	50	85.17	9.12	90.42	66.4	0	244.1	12	17.7	7.6
新鲜岩石	8	38.5	75.15	9.12	17.73	80.4	0	244.1	0.25	19.25	7.9
土壤	13.5	16	160.3	6.08	7.09	42	0	335.6	9.2	101.9	6.9
雨水	——	——	——	——	——	2.96mg/L	——	——	——	2.27mg/L	5.2

注：因在调查宜宾黄伞崖墓、天堂沟崖墓、中江塔梁子崖墓时，墓内没有明水渗出，所以这三处没有进行渗水可溶盐分析。

分析结果表明，风化岩石中可溶盐主要以碳酸盐、硫酸盐、硝酸盐和氯化物为主。每一处崖墓风化岩石的可溶盐总量远大于新鲜岩石中的可溶盐总量，并且风化岩石中可溶盐含量与墓顶土壤及渗水中可溶盐含量密切相关。墓顶土壤中可溶盐含量越高，风化产物可溶盐离子含量也增高，这说明土壤的可溶盐离子随着水的运动在岩体中不断富集积结，加之岩石风化也可产生可溶盐，多种原因使风化岩样中的可溶盐总量远大于新鲜岩石。

可溶盐对崖墓石刻的破坏作用主要表现为：结晶风化、结晶压力、水合压力和吸潮膨胀、升温膨胀所形成的应力。可溶盐随着崖墓岩石的干湿交替变化不断在岩石表层迁移和富积，当岩体潮湿时，它们溶于水，当岩体干燥时，它们随水分向干燥的岩石迁移并在表层析出结晶，造成岩石表面结构破坏及外观改变。它们也可能在岩石表层一定深度范围内富集结晶产生很大的结晶压力，造成开裂及鳞片状剥落。可溶盐的结晶压力与结晶温度、饱和度相关，温度越高、浓度越大，结晶压力也越大，对岩石的破坏力也就越大。

1. 碳酸盐对崖墓石刻的破坏

砂岩填隙物中的碳酸盐如方解石和白云石在水的作用下水解迁移至墓壁表层，干旱季节，碳酸盐在立壁表层的结晶可加强松散砂粒的连结，但在雨季，随着降雨入渗量增大、地下毛细水和冷凝水的增加，立壁表层受大气中CO_2的参与影响，地下水溶解能力提高，使碳酸盐（如碳酸钙、碳酸钠等）重新水解并随水流失，造成砂粒间连结松动。在各种水害和温差的共同作用下，表层疏松颗粒脱落，雨季与旱季周而复始地促使碳酸盐结晶与溶解交替发生。水对崖墓石刻岩体产生的分解性侵蚀作用和机械潜蚀作用导致其风化破坏。另外，墓壁表层析出的钙垢层与岩石表面风化层的物理性能存在较大差异，在温湿度变化或外力作用下，固结的钙垢层脱落时将表层几毫米甚至十几毫米的风化层一起带下来，给石刻造成较大的破坏。

2．硫酸盐的破坏作用

砂岩风化产物中的硫酸盐以硫酸钙和硫酸钠为主，而其他硫酸盐如$MgSO_4$、K_2SO_4等只占可溶盐的很少部分[45]。由于硫酸盐矿物晶体结构中，络合阴离子SO_4^{2-}半径很大，在与半径小的阳离子Ca^{2+}、Na^+、K^+结合时易在阳离子外面围上一层水分子，以形成较稳定的含水硫酸盐，当它们从岩石孔隙溶液中形成沉淀时，大孔隙变小，小孔隙膨胀挤压相邻颗粒。这类无水矿物水化后则破坏孔隙格架，其显著作用是矿物体积增大。

硫酸钙中结晶水含量主要受温度影响，有关研究表明，水温超过42℃时石膏转变成硬石膏，饱和盐水中的石膏，水温18℃时转变为硬石膏[46]。四川夏季极端气温可达40℃，裸露室外的岩石表面的温度还可更高，地下水温亦可达到20℃，可见季节温差或昼夜温差都可促进一定深度范围内的石膏与硬石膏之间发生周期性相互转变。在常温常压下，硬石膏（$CaSO_4$）水化变成石膏（$CaSO_4 \cdot 2H_2O$）时，体积增大31%，同时产生0.15MPa的膨胀压力，对于粒间连结力较弱的脆弱部位所产生的蠕变作用，极易把酥松表层胀裂，形成片状剥落或粉末状脱落。

芒硝（$Na_2SO_4 \cdot 10H_2O$）与无水芒硝（Na_2SO_4）的溶解度较大，相互转化的温度为32.5℃，随着水中可溶盐的增加，转化温度将降低。当溶液中含有一定的氯化钠时，芒硝和无水芒硝结晶转化点降至25℃以下[47]，因此，在四川崖墓环境中存在芒硝与无水芒硝之间发生相互转化的条件。日晒蒸发或高温干旱促其结晶成无水芒硝时，体积收缩，对松散砂粒可起暂时性的结晶连结作用。夜间或春天低温潮湿时，发生水化作用，转化结晶成芒硝，体积增大1.04倍，同时产生0.44MPa的膨胀压力，周而复始的循环变化所产生的结晶膨胀的叠加效应加剧石刻表层风化破坏。

另外，氯化钠结晶时可产生0.5MPa以上的膨胀压力，它的破坏作用比其他可溶盐都要大。总之，周期性的温度变化和湿度波动，即干湿循环周期变化造成可溶盐溶解和结晶交替变化是墓内石刻产生的酥粉、剥离及空臌等风化病害的重要原因。在这过程"水"始终起着媒介作用。在调查中我们发现，干湿循环交替变化快、易受可溶盐侵蚀的墓门和墓壁底部石刻的风化程度明显比墓门和墓壁顶部石刻要严重得多。特别是那些孔隙率大、饱和吸水率高的岩石（如瑞峰崖墓、黄伞崖墓、紫荆山崖墓、麻浩崖墓），这种风化现象非常明显，这主要是可溶盐对岩石的风化破坏造成的。

3．岩样耐盐模拟实验

为探究可溶盐对重点研究崖墓岩样的破坏状况，我们参考BS EN12370：1999进行岩样耐盐试验（岩样编号及采集位置见表4-1），方法如下：先称石材试件干重，然后放入装有6%Na_2SO_4、4%$NaCl$、4%KNO_3的混合溶液的容器内（根据岩样风化产物可溶盐的组成，对浸泡盐溶液的成分进行了改变），使试样的最上面距液面的高度为8（±2）mm，盖上盖子。将试样在溶液中浸泡2h，保持温度为20（±

0.5）℃。然后将石样取出置于干燥箱中干燥。干燥箱在干燥初期保持一定的湿度，在开始升温前放300mL水（125升干燥箱），保持30min后放试样。10～15h内升温至105℃（温度变化过程为：40℃条件下4h，60℃条件下4h，80℃条件下4h，105℃条件下4h，总计保持干燥16h，在2.0（±0.5）h内冷却至室温，观察样品表面形貌变化。反复循环15个周期，除非15个循环内试样已破坏。每组4块（一块做空白实验，即其他实验条件相同，只是浸泡溶液为蒸馏水）。设备：高温烘箱，电子天平，干燥器。试样：边长40mm的立方体，岩样表面不得有缺棱和缺角。各岩样在耐盐实验过程的形貌变化如表5-10和附件7.4所示。由于绝大多数岩样在耐盐模拟实验过程中严重酥粉、开裂或起翘，如放入清水中冲洗、浸泡，岩样严重脱落甚至崩解，所以实验结束后没有对岩样进行冲洗脱盐和恒重、测重操作。

表5-10 样品外观形貌变化描述

样品编号	样品描述
样1-1	1～3次实验后，表面有少量盐析出；4次后，表面析盐增加；5次后，大量盐富集表面，局部有微小裂隙；6次后，富盐，局部开裂；7次后，富盐增加，裂隙扩大，局部起翘，酥粉严重，停止实验。
样1-2	1～3次实验后，表面有少量盐析出；4次后，表面富盐较多，石样产生酥粉；5次后，石样棱边酥粉，6次后局部酥粉增重，7次后，严重酥粉，停止实验。
样1-3	1～3次后，表面有少量盐析出；4次后，大量盐析出；5次后，两个面酥松，棱边缺失；6次后，表面富盐，多处开裂，7次后，大量盐富集表面，裂隙扩大。
样1-空白	表面有少量细砂脱落，其他无变化。
样2-1	1次后，表面有少量盐析出；2次后，大量盐析出；3次后，样品表面富集白色盐，局部酥粉；4次后，表面酥粉变严重，5次后，表面富集大量白盐，酥粉脱落严重，停止实验。
样2-2	1次后，表面有少量盐析出；2次后，大量盐析；3次后，样品表面富集白色盐，局部酥粉；4次后，表面富集白盐，酥松脱落；5次后，富集白盐，酥松脱落，一面开裂。
样2-3	1次后，表面有少量盐析出；3次后，表面大量盐富集；4次后，一条棱有一小片起翘；5次后，表面富集大量白盐，酥粉脱落较严重，停止实验。

样品编号	样品描述
样2-空白	无明显变化。
样3-1	1~3次后，表面有少量盐析出；4次后，表面产生微小裂隙；5次后，析盐增加，裂隙变宽；6次后，有较多盐析出，裂隙扩大，酥粉脱落；7次后，多处严重酥粉，局部崩解，停止实验。
样3-2	1~3次后，表面有少量盐析出；4次后，棱边产生裂隙；5次后，富集白盐，一条棱边局部缺失；6次后，表面富集较多白盐，开裂；7次后，开裂增多扩大，停止实验。
样3-3	1~3次后，无明显变化；4次后，少量盐析；5次后，富集白盐；6次后，表面析盐增加；7次后，局部开裂，停止实验。
样3-空白	无明显变化。
样4-1	1~3次后，表面有少量盐析出；4次后，沿层理开裂；5次后，裂隙扩大，停止实验。
样4-2	1~3次后，表面有少量盐析出；4次后，沿层理开裂；5次后，沿层理裂隙扩大，局部起翘，酥粉，停止实验。
样4-3	1~3次后，表面有少量盐析出；4次后，沿层理开裂；5次后，裂隙扩大，局部起泡，酥松，停止实验。
样4-空白	无明显变化。
样5-1	1~4次后，基本无变化；5次后，无盐富集，没有开裂酥松；6次后，少量盐析，表面色彩加深，无开裂；7次~9次实验后，有少量盐富集；10次后，表面产生一微小裂隙；11次后，裂隙加深；12次后，微小裂隙贯通整个面；13次后，裂隙宽度没有增加，其他部位产生小裂隙；14次后，裂隙发育扩大；15次后，整个样开裂，一个角酥松脱落。
样5-2	1~4次后，基本无变化；5次后，无盐富集，没有开裂酥松；6次后，产生一微小裂隙出现；7~9次实验后，表面有少量盐析出，裂隙略有变宽；至12次实验后，裂隙变长但没贯通；13次后，又有新的微小裂隙产生；14次后，原有裂隙变长，微小裂隙增加；15次后，整个样开裂严重，一个角酥松脱落。

样品编号	样品描述
样5-3	1~4次后，基本无变化；5次后，无盐富集，没有开裂酥松；6次后，无盐富集，没有开裂酥松；7次后，无明显开裂酥松；8次后，少量盐析；9次后，表面盐量增加；10次后，表面有大量白盐；11次后，观察到有微小裂痕产生，一个面开始酥碱；12次后，微小裂痕增加，酥碱面掉砂；13次后，表面有多条小裂痕；14次后，产生多条细小裂隙，酥碱面脱落较严重；15次后，裂隙扩大，一个面完全酥粉。
样5-空白	无明显变化。
样6-1	1~3次后，表面有少量盐析出，产生微小裂隙；4次后，表面有少量盐析出，裂隙扩大增长；5次后，样品沿层理多处开裂，停止实验。
样6-2	1~3次后，表面有少量盐析出；4次后，2个面酥粉脱落；5次后，沿层理开裂，2个面完全酥松，停止实验。
样6-3	1~3次后，表面有少量盐析出，产生微小裂隙；4次后，样品沿层理从中部开裂；5次后，样品多处沿层理开裂，两棱边开裂，停止实验。
样6-空白	无明显变化。
样7-1	1~3次后，表面有少量盐析出，局部产生裂隙、酥粉；4次后，棱边开裂缺失，酥粉变严重；5次后，一面沿层理开裂，表面酥粉较严重，大量盐析出，停止实验。
样7-2	1~3次后，表面有少量盐析出；4次后，盐富集表面，有一面产生酥粉现象，棱边局部缺失；5次后，一面沿层理酥粉脱落严重，大量盐富集表面，停止实验。
样7-3	1~3次后，表面有少量盐析出；4次后，盐富集于表面；5次后，一个面从中间沿层理开裂，表面局部酥粉严重，大量盐富集表面，停止实验。
样7-空白	石样表面有少量细砂脱落，其他无明显变化。
样8-1	1~3次后，表面有少量盐析出；4次后，表面析盐，局部产生裂隙；5次后，大量盐富集表面，沿层理开裂；6次后，大量盐富集表面，样品中央裂隙扩大，边沿产生开裂；7次后，中部裂隙扩大，多处沿层理开裂，大量盐富集表面，停止实验。

样品编号	样品描述
样8-2	1～3次后，表面有少量盐析出；4次后，少量盐析出；5次后，少量盐析出，样保存较好；6次后，富盐，表面保存较好；7次后，表面保存较好，富集大量盐。
样8-3	1～3次后，表面有少量盐析出；4次后，少量盐析出；5次后，仅有少量盐析出，样品保存较好；6次后，少量盐富集表面，局部产生微小裂痕；7次后，大量盐富集表面，局部开裂起泡，酥粉脱落，停止实验。
样8-空白	样品无明显变化。
样9-1	1～3次后，无明显变化；4次后，有少量白盐析出；5次后，盐析增加；6次后，白色盐富集表面，局部开裂；7次后，原有裂隙增长并产生新的裂隙，样品棱边酥粉脱落严重，停止实验。
样9-2	1～3次后，无明显变化；4次后，有少量白盐析出；5次后，析盐增加；6次后，白色盐富集表面，局部起泡；7次后，白盐富集表面，局部起翘、酥粉脱落。
样9-3	1～3次后，无明显变化；4次后，有少量白盐析出；5次后，析盐增加；6次后，白色富集表面，局部起泡，棱边局部开裂脱落；7次后，有2条棱边开裂、酥粉脱落较严重，停止实验。
样9-空白	样品无明显变化。
样10-1	1～3次后，无明显变化；4次后，少量盐析出；5次后，一个面中央产细小裂隙；6次后，细小裂隙扩大；7次后，裂隙增多扩大，停止实验。
样10-2	1～3次后，无明显变化；4次后，少量盐析出；5次后，产生微小裂隙；6次后，一条裂隙扩大，局部起泡脱落；7次后，裂隙增多扩大，局部酥粉脱落严重，停止实验。
样10-3	1～3次后，无明显变化；4次后，少量盐析出；5次后，无裂隙；6次后，较好；7次后，局部起翘脱落，停止实验。
样10-空白	样品无明显变化。
样11-1	1～2次后，表面有少量盐析出；3次后，表面析盐增多，局部酥碱；4次后，表面富集白盐，酥粉脱落严重；5次后，酥粉脱落严重，样品崩塌，停止实验。

样品编号	样品描述
样11-2	1次后，表面有少量盐析出；3次后，表面盐富集；4次后，富集白盐，酥粉脱落严重；5次后，酥粉脱落严重，崩塌，停止实验。
样11-3	1次后，表面有少量盐析出；3次后，白色盐；4次后，富集白盐，酥松，脱落严重；5次后，酥粉脱落严重，崩塌，停止实验。
样11-空白	样块有少量掉砂，其它无明显变化。
样13-1	1～3次后，表面有少量盐析出，掉砂较多；4次后，棱边局部缺失；表面酥粉脱落较严重，5次后，棱边局部脱落缺失，表面酥粉脱落严重，样品局部崩塌，停止实验。
样13-2	1～3次后，表面有少量盐析出；4次后，棱边局部缺失；5次后，一个面开裂，棱边缺失，表面酥粉脱落严重，停止实验。
样13-3	1～3次后，表面有少量盐析出；4次后，一面开裂；5次后，棱边缺失，表面酥粉脱落严重，局部崩塌，停止实验。
样13-空白	一条棱缺失一小块。
样14-1	1～4次后，表面无明显变化；5次后，少量白盐析出；6次后，样品表面颜色加深；7次后，颜色继续加深；至12次时，盐析稍有增多；至15次完成实验时，样品表面有少量白盐富集，但样品无开裂、酥粉现象。
样14-2	1～4次后，表面无明显变化；5次后，少量白盐；6次后，少量盐析出，颜色加深；7次后，少量盐析出；至12次时，盐析稍有增多；至15次完成实验时，样品表面有少量白盐富集，但样品无开裂、酥碱现象。
样14-3	1～4次后，表面无明显变化；5次后，少量白盐；6次后，少量盐，颜色加深；7次后，少量盐；8次后，盐富集略显白色；9次后，表面泛白；12次后，析盐增加；13次后，产生一裂隙；14次后，裂隙增长；15次后，有一边角产生细小裂纹。
样14-空白	样品无变化。

续表5-10

样品编号	样品描述
样15-1	1～4次后，表面无明显变化；5次后，少量白盐；6次后，少量盐析；8次后，样品表面变白；12次后，局部泛白；13次后，样品表面略为酥碱；至15次完成实验时，样品表面局部略有酥粉，但无开裂现象。
样15-2	1～4次后，表面无明显变化；5次后，少量白盐；6次后，少量盐析；8次后，样品表面变白；12次后，局部泛白；13次后，样品一面产生酥粉现象，至15次完成实验时，样品酥粉稍微加重但不严重，其他无明显变化。
样15-3	1～4次后，表面无明显变化；5次后，少量白盐析出；6次后，少量盐析；8次后，样品表面变白；12次后，局部泛白；13次后，样品局部产生酥粉现象，至15次完成实验时，样品酥粉稍微加重但不严重，其他无明显变化。
样15-空白	样品外观无明显变化。

在耐盐实验中，除吴家湾M1、长宁七个洞和天堂沟外，其他岩样在2个循环后的吸盐量都达到2%以上，部分岩石在崩塌前不断吸收盐分，其重量不断增大直至完全酥碱崩塌。实验表明，孔隙率越大、饱和吸水量越高的岩样吸收可溶盐的速率越快，受到可溶盐的破坏越大。14处崖墓岩样中，天台山M1、金钟山Ⅰ区、松林嘴M1、紫荆湾、乐山麻浩、宜宾黄伞等崖墓的岩样进行3～4个循环后岩样产生较严重的酥粉脱落、开裂、掉角等病害，实验进行5个循环后，岩样严重酥粉或大片起臌开裂，被迫停止实验。柏林坡M1、金钟山Ⅱ区、中江塔梁子、彭山盐井沟、油房沟等崖墓岩样进行6～7个循环后，岩样产生严重酥粉或大片起臌开裂，被迫停止实验。吴家湾M1和石城山天堂沟岩样进行12～13个循环后局部才产生开裂现象，七个洞崖墓岩样做完15个循环后没有产生开裂和明显酥碱现象。而所有样品的空白实验除个别岩样少量掉砂，无任何开裂、酥粉现象。耐盐实验表明，可溶盐对石刻的破坏与岩石的孔隙率、饱和吸水率、胶结物类含量、胶结物的成分及岩石结构构造特征密切相关。在其他条件相同的情况下，可溶盐对孔隙率大、饱和吸水率高、泥质胶结物含量高、层理发育的岩石的破坏要更加严重。而可溶盐对同一崖墓不同位置的破坏差异主要取决于该部位可溶盐的富集程度、壁面干湿交替变化以及墓内温度变化频率，现场调查表明，越容易受可溶盐侵蚀、干湿交替变化以及温度变化越频繁的部位由可溶盐引起的风化酥碱病害越严重。

5.3.3　温湿度变化引起崖墓石刻风化的机理研究

1. 温湿度变化对崖墓石刻损伤机理分析

四川崖墓大多分布在成都周边的岷江、沱江、涪江、嘉陵江中下游和长江沿岸，这些地区降雨量充沛、气候潮湿，加之崖墓崖体裂隙及层理发育，崖墓渗水病害普遍严重，墓内大多非常潮湿。根据重点崖墓分布状况，我们选择了金钟山Ⅰ区M4、中江塔梁子崖墓M3、乐山麻浩崖墓A区M1及彭山江口崖墓M951-M3号墓作为温湿度监测点，对4处崖墓内外温湿度进行监测，测量仪器为深圳华图测控系统有限公司生产的S500EX温湿度自动温湿仪，监测时间为2012年12月～2013年11月。根据4处崖墓墓内温湿度监测数据显示，4处崖墓内的平均相对湿度主要集中在70%～100%，从3月中旬至11月期间，墓葬后室的相对湿度基本在85%以上，夏季时达到95%以上，墓内湿度在65%以下的情况出现的频率极少。对比4处监测点崖墓的前后室温湿度变化情况，墓后室温湿度相对稳定，波动幅度较少，最高温度与最低温度、最大相对湿度与最小相对湿度相差较小。由于金钟山Ⅰ区、麻浩崖墓及彭山江口崖墓处于敞开状态，故前室温湿度波动较大，最高温度与最低温度、最大相对湿度与最小相对湿度相差明显。而中江塔梁子M3常年处于封闭状态，墓外室与墓中室的温湿度波动都相对较少。另外，由于金钟山Ⅰ区与中江塔梁子M3墓内渗水较严重，墓内湿度明显比另两处要大。温湿度监测表明，四川重点研究崖墓是典型的高湿度环境，为岩石表面水的凝结创造了有利条件。墓内相对湿度、空气循环速度、气温、岩石表面温度是控制凝结水生成的4个主要因素，其中，相对湿度是形成凝结水的关键因素，而崖墓具有相对湿度大、墓壁表面温度较墓外低、空气循环速度小等特征，使墓内极易形成凝结水（特别在夏季），冷凝水与其他水害一样对崖墓石刻起着相同的破坏作用。

温湿度变化对崖墓石刻破坏作用还可通过热力作用和冷凝水引起的石刻表面干湿度变化及可溶盐溶解结晶交替变化来实现的。岩石是热的不良导体，夏季时，白天崖墓墓门石刻受阳光直接暴晒，温度较高，表面体积膨胀而内部很少受到热力的影响。夜间当岩石逐渐冷却收缩时，内部却因缓慢传入的热力影响而膨胀，如此表里不一的胀缩致使受阳光暴晒的石刻因热力作用而受到破坏。另外沉积岩中常存砂岩和泥岩夹层，其热物理性能存在差异，砂岩平均导热率为1.66w/m·k，泥岩为1.92w/m·k；砂岩平均比热为972J/kg·K，泥岩为1634J/kg·K，加之各种矿物成分的热膨胀系数不一样（表5-1），夏季崖墓墓门石刻受阳光直射，其表面温度能达到40℃以上，如遇到雷阵雨，在雨水作用下石刻表面温度骤然下降，温度骤变使石质内外不同方向的膨胀和收缩不均匀，最终导致石刻特别是墓门石刻表层产生裂纹和片状龟裂。

2. 温湿度变化对崖墓石刻影响的模拟实验

为探究温湿度变化对崖墓石刻的影响，我们进行温湿度循环实验，实验设备为上海一实仪器设备厂生产的TEMI880可编程试验箱、高温烘箱（可控制在0℃～150℃范围）和电子天平。实验方法自拟，实验过程如下：将石样切割为边长40mm的立方体各6块（岩样编号及采集位置见表4-1），将其中2块放入装有浓度为6%Na_2SO_4、4%$NaCl$和4%KNO_3混合溶液的容器内，使试样完全浸没在液体中，密封，浸泡2h，温度保持为20（±0.5）℃。将试样置于105（±5）℃的干燥箱中，缓慢升温干燥，待石样恒重后，将试样放入干燥器中冷却至室温称重。另选2块样品不浸盐，干燥恒重。将每处崖墓的浸盐样与不浸盐样放入已设定程序的可编程试验箱中，温湿度循环变化程序为：温度设定0℃，保持2h；逐渐升温至15℃，湿度65%，保持2h；逐渐升温至25℃，湿度80%，保持2h；逐渐升温至40℃，湿度98%，保持2h；再按上述升温升湿过程的相反程序逐递降温降湿至0℃时，记为一个循环。每两个循环后，恒重并记录样品变化情况（表5-11），30个循环后结束实验。绘制石样重量变化曲线，石样重量变化率v=（试样干重-试样原干重）/试样原干重×100%，岩样重量变化曲线如图7-61~图7-65所示。用SINT阻尼抗钻仪037实验机测试样品表面强度（钻入阻力实验的钻入深度是10mm，平均钻速是600r/min，钻入速度为10mm/min。其中1~13号样使用直径为6.8mm的钻头，14号、15号样使用直径为4.8mm的钻头，每钻完一组岩样后，用标准样块校对），浸盐岩样与未浸盐岩样表面强度变化状况如表5-12所示。

表5-11　样品变化描述

样品编号	变化描述
1号	2次后，未浸盐样表面稍有掉砂，一个浸盐样三条棱边酥松掉砂且表面有酥粉现象，另一个浸盐样表面也酥粉现象，但较轻微；4次后，未浸盐样表面掉砂增加，两个浸盐样粉化加剧且均有一个棱角因粉化而缺损；6次后，浸盐样表面酥粉稍加重；16次后，未浸盐样块较前6次无明显变化，浸盐样表面酥粉变严重；从18次直至实验结束，未浸盐样酥粉不严重，浸盐样表面用手指触摸即有砂粒脱落。
2号	2次后，四个样块表面有掉砂现象；4次后，样块均自然掉砂；6次后，未浸盐样较前次无太大变化，浸盐样各棱酥粉变严重；8次后，未浸盐样表面粉化稍加重，浸盐样棱边酥粉略微加重；随实验进行，从第10次直至实验结束，未浸盐样块除表面略有掉砂外其他无明显变化，浸盐样棱边局部酥粉。
3号	2次后，四个样块表面掉砂较少；至第6次时，浸盐样表面掉砂稍为增多；8次后，样品无明显酥碱现象；至30次验完成时，样块表面无明显酥粉现象。
4号	2次后，四个样块表面少量掉砂；至6次时，未浸盐样较前几次无太大变化，浸盐样棱边局部酥粉变，至30次完成实验时，未浸盐样表面掉砂稍微增多，浸盐样棱边酥粉略为加重。
5号	2次后，均无掉砂；4次后，四个样块表面稍有掉砂；8次实验后，样品无明显酥碱现象；至30次完成实验时，样块表面无明显酥粉、掉砂。

样品编号	变化描述
6号	2次后，石样无掉砂现象；4次后，四个样品表面极少掉砂；6次后，样块仍无明显变化；至实验结束，样块表面没有明显的掉砂、酥粉现象。
7号	2次后，石样产生掉砂现象，一个浸盐样块一棱角产生酥粉；至第6次后，未浸盐样表面掉砂较严重，浸盐样棱角粉化酥松较严重；8次后，浸盐样棱角酥松较严重，一样块一条棱粉化脱落一小块；至12次后，浸盐样各棱角酥松较严重，一碰即掉砂，各个面掉砂较严重；随实验进行至第30次完成实验时，未浸盐样表面酥粉稍变严重，浸盐样棱边和各个面均都产生一定程度的酥粉脱落现象。
8号	2次后，石样表面无掉砂现象；4次后，四个样块表面稍有掉砂；8次实验后，石样表面无明显酥粉掉砂现象；至第30次完成实验时，未浸盐样没有产生酥粉现象，浸盐样局部轻微酥粉、掉砂。
9号	2次后，四个石样稍有掉砂现象；4次后，未浸盐样较前次无明显变化，浸盐样表面酥粉稍微加重，至12次后，浸盐样表面粉化加重，棱边局部粉化脱落；第30次完成实验时，未浸盐样局部稍微酥粉，浸盐样的几条棱边局部酥粉脱落。
10号	2次后，四个石样均少量掉砂，4次后，未浸盐样较前几次无明显变化，浸盐样掉砂稍有加重；至12次后，未浸盐样较前几次无明显变化，浸盐样局部产生酥粉；第30次完成实验时，未浸盐样没有产生明显酥粉现象，浸盐样局部稍为酥粉。
11号	2次后，未浸盐样表面略有掉砂，浸盐样表面酥粉、掉砂较严重；4次后，未浸盐样表面掉砂，浸盐样酥粉变严重，有一样快棱边酥松脱落；8次后，表面掉砂增多；10次后，浸盐样一样块有小块缺失剥落；12次后，浸盐样棱角酥粉加剧；随实验进行，样块表面酥粉程度变严重；至30次完成实验时，未浸盐样酥粉较严重，用手触摸即掉砂，浸盐样酥粉脱落，棱边局部脱落缺失。
13号	2次后，四个石样掉砂较严重；4次后，未浸盐样掉砂，浸盐样严表面稍为酥粉，棱角局部缺失；6次后，未浸盐样表面酥粉加剧，一个样块棱角产生小裂隙，浸盐样各棱角均缺失，各面起翘剥落；8次后，未浸盐样裂隙未发育，浸盐样粉化继续加剧；10次后，浸盐样一触即掉砂；12次后，样块继续酥粉；14次后，浸盐样层状剥落严重；16次后，未浸盐样酥粉加剧，浸盐样层状剥落继续加重，棱边酥粉脱落较严重；18次后，四样块表面均严重酥松、剥落；至30次完成实验时，未浸盐样酥粉掉砂较严重，表面用手触摸即掉砂，浸盐样严重酥粉脱落，棱边局部缺失。

样品编号	变化描述
14号	至实验结束时，样品外观无变化。
15号	至实验结束时，样品外观无变化。

表5-12　温湿度实验岩样表面强度变化

样品编号	空白样N/mm	未浸盐样N/mm	未浸盐样强度变化百分比	浸盐样N/mm	浸盐样强度变化百分比
1	4.76	3.43	−27.94%	2.84	−40.34%
2	2.24	1.29	−42.41%	1.1	−50.89%
3	4.2	2.99	−28.81%	2.23	−46.90%
4	14	11.39	−18.64%	6.52	−53.43%
5	15.38	13.84	−10.01%	13.13	−14.63%
6	16.11	11.43	−29.05%	10.6	−34.20%
7	2.53	1.08	−57.31%	0.23	−90.91%
8	17.98	14.31	−20.41%	14.03	−21.97%
9	7.75	6.33	−18.32%	5.85	−24.52%
10	8.26	6.06	−26.63%	4.95	−40.07%
11	7.8	5.02	−35.64%	4.74	−39.23%
13	0.32	0.15	−53.13%	0.09	−71.88%
14	58.15	54.62	−6.07%	32.73	−43.71%
15	27.28	24.57	−9.93%	19.75	−27.60%

　　温湿度循环实验及钻入阻力实验数据表明，温湿变化对砂岩的影响与岩石填隙物成分、含量及岩石内部结构特征有关，泥质胶结物含量越高、岩石结构越酥松、岩石内部微裂隙越多、层理越发育，则温湿度变化对砂岩风化影响越大。实验研究的14处崖墓中的三台金钟山Ⅰ区、金钟山Ⅱ区、天台山、柏林

坡、紫荆湾、彭山盐井沟、乐山麻浩、宜宾黄伞崖墓等崖墓的岩样因泥质胶结物含量高、孔隙率大、岩石结构较酥松，经过30次温湿度循环实验后岩样表面酥粉掉砂相对较严重。从钻入阻力实验测试数据来看，经温湿度循环变化后这几处崖墓石样的钻入阻力数据变化率较大，其中金钟山Ⅰ区、天台山、乐山麻浩、宾黄伞崖墓的强度减少达30%以上。另外，温湿度循环实验显示，在温湿度变化相同条件下，浸盐岩样的酥粉程度比未浸盐岩样严重，浸盐样强度减少值明显比未浸盐样大。这表明周期性的温度变化和湿度波动造成的可溶盐的溶解结晶交替变化，对崖墓石刻产生的风化破坏作用比温湿度变化本身对崖墓石刻产生的风化破坏要严重。

5.3.4 生物对崖墓石刻风化的机理研究

生物对岩石的破坏作用尽管较为缓慢，但其累积效果不容忽视，相关调查统计表明岩石表层腐蚀风化中有20%～30%是生物作用的结果[48]。生物对崖墓石刻破坏可以是机械的，也可以是化学的，主要表现为两个方面，一方面是根劈作用，另一方面是其分泌物及腐蚀物的化学腐蚀作用，这两种作用或独立或联合对崖墓石刻造成影响。

1. 生物对崖墓石刻的根劈作用

生物的机械破坏作用主要表现在生物的生命活动上。在地球表面的生物圈生存着无数的生物，它们在生命活动过程中必然对地表岩石产生作用。任何一种矿物、岩石的破坏在某种程度上都有生物作用的参与。如生长在岩石裂隙中的植物，随着植物的长大，其根系变大变长从而使岩石裂隙扩大引起岩石崩解，这种破坏作用称为根劈作用[49]。植物根系长大时对周围岩石产生的压力可达10～15Kg/cm²。"根劈"是崖墓石刻风化的常见病害根源，在岩石裂缝中的植物，随着它的生长，其根部可撑裂岩石，扩大、加深岩石裂缝。植物根系的根劈作用可以是原发性的，也可以是继发性的。原发性根劈作用是指植物细小根系在没有裂隙的岩石表面附着生长，并依靠其自身分泌的有机酸的物质腐蚀岩石表面，使得石刻表面产生细小的、肉眼不可见的微裂纹。如苔藓植物根系生长于岩石表面可产生每平方厘米几千克的压力，使原来没有裂纹的岩石表面产生细小裂纹。继发性根劈作用是指植物的根系在已有的石刻裂隙中伸张延伸，并使裂隙不断扩大。我们从重点研究崖墓石刻表面分离鉴定出的小石藓、毛地钱、平叉苔、角苔、羽枝青藓等苔藓植物都易于在阴湿的岩石表面生长。这些植物的假根较发达，当岩石表面风化凹凸不平或岩石本身有微小裂隙时（如4.6电子显微镜微观形貌图像所示），其假根就沿微小裂纹伸入，使其变宽加深，在强大的根压下，石刻表面裂隙不断扩大，最终使小裂隙变成大裂隙，影响石刻的稳定性。苔藓根系深入崖墓石刻表面深度可达8mm以上（图5-5、5-6）。

根劈既可独立破坏崖墓石刻也可以与其他因素共同作用，使石刻表面发生严重的结构损伤。在很多情况下，植物根系生长的裂隙中填充大量泥沙，这些泥沙在饱水的时候对裂隙表面造成强大的膨胀压力。这种膨胀压力与根劈压力联合作用，产生强大机械作用，使得石刻出现严重的结构损伤，包括石刻表面的层状脱落及塌方等病害，特别是当裂隙、水、植物根系同时作用于某一区域时，往往会对这一区

图5-5　天台山M1右壁苔藓根系伸入岩层深度测试图

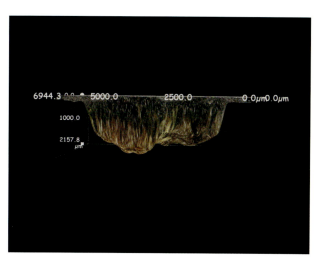

图5-6　天台山M1右壁小石藓根系伸入岩层内部显微照片

图5-7　金钟山Ⅱ区M5根劈、水、裂隙造成墓顶剥落、坍塌

图5-8　金钟山Ⅱ区M4墓门上方的裂隙、塌方

图5-9　金钟山Ⅱ区M4右壁的根劈情况

域造成严重的结构病害（图5-7、5-8、5-9）。

2. 生物对石刻的化学风化作用*

1）生物对石刻化学风化机理

生物化学风化作用有两种表现形式：一种是生物在生命活动中的新陈代谢作用对岩石引起的化学破坏作用；另一种是生物死亡后，由于遗体的腐败分解产生的多种有机物对岩石引起的化学破坏。

生物的新陈代谢，实质上就是有机界和无机界进行的物质交换，表现为得与失的矛盾。生物一方面要从矿物中吸取某些化学元素（N、P、K、Ca、Fe等）作为营养，从而对岩石进行破坏。而另一方面又分泌有机酸、碳酸、硝酸等酸类物质以分解矿物，如砂岩中的长石含有Na^+、K^+、Ca^{2+}等与H^+进行离子交换时溶出的元素，因此，在生物作用形成的酸性条件下，通过酸的作用促使矿物中金属阳离子（Na^+、K^+等）溶解出来，一部分供生物吸收，另一部分随水溶液带走，从而使岩石表面变得酥松多孔。生物死亡之后在还原环境下发生腐烂分解，形成一种暗黑色胶状物质，称腐殖质，它所含的有机酸对矿物、岩石有腐蚀作用，使其分解、破碎。

生物风化中，微生物主要通过质子交换和配体络合两种方式促进岩石溶解。在微生物-岩石作用体系中，尽管存在一些会抑制长石溶解的微生物代谢产物，但是广泛存在的有机酸或无机酸、多聚糖等以及微生物表面电离出的H^+离子能够与岩石中的Na^+、K^+、Ca^{2+}等阳离子产生交换，从而促进岩石溶解，在该作用机理中，环境溶液的pH值是决定性因素。研究表明，土壤中的微生物作用可使CO_2分压上升至1%~5%，土壤pH值相应降低至4.5~5.5，从而促进岩石中长石和方解石化学反应和溶解。同时生物膜可使附着的矿物表面的pH值显著下降至3~4，在岩石表面生物膜的微环境中，质子交换作用导致岩石溶解速率的上升[50]。

所谓络合作用，是指微生物表面及其代谢产物由电离作用形成的络阴离子团与长石晶格中的Al^{3+}、Si^{4+}或其他阳离子络合，使之脱离矿物晶格并以络合物的形式进入溶液，从而促进岩石溶解。此外，这些配体还可与溶液中的阳离子络合，降低溶液中阳离子浓度，改变反应的动力学条件，提高矿物溶解能力[51]。参与络合的配体通常包括微生物代谢产生的低分子量有机酸、多聚糖及微生物的胞外多糖等几部分。

由于矿物的微生物溶解实验通常在酸性条件下进行，难以有效区分络合作用和质子交换作用[52]，因此，需要通过类比的方法，单独使用与微生物代谢产物相同的有机酸、多聚糖等开展长石溶解实验。许多实验研究了有机酸对长石溶解的作用，发现在相同的酸性条件下，有机酸的溶解能力是无机酸的10倍以上，这表明络合作用在该过程中起了重要作用，也表明有机酸除以质子交换溶解岩石外，还能通过络合方式促进岩石溶解。Welch等发现高分子量的多聚糖与低分子量有机酸相似，也能通过与岩石表面阳离

---

* 本节内容主要引用了周跃飞《长石微生物风华作用的研究现状与展望》（2008年）、张秉坚《石质文物微生物腐蚀机理研究》（2001年）中的相关研究成果。

子络合促进岩石溶解，并且能形成具有更强的溶解能力的二齿配体的多聚糖。但与低分子量有机配体相比，多聚物受pH影响的情况要复杂得多[53]。

2）生物对石刻化学风化的作用过程

研究表明，生物对石刻的化学腐蚀可总结三个阶段：第一阶段，微生物的传播与沉积阶段（诱导期）。微生物传播到岩石上需要通过风、浮尘、植物及动物的转运。在暴露于自然环境中的岩石表面上，有人观察到异养菌的堆积速度可达到每天每平方米10^6个[54]。微生物附着岩石的能力，受微生物的细胞结构和表面电荷的影响，也受岩石的性质和表面孔隙结构的影响，同时微生物本身的生存能力也是决定性的因素。堆积形成的微生物和尘埃的覆盖层，由于微生物的代谢作用会逐渐增加石材表面的黏着力，使石材表面的持水能力和捕获空气中营养性浮尘及有机物的能力增加，从而进一步改善微生物群落的生存条件。

第二阶段，微生物与岩石的相互作用阶段（对数期）。在这一阶段，生物化学及生物物理的作用是相互交错的，现在已经可以通过实验检测来估计微生物腐蚀岩石的速率。岩石腐蚀过程的化学反应十分复杂，不仅涉及微生物代谢和繁殖的机理，还涉及许多中间产物的转换。首先，岩石矿物晶粒间的连接性会因微生物分泌的酸、深入岩石微孔隙的菌丝的生物黏液、生物体吸湿和干燥的变化、分泌物凝胶—溶胶间自动调节的变动等因素而被削弱。其次，微生物的存在改变了岩石微孔隙毛细管水吸收和气体扩散等性能，加快了有机或无机营养浮尘的沉积速度。各种微生物以其擅长的生存方式在岩石上和岩石内生长。有证据表明，微生物细胞具有一个内部和一个外部的"保护体系"。作为内部保护，细胞合成有机互溶溶质（单糖、二糖、己醇、氨基酸和甜菜碱等），这些物质使细胞在盐应力和干旱条件下生存。例如，石内生群落的硝化细菌的细胞内就积累有海藻糖、蔗糖和甜菜碱。作为外部保护，微生物群落利用其细胞（由几个到几千个）所构成的生物膜堵塞岩石微孔，使吸湿性代谢产物[如$NaNO_3$或$Ca(NO_3)_2$]在生物膜构成的生态龛中储存并吸收水分，形成水巢。微生物通过调节盐的浓度和储水量使自己获得较好的生存环境，同时也引起岩石表层的物理和化学性质的明显变化。这种变化有可能会缓解天然岩石对于干湿、温差和冰冻等破坏因素的敏感性，但是微生物生长的穿透性、增容压力等易引起机械破坏，特别是酸等分泌物（这是微生物获取矿物质的重要环节）造成的化学破坏将使石质文物的表面层面目全非[55]。

第三阶段，腐蚀层的剥离和腐蚀循环（恒定期）。在石刻表面覆盖的微生物层的演化发展过程中，随着岩面某些产物的积累和基本矿物的退化，占据表层的微生物群落的种类和复杂程度会随时间变化，生物充分作用后的疏松的岩石外壳会从岩石上剥离，新鲜暴露的岩石表层会再度被微生物侵占，腐蚀过程将继续并不断循环下去，形成持续恒定的破坏进程[56]。

在崖墓石刻保存过程中，其表面或多或少都有苔藓植物的生长。从化学风化角度来说，苔藓植物直接或间接参与了石刻风化。首先，苔藓植物在新陈代谢过程中要生成和分泌有机酸，这些有机酸会直接溶蚀石刻[57]。有关研究表明从藓类植物体内检测出17种氨基酸，其组成大部分与高等植物相同。含量由高到低的前4种氨基酸是天门冬氨酸Asp、谷氨酸Glu、丙氨酸Ala和亮氨酸Leu，约占氨基酸总量的45%。其中含量最高的Asp、Glu为酸性氨基酸，Ala、Leu为中性氨基酸[58]。因此，苔藓生成的氨基酸总体呈现酸性。这种酸性环境直接参与对岩石的腐蚀作用，产生生物岩溶。其次，苔藓植物为岩石表面风化反应提供了有利的水环境。苔藓在岩石浅表层殖居，使浅表层形成一层疏松多孔层（0～2mm）[59]。有关持水性试验结果[60]显示，苔藓通过自身的新陈代谢过程影响着岩面的水文动态。与相应岩石比，有苔藓生物覆盖的岩石表面失水量和吸水量分别提高81.2、8.1倍，蒸发失水的时间延长6.2倍，主动吸水时间均等，持水量提高57.2倍。因此，苔藓生物体在降雨后可使岩石表面保持一层水膜。在相对干旱时又可直接从空气中吸收一定的水分，使岩石持水量大为提高，并延长了水岩相互作用的时间，水分条件的改善，同时也刺激石质表面苔藓的新陈代谢活力，促进生物酸的分泌，加速岩面与大气间CO_2的交换并增大交换量[61]，从而加速岩石的风化。

地衣是由一种真菌和一种藻组成的复合有机体。真菌和藻之间存在一种特殊的共生关系。大部分地衣是喜光性植物，且要求新鲜空气，因此，在人口稠密地区，特别是工业城市附近，见不到地衣。地衣一般生长缓慢，数年内才长几厘米，能忍受长期干旱，干旱时休眠，雨后恢复生长。因此，地衣可以生长在峭壁、岩石、树皮或沙漠中。地衣的生物物理风化作用主要是由于菌体的生长穿透了石材的气孔及原本就存在的缝隙、裂隙。地衣的生长繁殖会加剧裂隙扩大，菌体随湿度的波动产生的周期性脱落还会导致有黏附力的矿物碎片的脱落，尽管是由于化学风化而产生的矿物微粒松动，但最终这些有黏附力的矿物碎片从石材表面分离脱落是由于地衣的生命活动。

多孔的砂岩石材特别容易遭受地衣的物理穿透破坏，其表面附着的多叶、壳状的地衣是对其最为有害的生物体。碳酸是一类强有力的石材风化物质，特别是经过长期的侵蚀过程。由地衣呼吸产生的二氧化碳在菌体内转化为碳酸，由于新陈代谢过程极其缓慢，日积月累这些碳酸对石材的风化也是不容忽视的。

一些研究表明，地衣会造成表面矿物成分的化学分解主要是由于地衣分泌的有机酸对石材的螯合作用。地衣产生的有机酸可以螯合钙离子、镁离子、铁离子以及硅酸盐中的矿物如云母、正长石，导致石材表面呈现蜂窝状[62]。有时有机酸会侵蚀颗粒间的胶结物质，导致矿物颗粒松动。欧洲大理石石质文物表面发现了许多由于生物侵蚀而产生的坑洞，也许因为这些石质文物处在热带地区，某些学者认为岩隙内的地衣生长导致孔洞出现，也有人认为这些孔洞是由于水在表面沉积所导致的。

印度研究人员在研究地衣对花岗岩的风化案例时，在这些地衣菌体内部发现丰富的锂、钠、钾、铅、锌和钙离子，比正常多出20%～30%的红粉苔酸[63]，该酸是金属离子的螯合剂，曾在borobudur婆罗浮屠建筑的石质文物生长的地衣叶状体上发现过。Wilson等人曾发现乙二酸与石材内金属离子产生的不易溶解的草酸盐结壳，在被地衣覆盖的石材表面发现了草酸钙水合物的晶体、草酸钙二水合物、草酸镁二水合物、草酸锰二水合物。而草酸盐是石材的风化原因，会导致岩石表面发绿而形成污点、变色，在颜色较浅的岩石表面更加容易被发现[64]。

近年来微生物腐蚀石质文物的问题越来越明显、严重，微生物的破坏作用尽管较为缓慢，但长期作用的积累效果却十分明显。石质文物上常有菌类及低等植物如藻类、地衣等的繁殖生长，而且常以共生复合体形式存在，在潮湿温暖的环境中更加严重。真菌、细菌以及地衣不仅在石刻表面形成各种色斑，严重影响其原貌，而且还会使石刻文物发生严重的生物风化，这主要是由微生物的酸解作用和络解作用引起的[65]。这种作用非常强烈，微生物的酸解作用和络解作用的结果，使石刻最终变成含有腐植质的松散土壤。

生物分泌物和遗体在微生物作用下分解形成的各种酸（主要是草酸、柠檬酸、酒石酸、水杨酸等有机酸）是微生物酸解的主要来源。藻类、地衣等共生复合体的生命运动过程中，藻类进行光合作用，制造有机物，真菌吸收水分和矿物为藻类的光合作用提供原料，并使藻类细胞保持湿润。共生体在岩体中形成溶蚀槽，在水和二氧化碳参与下，在岩石表面的毛细缝中溶蚀[66]。

四川地区温湿多雨，因此各类植物、微生物，特别是苔藓、地衣、菌类微生物在石质文物上生长繁殖特别茂盛。调查的崖墓石刻中，几乎每一处崖墓都有它们存在，因此苔藓植物和微生物的生长、代谢、活动与死亡都直接或间接地腐蚀破坏着崖墓石刻，成为四川崖墓石刻风化的重要外部因素。

5.3.5 酸雨对四川重点崖墓石刻风化的机理分析

酸雨已不是影响孤立城镇或工业区的局部问题，而且是影响大区域范围的一个环境问题。现代工业生产所排放到空气中的二氧化硫和氮氧化合物在太阳紫外线及粉尘颗粒的催化作用下变成三氧化硫和二氧化氮。三氧化硫和二氧化氮与空气中的水相遇又变成酸，这些酸随雨水、雪花、水汽及微粒物沉降到砂岩石刻表面后与岩石中的碳酸盐类矿物发生反应，使岩石发生化学风化。以硫酸酸雨为例，生产和生活用煤中含硫量在0.5%～0.6%范围，燃烧时生成的二氧化硫进入空气中，经光催化氧化成硫酸气溶胶或含硫酸酸雨。

$$SO_2 \xrightarrow[\text{化学催化}]{\text{光催化}} SO_3 \xrightarrow{H_2O} H_2SO_4 \xrightarrow{H_2O} (H_2SO_4)_m(H_2O)_n$$

由于矿物燃料燃烧时排出的气体废物中，以硫氧化物数量最大，因而酸雨成分中硫的含氧酸浓度最高。我院完成的《野外石质文物的影响因素及环境质量标准研究》课题对大足宝顶摩崖造像和北山摩崖造像的风化速率与大气中二氧化硫含量的关系进行了研究和模拟实验，结果表明各种不同造像砂岩的风化速率与所处的大气环境中的二氧化硫的含量成正比，即大气环境中二氧化硫的含量越高，造像的风化速率越大，反之则越小[67]。

岩石薄片鉴定结果表明，四川崖墓岩石的填隙胶结物主要为方解石和黏土矿物，当岩石遇到酸侵蚀时，填隙物中的方解石分解成可溶性盐随水流失，胶结物失去原有的胶结作用，从而使岩石表面产生酥粉、溶蚀、剥落等病害。另外，岩石中的长石在酸性条件下，溶解度会大大增加。

$$CaCO_3 + 2H^+ \rightarrow Ca^{2+} （随水流失）+ CO_2 （气体）+ H_2O$$

为研究酸对四川崖墓石刻破坏，我们参考JC/T973——2005进行了岩样耐酸试验（岩样编号及采集位置见表4-1），方法如下：将岩样切成边长40mm的立方体，3个一组平行（一个留个空白），将试样烘干称重，然后放入1%（V/V）硫酸溶液浸泡48h，液面高于试样上表面5cm。取出样块后用清水冲洗干净观察样品外观并烘干称重。试验结果表明，所有样品放入酸液浸泡后都发出"吱吱"响声并有气泡产生，48h后，吴家湾M1崖墓、宜宾黄伞崖墓、天堂沟分布点崖墓和七个洞崖墓岩样表面出现严重起泡、剥落现象，但岩样没有崩塌，而其他10处崖墓岩样全部崩塌松散。

由于在耐酸实验中大多数岩样都崩塌酥解，我们又进行了酸雾实验，方法如下：将岩样切成边长40mm的立方体，3个一组平行（一个留个空白，空白样用蒸馏水喷雾），将试样烘干称重，然后放到FQY010A型喷雾仪中进行酸雾试验，酸雾液浓度为1%（V/V），试验温度为25℃，喷雾压力为0.16MPa。喷雾采取间隙喷雾法，每喷雾30s，间隙30s，每天4h，酸雾沉降量为15ml/4h，15天后，石样表面状况如表5-13及附件7.2所示。并将样品烘干称重，计算质量变化率v=（试样干重-试样的酸雾处理后清洗烘干的质量）/试样干重×100%，然后用SINT阻尼抗钻仪009实验机测试实验样品与空白样的表面强度（钻入阻力实验的钻入深度是10mm，平均钻速是600r/min，钻入速度为10mm/min。钻头直径为7.5mm。每做完一组岩样，钻头用标准样块校对），样品表面变化如表5-13所示，其强度变化状况见表5-14。

表5-13　酸雾实验岩样重量及表面变化描述

样品编号		初始重量/g	试验后重量/g	重量变化/%	样品描述
1号	样1	152.951	152.008	−0.62%	底面起泡，两条棱边缺失，表面变粗糙、变白、酥粉、掉砂
	样2	181.446	181.395	−0.03%	底面变粗，局部起泡，酥粉
	空白	158.593	158.493	−0.10%	无明显变化
2号	样1	189.258	187.706	−0.82%	一个面完全酥松，层状脱落，掉砂较多；其他面泛白变粗糙
	样2	174.555	174.380	−0.10%	底面酥松掉砂，其他面泛白，变粗，酥粉
	空白	187.892	187.723	0.07%	无明显变化
3号	样1	167.609	167.668	0.04%	正面泛白，变粗糙，酥松，底面起小泡
	样2	156.348	156.255	−0.06%	正面泛白，变酥松，变粗糙，底面局部变酥粉，起泡状、掉砂

样品编号		初始重量/g	试验后重量/g	重量变化/%	样品描述
	空白	144.23	144.133	−0.07%	无明显变化
4号	样1	155.773	155.730	−0.03%	正面泛白，变粗糙，酥松掉砂，底面棱边酥松掉砂
	样2	163.113	163.128	0.01%	正面泛白，变粗糙，酥松掉砂，底面棱边酥粉掉砂，局部缺失
	空白	160.409	160.389	0.01%	无明显变化
5号	样1	206.184	206.302	0.06%	正面泛白，但没有酥粉，底面泛白，起小泡，局部酥粉掉砂
	样2	166.777	166.895	0.07%	正面泛白，但没有酥粉，底面左棱边起泡
	空白	171.897	171.863	−0.02%	无明显变化
6号	样1	164.141	164.310	0.10%	正面泛白，但不酥松，底面无变化
	样2	126.941	127.698	−0.60%	正面泛白，棱边局部酥松掉砂，缺失，底面无变化
	空白	171.872	171.842	−0.02%	无明显变化
7号	样1	153.397	153.461	0.04%	正面泛白，起小泡，底面棱边局部起泡，酥松
	样2	139.468	139.490	0.02%	正面泛白，起小泡，底面局部起泡，酥粉
	空白	157.026	157.01	−0.01%	无明显变化
8号	样1	164.394	164.337	−0.03%	正面泛白，但没有酥粉，底面棱边酥粉掉砂
	样2	137.635	137.624	−0.01%	正面泛白，但没有酥粉，底面棱边酥粉掉砂
	空白	155.792	155.735	0.02%	无明显变化
9号	样1	162.551	162.390	−0.10%	正面泛白，局部起泡，脱落，变粗糙，底面棱边酥粉掉砂，表面变粗糙

续表5-13

样品编号		初始重量/g	试验后重量/g	重量变化/%	样品描述
	样2	174.114	174.239	0.07%	沿层理方向开裂，正面泛白，局部起泡脱落，底面酥松，变粗糙
	空白	166.651	166.656	−0.00%	无明显变化
10号	样1	146.678	146.674	−0.00%	表面泛白，但没有变酥粉，底面棱边局部起小泡、酥粉
	样2	162.669	162.583	−0.05%	表面泛白，但没有变酥粉，底面变粗糙
	空白	132.930	132.926	0.00%	无明显变化
11号	样1	172.874	171.995	−0.51%	正面泛白，表面起小泡，棱边酥粉，底面棱边大片脱落
	样2	126.495	126.385	−0.09%	正面泛白，酥粉掉砂，底面起小泡，表面变粗
	空白	142.130	142.105	−0.02%	无明显变化
13号	样1	144.271	143.852	−0.29%	多处开裂，表面酥粉掉砂
	样2	151.238	150.913	−0.21%	有一条裂隙，表面酥松掉砂
	空白	154.184	154.003	−0.12%	无明显变化
14号	样1	168.125	168.086	−0.02%	表面泛白，但没有酥粉掉砂
	样2	149.353	149.360	0.00%	表面泛白，没有酥粉，但正面局部有小裂隙
	空白	164.547	164.453	−0.06%	无明显变化
15号	样1	182.291	182.433	0.08%	正面泛白但没有变酥粉，底面棱边局部起小泡，掉砂
	样2	158.302	158.399	0.06%	正面泛白但没有变的酥粉，底面棱边局部起小泡
	空白	174.342	174.301	−0.02%	无明显变化

表5-14　酸雾实验岩样表面强度变化

样品编号	空白样N/mm	酸雾样N/mm	变化量N/mm	强度化化百分比
1	52.26	20.3	−31.96	−61.04%
2	2.35	2.05	−0.3	−12.77%
3	14.88	13.62	−1.26	−8.46%
4	31.51	30.29	−1.22	−3.87%
5	51.38	44.81	−6.57	−12.78%
6	10.85	5.31	−5.54	−51.60%
7	1.29	0.7	−0.59	−45.74%
8	22.9	14.01	−8.89	−38.82%
9	7.35	4.41	−2.94	−40.00%
10	20.72	10.2	−10.52	−50.77%
11	6.83	4.13	−2.7	−39.53%
13	0.42	0.11	−0.31	−78.57%
14	66.35	64.2	−2.15	−3.24%
15	62.45	59.81	−2.64	−4.27%

　　酸雾实验中，因酸雾沉降在样品表面，酸与岩石填隙物中的方解石发生反应生成硫酸钙等物质，样品表面泛白。在酸的侵蚀下，岩石中胶结物受到破坏、矿物晶架结构改变，致使样品局部产生起泡、酥松、脱落现象。钻入阻力实验机测试数据（表5-14）表明，所有实验样品的表面强度均比空白样品的表面强度低，其中柏林坡、紫荆湾、金钟山Ⅰ区、彭山盐井沟、油房沟、宜宾黄伞崖墓的岩样强度降低非

常明显。耐酸实验和酸雾实验表明，四川崖墓岩石的耐酸性差，在酸性环境中岩石易风化。以方解石为主要胶结物的岩石比以黏土矿物为主要胶结物的岩石的耐酸性差。岩石孔隙率越大、表面越酥松的岩石在酸性环境中受影响越大。在我们研究的崖墓中，吴家湾M1崖墓、宜宾黄伞崖墓、石城山天堂沟崖墓和七个洞崖墓岩石的耐酸性相对较好，而其他10处崖墓岩样的耐酸性很差。

5.3.6　其他因素对崖墓石刻的影响

除上述因素外，其他因素如风蚀、光照等因素也影响崖墓石刻的风化进程。特别是有些崖墓处于江岸边，冬季多北风和西北风，风力最大可达8～10级，风速在28.5m/s左右，风力易将砂岩表层已疏松的颗粒或空臌起翘表层剥蚀掉，将里层的岩石暴露于表面，使风化病害向石刻里层加速发展。同时风力也是水向岩石内部更深方向渗透的动力（10级风的风速为28.5～32.0m/s，形成的表层压力为4.9～5.9Pa），暴雨在短时间内可提供大量的力，其中部分雨水渗进岩石，大部分在墓门表层形成水帘，水帘受到风的压力，使水的渗透更加厉害[68]，引起水对岩石里层的风化作用。

5.4　结　论

通过对四川重点研究崖墓病害现状勘察、岩样物理力学性能分析、岩样薄片鉴定、矿物成分分析、苔藓植物分离鉴定，并结合室内模拟实验，综合分析研究各种内外因素对崖墓石刻风化作用的机理，得出以下结论。

1）岩性特征奠定了崖墓石刻风化的物质基础。岩石矿物成分、填隙物成分及含量、岩石构造特征、孔隙发育状况及岩体软弱结构面是决定崖墓石刻抗风化性能的内在因素。岩石的矿物成分、粒度大小、胶结物成分、含泥量及泥质夹层等要素错综复杂的变化组合特征，决定着岩体抗风化能力，控制了岩体风化强度的差异性，其中泥质类以不同方式存在（矿物成分、胶结物、夹层等）和分布（粒间均布、层状及透镜状、团块状等），对岩体差异风化的形成发展起了至关重要的作用。岩体孔隙的形成和发展，为风化营力的深入创造了有利条件，孔隙同时向内扩展，促进风化病害向纵深发育，岩石孔隙率越大，其抗风化能力减弱。软弱结构面既降低岩石力学强度又控制渗水的方向与危害程度，导致岩体抗风化能力具有明显差异，它的存在和分布的不均衡性对岩体差异风化向纵身发展起着控制作用。岩石的孔隙率越大、黏土和可溶矿物的含量越高、软弱结构面越发育的岩石越容易产生风化病变，但是风化速度与保存环境密切相关。

2）"水害"是四川崖墓石刻风化的主要外在因素。"水害"的运动和变化通过溶解、水解、水合、水化、冻融等形式对砂岩化学成分的迁移溶蚀、矿物成分的变异、盐类物质的转换及表层裂变起着举足轻重的作用。在可溶盐、有害气体、生物等外界因素对崖墓石刻的风化破坏过程中，"水害"起着重要的媒介作用，其中最具有代表性的是可溶盐对崖墓石刻的破坏，可溶盐在崖墓石刻表面的迁移、富集、溶解、结晶始终都是通过水的参与来实现的。

3）可溶盐对崖墓石刻的风化破坏起着重要的作用。可溶盐对崖墓石刻的破坏作用主要表现为结晶压力、水合压力和吸潮膨胀、升温膨胀所形成的应力。不同的可溶盐对崖墓石刻的破坏力不同，四川崖墓石刻主要受硫酸盐、碳酸盐和卤化物的破坏作用。可溶盐的破坏是引起崖墓石刻差异性风化的主要外部因素，其破坏力与岩石的孔隙率、饱和吸水率、胶结物成分及含量、岩石构造特征密切相关，在其他因素相同的条件下，可溶盐对孔隙率大、饱和吸水率高、泥质胶结物含量高、层理发育的岩石的破坏作用更加严重。而可溶盐对同一崖墓不同位置的破坏差异主要取决于该部位可溶盐的富集程度以及壁面干湿变化频率，越容易受可溶盐侵蚀的部位风化酥碱越严重，温湿度变化及干湿交替变化越频繁的部位风化酥碱越严重。

4）温湿变化对崖墓石刻破坏作用主要通过热力作用及石刻表面干湿度变化引起可溶盐溶解结晶交替变易来实现的。由于岩石是热的不良导体，加之其热物理性能（如导热率、比热）存在差异，温度变化使石质内外不同方向的膨胀和收缩不均匀而产生较大应力，导致石刻特别是墓门石刻表层产生裂纹和片状龟裂。四川崖墓存在墓内相对湿度大、墓壁表面温度较墓外低、墓内空气循环速度小等特点，温湿度变化使墓内极易形成冷凝水（特别在夏季），冷凝水对崖墓石刻的破坏作用与其他形式的水相同。温湿度循环实验表明，温湿度变化对岩石的影响程度不仅与岩石填隙物成分及含量、岩石的内部结构特征有关，而且与岩石中有无可溶盐密切相关，在温湿度变化相同条件下，浸盐岩样比未浸盐岩样酥粉严重，这表明，周期性的温度变化和湿度波动造成的可溶盐溶解与结晶的交替变化对崖墓石刻产生的风化破坏作用比温湿度变化本身对崖墓石刻产生的风化破坏要严重。

5）生物侵蚀主要通过根劈和化学风化作用来促使石刻表面开裂和风化。苔藓植物和微生物的生长、代谢、活动与死亡都直接或间接地损蚀、破坏着崖墓石刻。生物在新陈代谢过程中不仅通过物质交换和配体络合两种方式促进岩石溶解，而且通过酸解和络解作用使石刻表面发生严重的生物风化，最终使岩石形成含有腐植质的松散土壤。同时真菌、细菌以及地衣和苔藓还在石质文物表面形成各种色斑，严重影响石刻原貌。生物侵蚀是四川崖墓石刻特别是墓门石刻风化的另一个外界因素。

6）四川崖墓岩石主要以方解石和黏土矿物为填隙物，在酸侵蚀作用下，方解石分解成可溶性盐随水流失，胶结物失去原有的胶结作用，由于酸的侵蚀作用，岩石中胶结物逐步流失、矿物晶架结构改变，岩石表面发生酥粉、表面溶蚀、剥落等病害。耐酸实验和酸雾实验表明，四川崖墓岩石的耐酸性差，在酸性环境中，以方解石为主要胶结物的岩石比以黏土矿物为主要胶结物的岩石的耐酸性更差，岩石孔隙率越大的岩石在酸性环境中越易风化。通过对重点研究崖墓保存环境雨水分析，各崖墓区域雨水pH值在4.84~6.10之间，其中以乐山麻浩崖墓保存环境中的雨水pH值最低、出现酸雨频率最高，因此，酸雨对乐山麻浩崖墓的风化破坏较突出，其他崖墓相对较好。

总之，四川崖墓石刻风化不是某一因素独立作用的结果，而是各种内因和外因相互促进、共同发挥作用，最终导致石刻酥碱、粉化、龟裂起翘、表面泛盐、片状剥落及表面溶蚀等风化病害。四川崖墓石刻本身材质在崖墓开凿时就已决定，这是我们无法改变的事实。保存环境中各种外界因素影响着崖墓石刻的风化进程，但由于岩石矿物成分和结构特性微小变化，其风化程度相差较大，同一外界因素对不同岩性的崖墓石刻的风化影响程度也存在较大差异，因此，我们在保护崖墓石刻时应加强对其外部环境因素影响机制的研究与监测，为科学保护崖墓石刻提供理论依据。

注释

[1] Normal 1//88"Alterazioni macroscopiche dei materiali lapidei:lessico"[Z]//"Macroscopic alteration of stone materials:glossary"Comas Graphica, Rome, 1990:36.

[2] Fitzner B, Heinriehs K, Labouchard iere D.Damage index for the stone monument[A]// Galan E , ZezzaF.ed. Proteetiom and conservation of the cultural heritage of the medererranean cities. Proceedings of the 5th International Symposium on the conservation of Momuments in theMediterraneanBasin,Sevilla, Spain[C], Swets&zeitlinger, Lisse.The Nether-lands, 2002:216-235.

[3] Warke P A，Curran J M, Turkington A V, *etal Condition assessment for buiding stone conservation a staging systern approach*. Build Envir 2003, 38: 1113-1123.

[4] 张金风、李宏松等《文物劣化定量分析与评价软件系统》，《文物保护与考古科学》2007年第19卷第3期。

[5] 李瑞《石质文化遗产风化损害的分级监测初探》，《石窟寺研究》（第2辑），文物出版社，2012年。

[6] 杨毅、杨隽永等《安徽凤阳明皇陵石像生风化状况评估及分析》，《石材》2013年第7期。

[7] ww/t0002-2007//《石质文物病害分类与图示》，文物出版社，2008年。

[8] 中国文物研究所等《治理乐山大佛的前期研究》，四川科学技术出版社，1992年；任建光、黄继忠等《无损检测技术在石质文物保护中的应用》，《雁北师范学院学报》2006年第26卷第5期。

[9] 黄克忠《中国石窟保护方法述评》，《文物保护与考古科学》1997年第9卷第1期。

[10] Grassegger G. *Decay mechanisms of natural building stones on monuments: Areview of the latest theories* ‖ Stumpp S, Krüger& GroBe C. Ed: Werkstoffe und Werkstoffprüfung im Bauwesen.Institut für Werkstoffe im Bauwesen, Universität Stuttgart, Stuttgart, 1999: 54-81.

[11] 李宏松《两种岩石材料表面剥落特征及形成机制差异性的研究》，《岩石力学与工程学报》2008年第27卷增1期。

[12] 李宏松《砂岩类文物岩石材料劣化空鼓病害特征及形成机理研究》，《文物保护与考古科学》2012年第24卷第1期。

[13] 宗静婷、王淑丽等《四川广元千佛崖石窟造像表面风化的环境地质问题分析》，《地球科学与环境学报》2011年第33卷第2期。

[14] 王帅《西黄寺石质文物表面劣化特征分析及机理研究》，中国地质大学（北京）工程技术学院，2011年。

[15] 曾中懋《四川地区古代石刻风化原因的研究》，《文物保护与考古科学》1991年第3卷第2期。

[16] Ruizde Argandona VG, Rodfiguez Rey A, Clorio C, et al. *Characterization by com puted X-Ray tomography of the evolution of the pore structure of a dolomite rock during freeze-thaw cyclic tests*. Phys Chem Earth, 1999, 7(24): 633-637.

[17] Dawn. T.icholson,FrankH. Nicholson. *Physical deterioration of sedimentary rocks subjected to experimental freeze-thaw weathering*. Earth Surf P roc Landforms, 2000,25:1295-1307.

[18]　Hallet B. *The breakdown of rock due to freezing: a theoretical model* ‖ Proceedings of the Fourth International Conference on Permafrost, Fairbanks, A laska. Wash ington, DC N ew york: National Academy Press;1983: 433-438.

[19]　Viklander P. *Laboratory study of stone heave in till exposed to freezing and thawing*. Cold Reg SciTechnol 1998, 27: 141-152.

[20]　Marini P, Bellopede R, De Regibus C, et al. *Stone weathering evaluation with upv measurements: A comparison between directand indirect method* ‖ 8th International Conference on Non-Destructive Investigations and Microanalysis for the Diagnostics and Conservation of the Cultural and Environmental Heritage. Lecce, Italy. 2005.

[21]　同[10]。

[22]　Warke P A, Smith B J, McKinley J. *Complex weathering effects 0n The durability characteristics of building sandstone* M Dimension Stone 2004: New Perspectives for a Traditonal Building M aterial International Conference on Dimension Stone, Prague.2004: 229-235.

[23]　戎岩、吴海涛《承德避暑山庄石质文物的风化腐蚀模拟实验》，《咸阳师范学院学报》2012年第27卷第6期。

[24]　张傲、方云等《龙门石窟碳酸盐岩体文物风化作用模拟试验研究》，《中国岩溶》2012年第31卷第3期。

[25]　汪东云等《宝顶山石窟岩体风化破坏的作用因素分析》，《工程地质学报》1994年第2卷第2期；汪东云等《宝顶山石窟造像岩壁风化产物化学特征及形成分析》，《工程地质学报》1995年第3卷第3期。

[26]　赵以辛等《南响堂石窟石雕岩表面模拟溶蚀实验》，《文物保护与考古科学》2003年第15卷第1期。

[27]　周尚忠《仿自然条件对云冈石窟风化的研究》，《山西能源与节能》2003年第4期。

[28]　周骏一《我国西南地区"红层"石质文物的保护研究》，《工程地质学报》2006年第14期。

[29]　同[10]。

[30]　Butlin R N, Coote A T, Devenish M, et al. *Preliminary results from the analysis of stone tablets from the national materials exposure prog-amme (NMEP)*. Atmospheric Envir, 1992, 26B(2): 189-198.

[31]　周跃飞等《长石微生物风化作用的研究现状与展望》，《地球科学进展》2008年第23卷第1期。

[32]　张秉坚等《石质文物微生物腐蚀机理研究》，《文物保护与考古科学》2001年第13卷第2期。

[33]　傅亦民、金涛等《宁波东钱湖石刻群微生物病害研究》，《文物保护与考古科学》2009年第21卷第4期。

[34]　Oguchi C T, Hatta T, Matsukura Y. *Weathering rates over 40, 000 years based on changes in rock properties of Porous Rhyolite*. Phys Chem Earth, 1999, 24(10):861-870.

[35]　Yukinori Matsukura, Takashi Hirose, Chiaki T. *Oguchi Rates of chemical weathering of porous rhyolites: 5-year measurements usingthe weight-loss method*. Catena 2001, 43: 341-347.

[36]　Kimiya K. *Tensile strength as a physical scale of weathering in Granitic ocks*. J Geol Soc Japan, 1975, 81: 319-364.

[37]　Tamer Topal. *Quantification of weathering depths in slightly weathered tuffs*. Envir Geo, 2002,42: 632-641.

[38]　Esaki T, Jiang K. *Comprehensive study of the weathered condition 0f welded tuff from a historic stone bridge in Kagoshima, Japan*. Eng Geol,1999, 55:121-130.

[39]　钟世航《石雕风深度的检测及石窟岩体裂隙深度探查》，《2005年云冈国际学术研讨会论文集·保护卷》，文物出版社，2006年。

[40] 奚同庚《无机材料热物性学》，第213～273页，上海科技出版社，1987年。

[41] Yang G, Zhang Q, Pu Y. *A Study on the Damage Propagation Characteristics of Rock under the Frost and Thaw Condition*. Chinese Journal of Geotechnical Engineering, 2004,26(6):838-841.

[42] 张赞勋等《北山石窟岩体风化产物的形成及其破坏作用》，《重庆建筑工程学报》1993年第15卷第3期。

[43] A.U.彼列尔曼《后生地球化学》，科学出版社，1975年。

[44] Wendler E, Klemm D D, Snethlage R. *Contour scaling on buildingfacades-dependence on stone type and environmentalconditions* ‖ Vandiver PB, Druzik J, Wheeler GS(eds.):Proceeding of Sympoium of Materials Research Society II: Vol 185. Materials Issues in Art and Archeology. April 1-21, San Francisco, MRS,Pittsburgh, PA (USA). 1991: 265−271.

[45] 同[42]。

[46] 何法明等《盐类矿物鉴定工作方法手册》，化学工业出版社，1988年。

[47] 同[46]。

[48] Rachael D Wakefield,Melanie S Jones. *Quat J Eng Geol*, 1998,31:301-310.

[49] 马建良、王春寿《普通地质学》，第92～248页，石油工业出版社，2009年。

[50] Barker W W, Welch S A, Chu S, *Experimental observations of the effects of bacteria on aluminosilicate weathering*. American M ineralogist, 1998, 83: 1551-1563.

[51] Hutchens E, Valsami2Jones E, Mceldowney S. *The role of heterotrophic bacteria in feldspar dissolution—An experimental approach*. M ineralogical M agazine, 2003, 67 (6): 1157-1170.Bennett P C, Hiebert F K, Rogers J R. Microbial control of mineral groundwater equilibria: Macroscale to microscale[J]. Hydro2geology Journal, 2000, 8: 47-62.

[52] Welch SA, UllmanW J. *The effect ofmicrobial glucose metabo lism on bytownite feldspar dissolution rates between 5℃ and 35℃*. Geochim ica et Cosm ochim ica Acta, 1999, 63: 3247-3259.

[53] 周跃飞等《长石微生物风化作用的研究现状与展望》，《地球科学进展》2008年第23卷第1期。

[54] Baer N. S, Snethfield R. *Saving our architectural heritage[M] New York: John Wiley&Song*, 1997:25-25.

[55] 张秉坚等《石质文物微生物腐蚀机理研究》，《文物保护与考古科学》2001年第11卷第2期。

[56] Berthelin J. *Microbial geochemistry* Oxford: Blackwell Scince Publisher, 1983:223-263.

[57] Altieri A, Ricci A. *Calcium uptake in mosses and its role in stone biodeterioration*. Intemational Biodeterioration and Biodegradation, 1997, 40: 201-204.

[58] 徐杰、白学良等《干旱半干旱地区生物结皮层藓类植物氨基酸和营养物质组成特征及适应性分析》，《生态学报》2005年第25卷第6期。

[59] 曹建华、袁道先等《岩溶动力系统中的生物作用机理初探》，《地学前缘》2001年第8期。

[60] 曹建华、袁道先《石生藻类、地衣、苔藓与碳酸盐岩持水性及生态意义》，《地球化学》1999年第28卷第3期。

[61] 张捷《地衣喀斯特侵蚀作用的初步研究》，《地理学报》1993年第48卷第5期。

[62] 冯楠《石质文物生物风化机理及其防治对策研究》，《边疆考古研究》2013年第3卷第12期。

[63] Realini, M, Sorlini. C, Bassi, M. *The Certosa of Pavia: a case of bio-deterioration*. In Vth International Congress on Deterioration and

Conservation of Stone, Lausanne: Press Polytechniques Romandes, 1985, 627-629.

[64] 冯楠《潮湿环境下砖石类文物风化机理与保护方法研究》，第173~174页，吉林大学，2011年。

[65] W.E. 克伦宾编，杨承运、张昀等译《微生物地球化学》，第142页，地质出版社，1990年。

[66] 冯楠《高句丽石质文物风化机理及保护方法研究》，第33~35页，吉林大学，2007年。

[67] 曾中懋、谢振斌等《野外石质文物的影响因素及环境质量标准研究课题报告》，四川省文物考古研究院，2002年。

[68] 曾中懋《四川地区古代石刻风化原因的研究》，《文物保护与考古科学》1991年第3卷第2期。

第六章　四川崖墓石刻保护对策

6.1　文献概述

为解决石质文物各种病害问题，国内外学者在研究石质文物病害机理的基础上也在不断进行石质文物保护材料、石质文物加固工程技术、石质文物表面清洗技术等方面的研究，并取得了一系列研究成果。

6.1.1　保护材料

随着材料学和文物保护科学技术的发展，石质文物保护化学材料由无机材料发展到有机材料及复合材料，近来，一些新型保护材料如纳米材料和仿生材料也在不断探索和研发试验。目前，用于石质文物保护的材料从总体上可以分为无机材料和有机材料两大类。

1. 无机材料

无机材料在我国具有悠久的历史，据考古资料和相关文献记载，我国在史前时期就有"白灰面"材料。西周中晚期的建筑遗址已经广泛使用石灰浆；秦汉以后，灰浆种类和制作工艺有了很大发展；南北朝时期以糯米灰浆为代表的中国灰浆技术已较为成熟；从唐宋开始，糯米、桐油、血料及三合土等灰浆材料已在建筑、墓葬、水利、壁画等方面广泛应用，其作用主要是黏结加固、防水与封闭，增加了构建体的牢固性和保存寿命。我国古代灰浆材料是建筑胶凝材料史上的一项重大技术成果[1]，至今仍被广泛应用。欧洲很早以前就使用石灰水、氢氧化钡、硅酸盐等无机材料来加固石材。石灰水和氢氧化钡加固机理相似，它们通过与空气中的二氧化碳反应，生成碳酸钙或碳酸钡填充在石质文物的孔隙中，起到加固保护作用。19世纪后期就有了氢氧化钡作为石质文物加固材料的专利并用于实际文物保护中，但因该类材料渗透性差，易在表面形成硬壳等原因而已停止使用多年。20世纪70年代，英国人重新开始石灰水的保护研究，用于WellsCathdrals石雕的加固保护[2]。近年来，Lucia T等[3]对氢氧化钡加固大理石的效果进行了一系列的分析，发现加固材料主要作用在表层；Lewin S Z[4]研究认为氢氧化钡加固含碳酸钙石质文物是有效的；Larson对氢氧化钙溶解度小及常温碳化速度过慢等问题进行改进；韩国也有用未消化石灰成功保护Daejosa花岗岩佛雕头部的实例[5]。最近，Moira等[6]制备的纳米氢氧化钙一醇分散体系大大提高了加固溶液的钙含量和渗透性，并成功应用于石灰岩石质文物的加固保护。

碱性硅酸盐曾在欧洲广泛使用过，其原理是通过可溶性的碱性硅酸盐，如钠、钾水玻璃，渗透到已疏松的矿物颗粒间隙中，生成非晶态的硅酸钠或硅酸钾，填补因风化失去的矿物胶结物，将石英、硅酸盐、碳酸盐等微粒结合，以加固疏松的砖、石、土类文物。由于反应最终会产生一些钠、钾的碳酸盐类，干湿度循环变化时这些盐随水分在表面析出泛白，因此引起争论[7]。我国敦煌研究院在西北干旱地区对碱性硅酸盐保护材料进行了系统研究，开发出PS（高模数硅酸钾）系列加固材料，应用于西北干旱地区的土遗址和砂砾岩的加固保护，取得了成功[8]。

各研究资料和应用实例表明，石质文物无机材料加固保护的成功与否不仅看材料本身的基本特性，在很大程度上还取决于材料的制备技术、适应条件、加固工艺和文物所处的保存环境。另外，无机材料渗透性差、黏结强度低、在文物本体中产生可溶盐等问题是制约无机材料广泛应用的重要因素。但随着文物保护科技发展，无机纳米材料、生物无机材料、仿生无机材料也在不断探索和研发试验。比如浙江大学文物保护材料实验室已经开展了纳米液态水硬性土遗址加固材料和天然草酸钙矿化膜仿生无机保护材料方面的探索研究[9]；Matteini M和Dewards H G M等国外学者对石材表面草酸钙膜的仿生合成和性能进行了研究[10]；Tiano等[11]利用从海贝壳中提取的有机母体大分子以及一种固钙基因细菌来诱导碳酸钙在石材孔隙中生长，并对这种生物无机材料进行了研究；许淳淳等用纳米TiO_2颗粒对一种有机硅氧烷类渗透固结型石材防护剂进行改性，有效提高了其耐老化性能与可再处理性[12]。

2. 有机材料

目前广泛应用于石质文物保护的有机类保护材料主要包括丙烯酸类、有机硅类、有机氟类和环氧树脂类材料。

1）丙烯酸类材料

丙烯酸类材料在20世纪八九十年代曾广泛应用于土、石、砖等多孔性材质文物的保护，经常使用的有溶剂型和乳液型两种。许多国家都有使用丙烯酸类保护材料中的Paraloid-B72作为各种文物的渗透加固剂的报道，我国北方地区如陕西也有使用Paraloid-B72作为石质文物封护加固材料的实例。但丙烯酸树脂在耐光照、耐热、结合力、渗透性等方面明显存在不足。杨璐等[13]利用红外漫反射和衰减全反射技术研究了Paraloid-B72的光稳定性，发现光老化后涂膜变硬、重量损失及可逆性降低，表明其耐光老化性能并不十分理想；Lazzari M等[14]对用于石质文物保护的丙烯酸树脂热的老化性能进行研究表明，其长链醋基团易发生氧化分解，基于这些原因丙烯酸树脂类材料在四川石质文物保护中应用极少。

2）有机硅材料

有机硅类材料具有较好的耐久性和不易变色的特点。有机硅树脂水解后形成硅烷或硅氧烷，容易与含Si-O-Si键的基材结合，与含硅的土、石等材质的结合力较好，老化后对文物表面色泽影响小，在不可移动文物保护领域得到广泛应用。国际上研究有机硅保护材料的机构很多，主要集中在意大利、德国、美国、葡萄牙、加拿大等国家。所用材料主要有硅酸乙脂、硅氧烷、烷基硅酸盐等。德国的Wacker和Rmmers等公司都有系列产品，研究应用实例很多，Bhargav J S等[15]采用二甲基、二苯基聚硅氧烷和硅油在处理受损的石碑时取得不错的效果。美国盖蒂（GCI）在美国新墨西哥州的塞尔登堡（Fort

Selden）就采用了正硅酸乙酯等材料对岩石和土遗址进行了加固保护试验和材料评价研究[16]。我国也有大量关于有机硅材料研发、改性及应用的研究报道[17]。

3）有机氟材料

有机氟聚合物材料具有防水、抗氧、耐酸碱、耐候性的特点，20世纪90年代后，就有关于有机氟材料用于石质文物保护的报道，但总的来说，有机氟材料在石质文物保护中的应用还没有处于研发试用阶段。和玲等[18]研究表明，有机氟聚合物加固保护砂岩文物的效果良好。邵高峰等[19]以氟碳乳液为基料，添加偶联剂改性的纳米二氧化硅和氧化钛，制成的石质文物防风化保护材料具有较强的紫外光屏蔽作用和防水耐蚀性能。意大利的一些石质类建筑也曾采用含氟丙烯酸共聚物进行保护[20]。有机氟聚合物材料在四川还没有应用实例的报道。

4）环氧树脂

环氧树脂是目前石质文物黏接和灌浆补强的有效材料之一，但环氧树脂具有渗透性与透气性差、易老化、可塑性较差、固化过程不可逆、与水不相溶等缺点，经过改性后，其可灌性、抗老化性、可塑性、与水的相溶性都有很大提高，改性环氧树脂在我国石窟寺保护中取得了一些成功[21]。

有机材料具有较好的黏接性、防水性、抗酸碱性以及其单体（或预聚体）的良好渗透性，广泛应用于不可移动文物的保护。但近些年研究发现，使用高分子保护材料可能出现容易滋生微生物、耐老化性较差、有机材料防护层阻止石材内部可溶盐的运动、与文物本体的相容性较差等问题而产生一些保护性破坏[22]，因此，充分认识有机类材料在不同环境条件下的各种优缺点，选择最恰当的材料，采用最合适的施工工艺是文物保护技术人员在实施保护项目前要进行研究的重要内容。

6.1.2 石质文物加固工程技术

对于不可移动的大型石质文物，经常面临石质文物载体或本体的结构稳定性问题，如石窟崖体的边坡失稳、石质建筑的倾斜歪闪或断裂等，这些病害严重影响到石质文物的整体保存。对于此类问题，主要借鉴岩土工程与建筑工程方面的施工方法和技术来解决，常用的方法为结构补强措施和环境治理。目前此方面很少有专门性的研究，一般都是针对具体的工程案例对各种保护加固技术进行设计。如田鹏刚等在西岳庙"少昊之都"石牌楼的加固与修复中，先后采用地基加固、基座平移矫正、石质梁补强加固、屋面残损构件修复归位等方法，很好的解决了牌楼的保护问题[23]。在乌杨汉阙的保护加固中，他还采用现代植筋技术，配以专用水泥基高性能无机灌浆料予以连接加固，既满足了结构本身的强度和刚度要求，又对文物损伤较小，修复后基本不改变文物原貌[24]。秦立科在红石崖摩崖石刻保护的研究中，为解决崖体边坡整体稳定性问题，采用了危岩锚固与裂缝充填灌浆的保护方法，同时为了解决崖体暗渠渗漏对基岩的影响，对该区域内渠道进行了防渗漏处理[25]。近年来在四川的巴中南龛石窟、广元千佛崖摩崖造像、广元皇泽寺摩崖造像、安岳石窟、乐山大佛、中江塔梁子崖墓等不可移动石质文物的保护中采用了修筑护壁挡墙、锚杆（锚索）加固、围岩裂隙灌浆加固、滑坡体锚桩加固等工程技术措施。

6.1.3　石质文物表面清洗技术

由于各种原因在石质文物表面常附积或生成各种覆盖物和风化产物，如苔藓地衣、烟尘土垢、盐渍、各色石锈、难溶性硬壳等，依据文物保护修复的原则应当采用表面清洗技术予以选择性清除[26]。目前在石质文物表面清洗方法研究方面成果丰富，常用方法主要为化学清洗、粒子喷射、蒸汽清洗、激光清洗等，并已经形成了一套较为成熟的施工工艺。尤其近年来在激光清洗和蒸汽清洗技术研究中取得了较大突破，并且针对微生物、油烟污物、彩绘石质文物等特殊污物的清除方面探索出了一些可行的方法，逐步形成了一些清洗效果评估方法[27]。石美凤等对电解质活性离子法、螯合法、氧化还原法、离子交换树脂法、有机溶剂法、生物法、表面活性剂法、吸附材料贴敷技术等石质文物清洗方法进行了全面总结[28]。刘仁植等从前期调研、清洗剂的选择、施工工艺三方面对化学清洗过程进行了总结，并以云冈石窟污染物的清洗为例对石质文物化学清洗方法进行了研究[29]。刘菊等分析了地衣对石材的破坏方式，并对激光清除地衣的方法进行了说明[30]。赵林娟论述了石质文物蒸汽清洗技术的机理、应用状况和研究现状[31]。曾中懋对石质文物表面油烟类污染物的成分作了分析，并采用非离子表面活性剂和H$_2$O$_2$—HF—0π10两种清洗材料进行了清洗，实例证明该方法效果良好[32]。张国勇等提出了石质文物表面微生物病害可采用物理清洗法、化学清洗法和机械法进行综合处理，并对各自特点和适用范围作了阐述[33]。周伟强等以广西花山岩画污染物的清洗为例，研究讨论了以激光、微粒子喷射、蒸汽清洗为代表的现代物理清洗技术在户外彩绘石质文物表面污染物去除上的安全性、可行性及去除效率等问题[34]。施铁樱等对常规检测评估技术、实验室检测评估技术、原位无损检测评估技术等石质文物表面清洗效果评估技术进行了归纳总结[35]。

6.1.4　新技术在石质文物保护中的应用

随着科学技术的发展，新技术在石质文物保护中得到了很好的应用，大大地促进了石质文物保护研究水平的提高。目前应用于石质文物保护的新技术主要有地球物理勘探、近景摄影测量、三维激光扫描、红外热成像检测、微生物检测等，研究内容主要集中于石质文物的病害程度、加固效果等检测方面。近年来超声波法在石质文物风化、裂隙发育等病害检测及保护效果评估方面得到了普遍应用[36]，如姚远采用超声波法对标准、均匀模型进行探测，研究了裂隙和风化病害的特征反映，为现场应用提供了参考依据[37]。刘成禹等综合运用现场声波测试和室内试验对义乌宋代古月桥风化条石的抗压强度、弹性模量与深度的关系进行了研究，结果表明风化层与未风化区域岩石参数的比值随深度呈较好的负指数关系[38]。李耀华通过室内模拟试验和现场试验，研究了超声波法、电阻率微测探法和探地雷达等检测方法在石质文物裂隙特征和灌浆加固效果方面的应用，为无损检测方法在石质文物保护中的应用提供了技术依据[39]。李子梅设计了由数码相机与测距仪等组成的石质文物图像采集系统，并开发了裂隙识别系统来进行岩体裂隙特征提取与识别，测试表明近景摄影技术的观测精度较高，是一种很有发展潜力的石窟裂隙病害测量手段，同时结合超声波法检测裂隙的深度推算出了裂隙体积计算理论公式，为灌浆工作提供了理论依据[40]。杨志法等利用三维激光扫描仪对不同岩石砌块和勾缝材料的风化深度进行了测量，得出了其抗风化能力的大小[41]。吴育华以广西花山岩画为例，利用红外热成像技术对花山岩画崖壁渗水部位进行了现场检测，结果表明该方法与可见光成像技术相比具有显著优势，可应用于石质文物渗水部位及渗水量的检测分析[42]。于淼等对国内外最新的石质文物微生物检测技术进行了总结，分析比较了各种方法的优势和不足[43]。

6.2 四川崖墓石刻病害治理对策

四川崖墓石刻风化机理研究表明，四川崖墓石刻保护主要应从改变崖墓保存环境入手，现在最急于解决的问题是崖墓稳定性及崖墓的"水害"问题，在解决这两个问题的基础上，待崖墓石刻保存环境处于一个相对稳定的状态后，再进行崖墓石刻脱盐和防风化保护。针对四川崖墓工程地质条件及病害成因，保护对策如下。

6.2.1 崖墓基岩裂隙、危岩（危石）及滑坡病害治理

崖体开裂、危岩（危石）垮塌及山体滑坡随时危及崖墓石刻的安全。根据四川石窟及崖墓已有的抢险加固保护经验，在危岩、坡体加固保护前对崖墓区的环境气候、岩体结构、结构面类型、强度和发育特征、变形破坏的地质模型、地下水赋存条件、地震和爆破震动影响等各方面进行全面勘测。在此基础上对岩体稳定性进行评价，目前常用的方法有地质分析法、岩体稳定性分类法、块体图解法、极限平衡法、数值法、模拟试验法等[44]，根据危岩稳定性评价结果和设计要求，计算挡墙、砌体的宽度和高度。锚杆设计应综合考虑岩土性状、地下水、边坡高度、坡度、周边环境、坡顶荷载、地震力及气候等因素[45]，最终确定锚杆所用钢筋的型号、锚杆数量、锚固长度、浆液配制比等[46]。基岩化学固结灌浆前需要了解固结灌浆部位是属于断层、破碎带，还是软弱夹层，或是局部的岩石裂隙，并查明其分布范围和走向，或裂隙的数目、宽度、倾角等[47]。固结灌浆材料可采用改性呋喃环氧树脂、聚氨酯等化学浆液和改性硅酸盐水泥进行灌注，以达到黏结和防止锚杆锈蚀的目的。但由于山体裂隙发育，锚孔应贯穿山体裂隙，灌注的浆液量事前难以估算，加之改性环氧树脂等化学浆液成本较高，目前危岩治理工程基本上都使用改性硅酸盐水泥砂浆。在所调查的崖墓中，三台郪江崖墓群、中江塔梁子崖墓群、彭山江口崖墓群等崖墓存在较严重岩体病害，部分墓室开裂坍塌严重，急需进行加固处理。目前三台郪江崖墓群中部分墓室和中江塔梁子崖墓群M1～M6已采取钢筋水泥锚杆进行了危岩治理。

围岩浅表裂隙灌浆补强与黏接加固可采用改性呋喃环氧树脂、聚氨酯等，但由于崖墓与山体相连，岩体裂隙大都富水，传统的加固材料如环氧树脂和聚氨酯材料具有黏度大、不能在水中很好地固化、塑性差等弊病，而以改性酮亚胺CHT-251为固化剂、DTA和DMP-30为促进剂的呋喃环氧树脂灌浆补强材料有效地降低了环氧浆液的黏度，提高了对微小裂隙的可灌性，解决了传统环氧树脂在潮湿（饱

水）条件下难以固化的弊端，在有水条件下也可直接灌浆，使围岩裂隙经灌浆补强处理后恢复整体性，不仅能达到黏结加固作用而且能阻断裂隙渗水[48]。对于干燥的墓壁裂隙可采用目前应用较广的爱牢达XH160A／B双组份改性环氧树脂黏结加固。对于非活动性裂缝的黏合或表面修复可采用REMMMERS修复砂浆或NHL－A05天然水硬性石灰石材黏结料等材料。

6.2.2　"水害"治理

"水害"是破坏四川崖墓石刻最主要、最严重的外在因素，危岩崩塌、岩石溶蚀、石刻风化都与"水害"有着密切的关系。治理崖墓"水害"是一项复杂、系统的工程。目前在石窟寺、崖墓类石质文物的防水治水工程中，因情况不同，而方法各异，总结四川地区石窟寺及摩崖造像治水经验，主要是在石窟顶部修筑截排水沟，改变地表水的流向。切断水与文物的联系，查清裂隙分布，铺设防渗层或裂隙灌浆防止水分沿裂隙渗入文物内部。开挖隧洞、深井或通过打竖向集水孔和仰斜排水孔等方法降低地下水位等[49]。四川崖墓"水害"治理可根据崖墓区域地形地貌决定与此相适应的治理方法。根据治水区域分为墓顶治水、毛细水治理、崖墓立壁治水三个方面。依据其不同的渗水机制，采用不同的方法、统筹考虑，采取盖、堵、排、导相结合的综合防水治水方法[50]，在允许有少量水分入渗岩体，但以不影响墓内石刻保存为原则的指导思想下，统筹考虑，对水源、给水面、分水岭、裂隙走向、裂隙发育状况等水纹地质做出全面科学的分析评价，结合现场情况，因势利导，设计简便有效的治理方案。

1．墓顶防渗排水

当降雨降落至崖墓所依附的山体顶坡后，一部分直接通过地表泾流冲到墓道、墓门及前室前端的石刻，一部分沿山坡向下流动并渗入地下，地下水由裂隙渗入岩体内部，同时有一部分向低洼地汇集，因此山顶防水应采取盖、堵、疏、排相结合的方法。对于地表泾流和雨水直接冲刷以盖和排为主。对于裂隙渗水，以堵、流、排相结合。墓顶堵漏应从岩体的物理力学性质、材料价格及操作工艺三方面综合考虑。在古墓葬的防渗水工程中，常用采取以下方法：①裂隙灌浆，采用改性环氧浆液灌注渗水较严重的大裂隙，而对小裂隙可用防渗膨润土直接填入裂隙缝压实即可，但一定要处理好植物根系问题，这种方法在大足北山136窟防渗保护中采用，取得了一定的防水效果，可以借鉴应用；②铺设防渗层，揭取墓顶地表土层，夯实平整后，在其表面增设防渗层，安置排水管后再回填土层，阻断、减少地表水向地下渗漏，此方法在王建墓、中江塔梁子崖墓、彭山江口崖墓的防渗排水工程中多次应用，效果较好；③修筑截排水沟和挡水墙，由于大多崖墓顶部表面极不平整，崖体存在较多裂隙和槽沟，为防止地表水流入墓顶区域，在墓顶外缘修建截水沟和挡水墙；④对于墓顶地表水的直接冲刷，可采取修建保护性建筑、岩檐和顶蓬等行之有效的保护方法。对渗水较严重崖墓如金钟山Ⅰ区、金钟山Ⅱ区、紫荆湾、柏林坡、松林嘴M1和吴家湾M1、中江塔梁子崖墓群、彭山江口崖墓群M955、乐山柿子湾崖墓M1及石城山北斗岩崖墓群均可根据实际情况采取这些措施进行整治。

2．毛细水侵蚀病害治理

由于崖墓整体埋藏于山体中，加之大多数崖墓崖体中软弱夹层发育、墓前没有较好的排水设施，使崖墓的地下水位都较高，有些崖墓（如金钟山Ⅰ区、紫荆湾、麻浩崖墓、乐山柿子湾崖墓M1）地下水位与墓内石刻相距很近，导致墓壁下方石刻存在较为严重的孔隙渗水和毛细水等病害，为降低地下水位高度，可在崖墓前设置一排竖向垂直的集水孔，集水孔应穿透墓底下方的泥岩不透水层将地下水引致下部的透水层中，达到降低地下水位的目的，集水孔的深度、数量、孔径应根据水文地质勘察结果确定。为防治毛细水的上升和改变地下孔隙水渗流状态，可在这些崖墓崖体下方沿水平方向设置仰斜排水孔，排水孔长度、数量、孔径及钻孔角度应根据实际勘察结果确定。

3．墓室立壁防水

经过对墓顶防渗排水处理和修筑截排水沟后，可以将墓顶区域范围内的大部分地表水进行有效排出。但崖墓区域内的山体基座相连，山体裂隙网络发育。大气降雨通过裂隙渗入岩体后，经过岩体内部的裂隙网络径流到墓壁，在墓壁上以渗水点的形式渗出，对崖墓石刻产生不利影响，必须对墓室立壁渗水进行防水处理。但由于有些崖墓立壁的面积较大，墓室四壁并不是全部雕有石刻画像，渗水点也较多，有些渗水点的渗水对石刻保存构成严重威胁，其防水设计应采取堵、导、排相结合的综合防水措施，勘察崖墓立壁上的每一处渗水点，对于下部保存有石刻画像的渗水点，采取封堵渗水点的方法，对封堵材料的基本要求与石刻黏接加固材料相同。渗水点封堵后，水分将在岩体内部裂隙继续移动，可将岩体内部裂隙作为自然导水通道，对于渗水点下部或其四周没有石刻的渗水点，可作为自然排水孔而不做任何处理，甚至可加大出水孔，使水流畅通。经过对崖墓立壁渗水点的封堵，水沿岩体内部裂隙移动并在对石刻没有影响的渗水点渗出后再导出墓室。但随着对渗水点封堵工作的进行，可能出现新的渗水点对墓壁石刻重新构成危害，则应对新的渗水点进行封堵，如不对石刻构成威胁，则作为自然排水孔将水排出后再将水导出墓室。如果墓室四壁都雕有石刻画像、而渗水不是以点的形式而是从墓壁孔隙大面积渗出，对整个墓室立壁石刻造成较严重危害，则可采取在崖墓外围四周设置一连续截水防渗帷幕来截断从山体内部来的基岩裂隙水和基岩孔隙水，防渗帷幕做法：在设置位置打2～3排灌浆孔，灌浆孔必须穿透墓底砂岩层进入泥岩，灌浆孔排距、孔径及孔距根据现场勘察情况确定，灌浆采用防渗水泥砂浆压力注浆。对金钟山Ⅰ区、金钟山Ⅱ区、紫荆湾、柏林坡、松林嘴M1和吴家湾M1、中江塔梁子崖墓群、乐山柿子湾崖墓M1和石城山北斗岩崖墓群的墓壁渗水病害均可采取这一措施。

由于水源和水活动复杂多变，有时一项治水工程要历时多年且耗资巨大，有些经过整治后，效果较好，如中江塔梁子崖墓、彭山江口崖墓M951墓顶经过防渗排水工程后，渗水状况有了较大改善；有些崖墓如三台郪江崖墓群中紫金湾墓群曾对墓顶进行了防渗排水治理，但效果不明显，这需要进行更加全面科学的勘测分析，找到渗水的根源，采取多种方法进行综合治理。

6.2.3 四川崖墓石刻防风化保护

崖墓石刻防风化保护是四川崖墓石刻保护的主要工作任务，目前防风化保护主要从两部分入手，一方面改善崖墓石刻的生存环境，排除石刻生存环境中的污染源，根除地表水、地下渗水及冷凝水对石质文物的侵蚀，排除石刻表面微生物和岩体表层可溶盐，使崖墓石刻保存在一个相对稳定的环境中。另一方面是进行封护加固保护，对崖墓石刻环境进行整治使石刻保存环境稳定后，可以采取保护材料对崖墓石刻进行保护。我国对封护加固材料的使用较为慎重，目前用于封护加固的材料主要有丙烯酸酯类、硅酸酯、硅氧烷单体及聚合物、氟碳聚合物、PS系列等，但还没有哪种材料能做到对各种环境条件、各种石质都能普遍应用[51]，因此，在封护加固保护前对石质文物的环境，岩石矿物组成，岩石理化性质，风化类型及风化机理，风化深度及材料的憎水性、透气性、渗透性、耐候性进行全面分析测试和前期试验是成功做好崖墓石刻封护加固保护的关键。经过多年的探索和试验，我院曾针对四川地区潮湿多雨的环境特征和四川地区石质文物多为泥钙质砂岩的特点，研制开发了以硅氧烷单体及聚合物为主剂的"MSG-8石质文物防风化材料"，在大足宝顶石窟和巴中南龛石窟的防风化保护中运用，取得了良好效果。由于石质文物生存环境、岩石性质、风化形态等各方面的差异，同一种材料对不同环境条件和不同性质岩石的保护效果明显不同。比如硅酸酯和有机硅氧烷类材料主要是利用分子中氢氧基或烷氧基与岩石矿物颗粒中的活性氢氧基反应，联成硅氧烷键生成聚合物，因此，这类材料只在用于加固岩石矿物颗粒中含有活性氢氧基团的、多孔细粒的岩石和富含泥质的岩石如大多数砂岩、泥灰岩、砖、砖坯时效果较好，而对多数灰岩、大理岩、花岗岩的加固效果并不明显[52]。在使用硅酸酯和硅氧烷类封护加固材料时，一定要注意外界环境的温度和湿度，使用后应采取一定的保湿措施，否则，加固材料渗入石材后会随溶剂的快速挥发向外"逸出"，产生加固材料渗透深度降低和雕刻品表面色彩变深的不良后果。另外，由于这类材料为溶液型加固材料，它对粉化、酥碱型风化的加固效果较好，而对片状剥离、空臌类型风化则须配合使用其他加固材料。当前，德国REMMMERS公司的KSE系列在国内砂岩石刻的防风化保护中应用较多。

6.2.4 四川崖墓石刻表面苔藓地衣及其他污染物的清洗保护

病害调查表明四川崖墓石刻表面均存不同程度的污染物覆盖，主要有钙垢层、表面泛盐、苔藓地衣、灰尘沉积、烟熏黑垢、锈斑、人为涂鸦或划痕等。这些污染物不仅影响石刻的保护，而且覆盖石刻表面纹饰或重要历史信息，大大降低了其艺术价值和研究价值。因此，为了使四川崖墓石刻能够更好地长久保存，同时更加充分地展现其价值，依据文物保护原则应当予以选择性清除。

根据四川崖墓石刻表面污染物的特点，同时借鉴目前石质文物清洗研究成果，提出以下清洗保护对策：首先在前期四川崖墓石刻病害调查基础上，有针对性地对表面污染物的类型及特点、成因、严重程度、危害性等进行分析和前期清洗研究试验，了解四川崖墓石刻表面污染物的特点，抓住症结所在。其次根据文物保护原则中"不改变原状"、"少干预"等要求，结合崖墓石刻整体保存状况、岩石特性和赋存环境特点等，确定表面污染物的清除标准和程度，并据此建立可行的清洗效果和安全性评价标准。最后充分借鉴国内外石质文物清洗保护方法和施工工艺，针对不同污染物的特点制定合适的清洗方法和工艺流程预案，采取纯物理清洗、化学清洗、粒子喷射清洗、蒸汽清洗、激光清洗等方法进行模拟试验和现场小实验，对清洗效果和安全性进行评估，通过局部实验不断改进并最终确定清洗方法和工艺流程。

崖墓石刻表面苔藓地衣清除方法主要有机械法和化学清洗法。机械清洗法采用毛刷、手术刀、牙科挑刀、竹签、蒸汽清洗机等工具将石刻表面的苔藓地衣去除，其优点是不引入化学材料，不会残留新物质。而化学清洗法是先采用化学材料将石刻表面的苔藓地衣杀死，然后再清除，使用化学材料后应进行大量的清洗，否则会有部分材料残留影响石刻保护。对于结合酥松的苔藓地衣可采取干法和湿法两种机械方法。干法是使用刷子、手术刀等工具进行去除，经过干法清除后，石刻表面的大部分苔藓地衣可以脱落，但在洼坑部位可能仍会部分残余；湿法是在采取刷洗时，同时用水、2A和3A溶剂进行冲洗或用DE4002蒸汽清洗机边清洗边刷洗，根据以往保护经验，湿法比干法的清除效果要好。对于与崖墓石刻表面结合紧密、难以去除的苔藓地衣，则可采取机械法和化学相结合的方法进行，先采用氨水或AB-57进行敷涂后，再用工具进行清除，效果较好[53]，但使用化学材料后需要用大量的蒸馏水冲洗。在清除苔藓地衣后，为防止其再次生长，除对石刻进行水害治理外，还应采取一定的生物防治措施，防治材料可采取对羟基苯甲酸甲酯、2-甲基异噻唑-3（2H）-酮、8-羟基喹啉铜等，但具体选用哪种材料防治效果较好，与崖墓石刻的材质，石质结构、温湿度、盐性、光照、雨水等内外条件密切相关，针对某处崖墓石刻生物防治时，还必需进行相应的前期试验，根据实验结果最终确定防治材料及浓度。

6.2.5　监测与病害风险评估

加强病害监测与风险评估是做好崖墓病害预防性保护前提和基础。对崖墓石刻风化病害首先应推进风化评估体系研究。选择一些重要崖墓在其墓内选择不同的监测点进行长期定点监测，采取全自动温湿度记录仪、全自动空气检测仪，对观测点的温湿度和空气质量进行全天候监测，采取手持式显微镜、超景深显微镜、CT扫描、SME等仪器对崖墓石刻或监测样块表面状况进行定期观察。借鉴现有的石质文物风化程度评估研究成果，综合研究确定崖墓石刻风化评价指标和参数，制定四川地区崖墓石刻风化程度评估标准。选择合适的评价指标和参数范围，通过模拟实验定量研究各评价指标在不同参数下的破坏程度，提出各主要影响因素的分类分级标准。利用相关专业软件分析所有样本中各主要影响因素与风化程度的相关性，研究各主要影响因素对四川地区石窟寺及石刻风化的影响程度，建立四川地区石窟寺及石刻风化的风险经验统计模型，并通过长期监测，对经验统计模型进行修正和优化，最终建立崖墓石刻风化风险评估体系。

由于崖墓处于复杂的地应力场和渗流场中，仅靠力学分析等手段很难准确预测文物的变形破坏过程，也很难对其稳定程度作出准确评价，因此开展崖墓稳定性与变形破坏监测是一项十分重要的工作。

监测技术大致分为位移监测、支挡物监测、岩体破裂监测、水的监测和巡视等五个主要类型。目前国内外监测仪器厂商根据监测类型和功能需要推出了各种监测仪器。而对于变形监测来说，通过钻孔、地质探洞、裂隙、排水洞以及铆固桩等进行的监测是特别重要的[54]。监测工作可准确掌握崖墓文物地表和内部重要部位所产生的各种变化，为维修保护设计、施工及信息管理提供服务。

6.2.6　加强管理工作

四川崖墓大多处于沟壑山谷之中，地势偏远，加之崖墓所属地经济相对滞后，基础设施建设薄弱，保护管理机构不完善，保护人员力量较缺乏，导致崖墓石刻管理缺失，许多病害（如人为涂刻、墓内杂乱、病害发育严重等）均与管理相关。针对四川崖墓保存现状，有些问题很难在一段时间内予以解决，为了尽可能减缓崖墓石刻病害发育，减少各种人为因素对崖墓石刻的干扰，加强崖墓石刻的管理在现阶段显得尤为重要。在管理上主要分为两部分：第一，加强日常管理，在日常管理中适当增大人员力量，加强对崖墓石刻文物的监督巡查工作，防止游客刻划等行为对文物造成破坏，同时还应加强对周边群众进行《文物保护法》的宣传教育，使大众自觉性地去爱护文物、保护文物，减少人为破坏与人为干扰事件的发生。第二，加强日常维护和防护管理，冰冻三尺非一日之寒，有些严重病害的发生是多种因素日积月累的结果，日常产生的一些轻微问题（如墓门淤积泥土、局部脱落、石刻表面生长植物等病害）应及时进行保护处理，定期清理石刻表面及墓门岩体露裸部分的苔藓、霉菌及其他植物产生的生物污染，避免病害积聚加重。对于一些特别重要的崖墓石刻，应该加强安防措施，如采取加强人防措施，增加值班人员数量，加强警犬巡逻，安装先进技防设施，设置图像、红外、声音探测设备，同时增加防护栏等实体防护装置，形成全方位、复合型的防护体系。

6.3　结　论

崖墓石刻是四川地区极具特色的历史文化遗存，具有较高的历史、艺术和科学价值，且具有珍贵性和不可再生性的特点。由于各种原因，四川崖墓石刻病害研究与保护相对滞后，加之崖墓保存环境特殊，四川崖墓石刻病害较严重，因此，四川崖墓石刻的保护是一项漫长而艰巨的任务。在保护过程中，应采取科学严谨的方法分析各种病害产生的根源，做好崖墓石刻保存环境及病害现状与发育的监测工作。在制定保护措施时，我们应该坚持"保护为主、抢救第一、合理利用、加强管理"的文物保护工作方针；坚持统筹兼顾，合理规划，使保护措施具有前瞻性和可操作性。加强对四川崖墓的有效保护，制定较为全面的保护策略和措施，使得崖墓石刻本体及其历史环境的真实性、完整性得以有效保护和延续。借鉴石窟保护的成功经验，联合国内保护技术和人员力量，坚持以科学和发展的思路分析解决问题。强调工作方法和解决策略，集中解决四川崖墓石刻现存主要问题，使之长久保存，并为我省经济和文化建设做出贡献。

注释

[1] 杨富巍等《以糯米灰浆为代表的传统灰浆——中国古代的重大发明之一》，《中国科学E辑：技术科学》2009年第39卷第1期。

[2] Peter M . *Breathing new life into statues of wells* [J]. New Sci, 1997, 76:754-756.

[3] Lucia T, Chiara C, Marco R, et al. *Evaluation of barium hydroxide treatment efficacy on a dolomatic marble* [J].Ann Chim, 2001, 91（11-12）:813-821.

[4] Lewin S Z 著王金华译《用于石刻艺术的化学合成物的现状》，《文物保护与考古科学》2001年第13卷第2期。

[5] Lee C H, Choi S W, Suh M. *Natural deterioration and conservation treatment of the, granite standing Buddha of Daejosa temple, Republic of Korea* [J].Geotech Geol Eng, 2003, 21（l）: 63-77.

[6] Luigi Dei, Salvadori B. *Nanotechnology in cultural heritage conservation: nanom-Etric slaked lime saves architectonic and artistic surface from decay*[J] J Cult Herit, 2006, 7:110-113.

[7] Jiri B, Petr K.*Cracking of organosilicone stone consolidants in gel form* [J]. Stud Conserv, 1996, 41（1）:55-59.

[8] 李最雄《丝绸之路古遗址保护》，科学出版社，2003年。

[9] 张秉坚等《一种生物无机材料——石质古迹上天然草酸钙保护膜的研究》，《无机材料学报》2001年第16卷第4期；刘强、张秉坚《石质文物表面生物矿化保护材料的仿生制备》，《化学学报》2006年第64卷第15期。

[10] MatteiniM, Giovannoni S. *The protective effect of ammonium oxalate treatment on the surface of wall paintings In : Painted Facades*[C]// Proceedings of the Eurocare Project, Vienna 1996: 95-101. Dewards H G M, Farweel D W, J enkins R, et al. *Vibrational Raman spectroscopic studies of calcium oxalate monohydrate and dehydrate in lichen encrustation on Renaissance f rescoes* [J]. Jourmal of Raman Spectroscopy, 1992, 27:185-189.

[11] Heuer A H, Fink D J, Laraia V J, et al. *Innovative materials processing strategies: a biomimetic approach*[J]. Science, 1991, 255（50 48）:1098-1105.

[12] 许淳淳等《添加TiO₂SiO₂纳米粉体对石质文物防护剂改性的研究》，《腐蚀科学与防护技术》 2003年第15卷第6期。

[13] 杨璐等《文物保护用丙烯酸树脂Paraloid-B72的光稳定性能研究》，《文物保护与考古科学》2007年第19卷第3期。

[14] Lazzari M, Chiantore O. Thermal-ageing of paraloid acrylic protective polymers [J]. Polymer, 2000, 41（17）:6447-6454.

[15] Bhargav J S, Mishra R C. *Environ mental deterioration of stone monuments of Bhuhaneswar, the temple city Of India*[J].Stud Conserv, 1999, 44: l-11.

[16] Oliver A. *fort Selden adobe test wall project-phase I* [Z]. Radium springs, 2000.

[17] 郭广生等《有机硅加固材料的合成及应用》，《北京化工大学学报》2000年第27卷第1期；聂王焰、周艺峰《石刻保护有机硅涂料的研究》，《涂料工业》2005年第35卷第8期；谢振斌《甲基三甲氧基硅烷对砂岩石刻封护性能的实验室研究》，《文物保护与考古科学》2008年第20卷第4期；廖原等《XD—9露天石质文物保护剂》，《西北大学学报（自然科学版）》2007年第37卷第3期；甄广全《WD—10在石质文物表面封护中的应用》，《化工新型材料》200l年第29卷第9期。.

[18] 和玲等《有机氟聚合物加固保护砂岩文物的可行性》，《材料导报》2003年第17卷第2期。

[19] 邵高峰、许淳淳《环保型石质文物防风化剂的研制》，《腐蚀与防护》2007年第28卷第11期。

[20] Volpe C D Toniolo L, Bruqnare M et al. *Partially fluorinated acrylic copolymers for stone protection: characterization and surface properties* [J]. Mat Res Soc Symp Proc, 2002, 712: 91-95.

[21] 黄继忠《云冈石窟的科学保护与管理》，《文物世界》2003年第3期；水电部成勘院科学研究所等《大足石刻北山136号窟加固前后声波检测报告》，1983年。

[22] 张秉坚等《化学保护的副作用及其对策的探索性研究》，《文物保护与考古科学》2008年第21卷第1期。

[23] 田鹏刚等《西岳庙"少昊之都"石牌楼加固与修复工程》，《工业建筑》2006年第36卷第1期。

[24] 田鹏刚等《乌杨汉阙加固与修复工程》，《西安建筑科技大学学报（自然科学版）》2005年第37卷第4期。

[25] 秦立科《红石崖摩崖石刻保护及加固研究》，西安建筑科技大学土木工程学院，2007年。

[26] 张秉坚、铁景沪《大型石质文物表面清洗技术的现状和发展趋势》，《石材》2007年第1期。

[27] 施铁樱、张秉坚《石材与石质文物表面化学清洗效果的检测与评估》，《文博》2011年第5期；张秉坚、尹海燕《石质文物的清洗技术和清洗效果检测》，《石材》2000年第7期。

[28] 石美凤等《石质文物保护中的化学清洗技术》，《文物保护与考古科学》2011年第23卷第1期。

[29] 刘仁植等《不可移动石质文物化学清洗的操作工艺》，《文物保护与考古科学》2012年第24卷第4期。

[30] 刘菊、张秉坚《地衣对石材的破坏与激光清除技术》，《石材》2002年第6期。

[31] 赵林娟等《蒸汽清洗在石质文物清洗上的研究现状》，《文博》2011年第6期。

[32] 曾中懋《石质文物上油烟污物清洗材料的研究》，《文物保护与考古科学》2000年第12卷第1期。

[33] 张国勇等《浅析石质文物微生物病害的清洗》，《邢台学院学报》2013年第28卷第1期。

[34] 周伟强等《广西花山岩画表面污染物去除研究》，《中原文物》2013年第2期。

[35] 同[27]。

[36] 张志国等《超声波无损探伤检测在现代出土石质文物保护中的应用》，《地质力学学报》2005年第2卷第3期。

[37] 姚远《超声波法在检测石质文物病害方面的试验研究》，中国地质大学（北京）地球科学与资源学院，2011年。

[38] 刘成禹、何满潮《石质构件风化层内力学性能变化规律研究》，《工程地质学报》2007年第15卷第2期。

[39] 杨进《地球物理方法在云冈石窟表层裂隙检测中的应用研究》，中国地质大学（北京）地球科学与资源学院，2012年。

[40] 李子梅《基于近景摄影测量的石质文物裂隙识别定位的研究》，中国地质大学（北京）地球科学与资源学院，2012年。

[41] 杨志法等《基于风化剥落深度的衢州古城墙小西门岩石砌块和蛎灰勾缝条长期抗风化能力研究》，《工程地质学报》2013年第21卷第1期。

[42] 吴育华、刘善军《岩画渗水病害的红外热成像检测研究》，《工程勘察》2010年第5期。

[43] 于淼等《石质文物微生物检测技术的研究进展》，《微生物学报》2011年第51卷第11期。

[44] 牟会宠等《石质文物保护的工程地质力学研究》，地震出版社，2000年。

[45] 中国文化遗产研究院编《中国文物保护与修复技术》，第175～189页，科学出版社，2009年。

[46] 中国文物保护技术协会《文物保护技术（1981-1991）》，第214～287页，科学出版社，2010年。

[47] 电力工业部华东勘测设计院科学研究所《化学灌浆技术》，第197～210页，水利电力出版社，1984年。

[48] 中国文物保护技术协会《亚洲地区文物保护技术讨论会论文集》，第168～179页，文物出版社，1989年。

[49] 李显文《四川大足宝顶山摩崖造像区的古代排水工程初探》，《考古与文物》1984年第4期；王金华《重庆大足卧佛渗水病害的治理》，《文物保护与考古科学》1999年第11卷第1期。

[50] 同[46]。

[51] 张秉坚《不可移动文物保护材料研究中的问题和发展趋势》，《文物保护与考古科学》2010年第22卷第4期；张秉坚《化学保护的副作用及其对策的探索性研究》，《文物保护与考古科学》2009年第21卷第1期。

[52] 王金华《用于石刻艺术保护的化学合成物的现状》，《文物保护与考古科学》2001年第13卷第2期。

[53] 傅亦民等《宁波东钱湖石刻群微生物病害研究》，《文物保护与考古科学》2009年第21卷第4期。

[54] 同[44]。

第七章　附　件

7.1　岩样薄片图像

图7-1　样号：1号样薄片　正交偏光
细粒砂状结构
1.石英　　　　　2.斜长石
3.钾长石　　　　4.方解石

图7-2　2号样薄片　正交偏光
细粒砂状结构
1.石英　　　　　2.斜长石
3.黏土矿物　　　4.方解石

图7-3　3号样薄片　正交偏光
细粒砂状结构
与图片4同一位置
1.石英　　　　　2.斜长石
3.黏土矿物　　　4.方解石

图7-4　4号样薄片　正交偏光
细粒砂状结构
1.石英　　　2.斜长石　　　3.钾长石
4.方解石　　5.白云母

图7-5　5号样薄片　正交偏光
细粒砂状结构
1.石英　　　　2.斜长石
3.钾长石　　　4.方解石

图7-6　6号样薄片　正交偏光
细粒砂状结构
1.石英　　　　2.斜长石　　　3.钾长石
4.黏土矿物+绢云母（少）
5.黑云母　　　6.白云母

图7-7　7号样薄片　正交偏光
细粒砂状结构
1.石英　　2.斜长石　　3.钾长石
4.方解石　5.黏土

图7-8　8号样薄片　正交偏光
中细粒砂状结构
1.石英　　2.斜长石　　3.钾长石
4.方解石　5.黏土

图7-9　9号样薄片　正交偏光
中细粒砂状结构
1.石英　　　2.斜长石　　3.钾长石
4.方解石　　5.黏土

图7-10　10号样薄片　正交偏光
细粒砂状结构
1.石英　　　2.斜长石　　　3.岩屑
4.方解石　　5.黏土　　　6.铁质物

图7-11 11号样薄片 正交偏光
细粒砂状结构
1.石英 2.斜长石 3.岩屑
4.黏土 5.铁质物

图7-12 12号样薄片 正交偏光
细粒砂状结构
1.石英 2.钾长石
3.黏土

图7-13 13号样薄片 正交偏光
细~中粒砂状结构
1.石英
2.长石
3.黏土杂基
4.铁质胶结物

图7-14 14号样薄片 正交偏光
细粒砂状结构
1.石英
2.长石
3.方解石胶结物
4.黏土杂基

图7-15 15号样薄片 正交偏光
细粒砂状结构
1.石英 2.钾长石
3.斜长石（见聚片双晶） 4.方解石（胶结物）
5.黏土矿物（泥质杂基）

7.2 酸雾实验后实验样与空白样对比照片

图7-16 1号样块酸雾实验前后对比

图7-17 2号样块酸雾实验前后对比

图7-18 3号样块酸雾实验前后对比

图7-19　4号样块酸雾实验前后对比

图7-20　5号样块酸雾实验前后对比

图7-21　6号样块酸雾实验前后对比

图7-22　7号样块酸雾实验前后对比

图7-23　8号样块酸雾实验前后对比

图7-24　9号样块酸雾实验前后对比

图7-25　10号样块酸雾实验前后对比

图7-26　11号样块酸雾实验前后对比

图7-27　13号样块酸雾实验前后对比

图7-28　14号样块酸雾实验前后对比

图7-29　15号样块酸雾实验前后对比

7.3 崖墓石样冻融实验数据测试成果及对比照片

表7-1　前20次数据

样品编号	初始重量/g	第4次重量/g	重量变化%	第8次重量/g	重量变化%	第12次重量/g	重量变化%	第16次重量/g	重量变化%	第20次重量/g	重量变化%
1号-1	130.648	129.948	-0.54%	128.245	-1.84%	127.405	-2.48%	126.935	-2.84%	126.421	-3.24%
1号-2	157.757	157.557	-0.13%	157.312	-0.28%	157.195	-0.36%	156.580	-0.75%	156.306	-0.92%
2号-1	121.651	121.266	-0.32%	120.702	-0.78%	118.912	-2.25%	115.499	-5.06%	113.089	-7.04%
2号-2	147.240	146.785	-0.31%	146.352	-0.60%	145.175	-1.40%	143.965	-2.22%	141.234	-4.08%
3号-1	139.535	139.485	-0.04%	139.256	-0.20%	139.278	-0.18%	139.042	-0.35%	139.009	-0.38%
3号-2	133.175	133.104	-0.05%	132.940	-0.18%	132.927	-0.19%	132.702	-0.36%	132.593	-0.44%
4号-1	158.033	157.876	-0.10%	157.654	-0.24%	157.662	-0.24%	157.270	-0.48%	157.284	-0.47%
4号-2	154.958	154.757	-0.13%	154.623	-0.22%	154.673	-0.18%	154.285	-0.43%	154.186	-0.50%
5号-1	161.394	161.378	-0.01%	161.319	-0.05%	161.502	0.07%	161.035	-0.22%	161.180	-0.13%
5号-2	140.906	140.732	-0.12%	140.604	-0.21%	140.552	-0.25%	140.251	-0.47%	140.141	-0.54%
6号-1	138.945	139.070	0.09%	138.696	-0.18%	138.628	-0.23%	138.097	-0.61%	137.837	-0.80%
6号-2	122.648	122.750	0.08%	122.146	-0.41%	121.719	-0.76%	121.320	-1.08%	120.818	-1.49%
7号-1	146.921	146.494	-0.29%	145.860	-0.72%	145.102	-1.24%	144.357	-1.75%	140.774	-4.18%
7号-2	151.034	150.751	-0.19%	150.089	-0.63%	148.767	-1.50%	147.159	-2.57%	143.269	-5.14%
8号-1	152.661	152.485	-0.12%	152.259	-0.26%	152.007	-0.43%	151.388	-0.83%	151.118	-1.01%
8号-2	145.943	145.851	-0.06%	145.918	-0.02%	145.874	-0.05%	145.581	-0.25%	145.625	-0.22%
9号-1	144.028	143.922	-0.07%	143.73	-0.21%	143.674	-0.25%	143.47	-0.25%	143.301	-0.50%

续表7-1

样品编号	初始重量/g	第4次重量/g	重量变化%	第8次重量/g	重量变化%	第12次重量/g	重量变化%	第16次重量/g	重量变化%	第20次重量/g	重量变化%
9号-2	161.081	161.023	-0.04%	160.887	-0.12%	160.896	-0.11%	160.706	-0.23%	160.645	-0.27%
10号-1	154.343	154.315	-0.02%	154.107	-0.15%	153.46	-0.57%	152.420	-1.25%	151.721	-1.70%
10号-2	145.983	145.965	-0.01%	145.617	-0.25%	145.019	-0.66%	144.25	-1.19%	143.843	-1.47%
11号-1	148.076	147.482	-0.40%	146.588	-1.00%	145.242	-1.91%	142.926	-3.48%		
11号-2	139.639	138.561	-0.77%	135.452	-3.00%	133.815	-4.17%	132.490	-5.12%		
13号-1	160.989	159.365	-1.01%	156.217	-2.96%	144.040	-10.53%				
13号-2	112.661	111.477	-1.05%	109.277	-3.00%	95.751	-15.01%				
14号-1	150.747	150.829	0.05%	150.794	0.03%	150.823	0.05%	150.636	-0.07%	150.693	-0.04%
14号-2	174.985	175.115	0.07%	175.100	0.07%	175.196	0.12%	174.887	-0.06%	174.96	-0.01%
15号-1	193.647	193.751	0.05%	193.841	0.10%	193.818	0.09%	193.497	-0.08%	193.602	-0.02%
15号-2	170.794	170.246	-0.32%	170.306	-0.29%	170.283	-0.30%	170.047	-0.44%	170.122	-0.39%

表7-2 前20次数据

样品编号	第24次 重量/g	重量变化%	第28次 重量/g	重量变化%	第32次 重量/g	重量变化%	第36次 重量/g	重量变化%	第40次 重量/g	重量变化%
1号-1	125.962	-3.59%								
1号-2	155.975	-1.13%								
3号-1	138.938	-0.43%	138.841	-0.50%	138.725	-0.58%	138.705	-0.59%		
3号-2	132.541	-0.48%	132.444	-0.55%	132.301	-0.66%	132.210	-0.72%		
4号-1	157.24	-0.50%	157.004	-0.65%						
4号-2	154.115	-0.54%	153.882	-0.69%						
5号-1	161.124	-0.17%	160.975	-0.26%	161.000	-0.24%	161.116	-0.17%	161.008	-0.24%
5号-2	139.960	-0.67%	139.77	-0.81%	139.617	-0.92%	139.522	-0.98%	139.298	-1.14%
8号-1	150.648	-1.32%	149.899	-1.81%	148.678	-2.61%	147.273	-3.53%		
8号-2	145.586	-0.24%	145.462	-0.33%	145.367	-0.40%	145.348	-0.41%		
9号-1	143.113	-0.63%	142.985	-0.72%	142.814	-0.84%	142.618	-0.98%	142.442	-1.10%
9号-2	160.539	-0.34%	160.501	-0.36%	160.407	-0.42%	160.292	-0.49%	160.251	-0.52%
14号-1	150.726	-0.01%	150.635	-0.07%	150.658	-0.06%	150.650	-0.06%	150.692	-0.04%
14号-2	175.035	0.03%	174.861	-0.07%	174.925	-0.03%	174.990	-0.03%	174.990	0.00%
15号-1	193.680	0.02%	193.398	-0.13%	193.499	-0.08%	193.609	-0.02%	193.611	-0.02%
15号-2	170.179	-0.36%	169.991	-0.47%	170.046	-0.44%	170.144	-0.38%	170.154	-0.38%

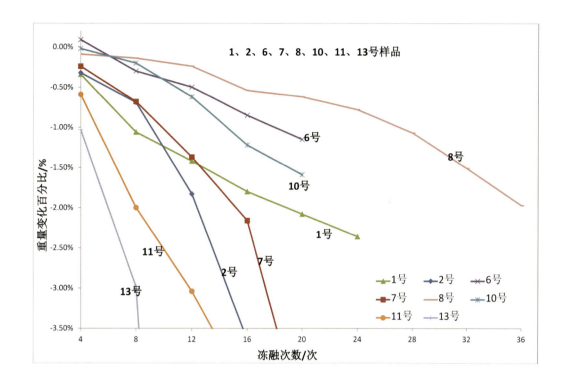

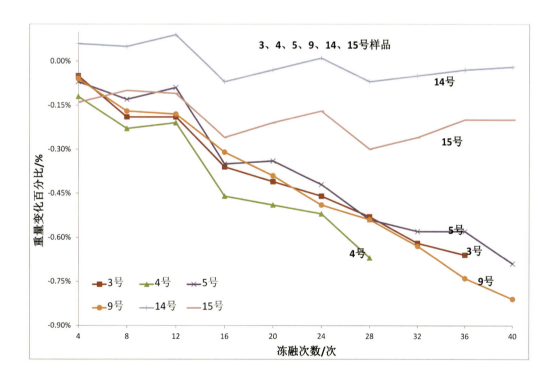

图7-30　岩样冻融重量变化图

图7-31　1号样块冻融实验前后对比

图7-32　2号样块冻融实验前后对比

图7-33　3号样块冻融实验前后对比

图7-34 4号样块冻融实验前后对比

图7-35 5号样块冻融实验前后对比

图7-36 6号样块冻融实验前后对比

图7-37　7号样块冻融实验前后对比

图7-38　8号样块冻融实验前后对比

图7-39　9号样块冻融实验前后对比

图7-40 10号样块冻融实验前后对比

图7-41 11号样块冻融实验前后对比

图7-42 13号样块冻融实验前后对比

图7-43 14号样块冻融实验前后对比

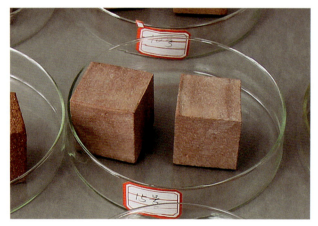

图7-44 45号样块冻融实验前后对比

7.4 耐盐实验过程中岩样重量变化及实验前后岩样表面形貌变化对比照片

表7-3 前20次数据

样品编号	原始重量/g	第1次/g	重量变化/%	第2次/g	重量变化/%	第3次/g	重量变化/%	第4次/g	重量变化/%	第5次/g	重量变化/%	第6次/g	重量变化/%	第7次/g	重量变化/%
样1-1	161.029	161.548	0.32%	162.795	1.10%	163.601	1.60%	163.928	1.80%	164.875	2.39%	165.031	2.48%	165.742	2.93%
样1-2	183.429	184.097	0.36%	185.328	1.04%	186.712	1.79%	187.276	2.10%	188.605	2.82%	189.090	3.09%	189.516	3.32%
样1-3	168.604	170.206	0.95%	171.619	1.79%	172.891	2.54%	173.716	3.03%	172.949	2.58%	172.761	2.47%	165.383	-1.91%
样1-空白	165.265	165.082	-0.11%	165.023	-0.15%	165.147	-0.07%	164.962	-0.18%	165.06	-0.12%	164.973	-0.18%		
样2-1	189.731	191.531	0.95%	193.750	2.12%	195.489	3.04%	196.623	3.63%	196.338	3.48%				
样2-2	171.354	173.116	1.03%	175.179	2.23%	176.745	3.15%	177.661	3.68%	178.180	3.98%				
样2-3	152.693	154.123	0.94%	155.842	2.06%	157.337	3.04%	157.968	3.45%	157.060	2.86%				
样2-空白	149.313	149.126	-0.13%	149.135	-0.12%	149.042	-0.18%	149.002	-0.21%	149.062	-0.17%				
样3-1	143.814	145.008	0.83%	146.278	1.71%	147.518	2.58%	148.429	3.21%	149.570	4.00%	150.678	4.77%	146.829	2.10%
样3-2	129.566	130.644	0.83%	131.871	1.78%	132.952	2.61%	133.735	3.22%	134.691	3.96%	135.562	4.63%	135.789	4.80%
样3-3	133.431	134.506	0.81%	135.603	1.63%	136.710	2.46%	137.524	3.07%	138.470	3.78%	139.549	4.59%	140.104	5.00%
样3-空白	136.909	136.852	-0.04%	136.792	-0.09%	136.758	-0.11%	136.761	-0.11%	136.800	-0.08%	136.738	-0.13%	136.702	-0.15%

续表7-3

样品编号	原始重量/g	第1次/g	重量变化/%	第2次/g	重量变化/%	第3次/g	重量变化/%	第4次/g	重量变化/%	第5次/g	重量变化/%	第6次/g	重量变化/%	第7次/g	重量变化/%
样4-1	155.547	156.273	0.47%	157.397	1.19%	158.642	1.99%	159.315	2.42%	160.116	2.94%				
样4-2	145.385	146.257	0.60%	147.430	1.41%	148.561	2.18%	149.428	2.78%	150.184	3.30%				
样4-3	150.401	151.162	0.51%	152.384	1.32%	153.600	2.13%	154.388	2.65%	155.408	3.33%				
样4-空白	153.644	153.477	-0.11%	153.555	-0.06%	153.537	-0.07%	153.521	-0.08%	153.614	-0.02%				
样5-1	169.058	169.616	0.33%	170.730	0.99%	172.085	1.79%	172.828	2.23%	174.877	3.44%	174.214	3.05%	173.716	2.76%
样5-2	157.017	157.642	0.40%	158.439	0.91%	159.325	1.47%	159.969	1.88%	160.729	2.36%	161.040	2.56%	161.509	2.86%
样5-3	158.772	159.393	0.39%	160.293	0.96%	161.239	1.55%	161.921	1.98%	163.212	2.80%	163.166	2.77%	163.452	2.95%
样5-空白	170.894	170.722	-0.10%	170.796	-0.06%	170.762	-0.08%	170.693	-0.07%	170.781	-0.12%	170.700	-0.07%	170.707	-0.11%
样6-1	153.634	154.202	0.37%	155.681	1.33%	157.551	2.55%	158.574	3.22%	160.338	4.36%				
样6-2	130.707	131.461	0.58%	132.834	1.63%	134.535	2.93%	135.477	3.65%	135.744	3.85%				
样6-3	146.876	147.534	0.45%	148.955	1.42%	150.749	2.64%	151.73	3.30%	153.023	4.19%				

续表7-3

样品编号	原始重量/g	第1次/g	重量变化/%	第2次/g	重量变化/%	第3次/g	重量变化/%	第4次/g	重量变化/%	第5次/g	重量变化/%	第6次/g	重量变化/%	第7次/g	重量变化/%
样6-空白	133.983	133.719	-0.20%	133.801	-0.14%	133.811	-0.13%	133.744	-0.18%	133.701	-0.21%				
样7-1	149.06	150.755	1.14%	152.461	2.28%	153.922	3.26%	154.925	3.93%	151.040	1.33%				
样7-2	137.365	138.774	1.03%	140.068	1.97%	141.162	2.76%	141.869	3.28%	141.652	3.12%				
样7-3	159.824	161.462	1.02%	163.113	2.06%	164.615	3.00%	165.617	3.62%	166.977	4.48%				
样7-空白	145.552	145.371	-0.12%	145.289	-0.18%	145.408	-0.10%	145.271	-0.19%	145.355	-0.14%				
样8-1	147.551	148.574	0.69%	149.915	1.60%	150.957	2.31%	151.514	2.69%	152.309	3.22%	151.743	2.84%	151.859	2.92%
样8-2	162.426	163.128	0.43%	164.256	1.13%	165.112	1.65%	165.808	2.08%	166.72	2.64%	166.937	2.78%	167.552	3.16%
样8-3	156.855	157.514	0.42%	158.577	1.10%	159.395	1.62%	160.04	2.03%	160.890	2.57%	161.309	2.84%	161.919	3.23%
样8-空白	148.218	148.040	-0.12%	148.027	-0.13%	148.106	-0.08%	148.010	-0.14%	148.100	-0.08%	148.026	-0.13%	148.012	-0.14%
样9-1	141.496	142.533	0.73%	143.530	1.44%	143	1.06%	144.711	2.27%	145.489	2.82%	145.819	3.06%	144.615	2.20%
样9-2	179.410	180.364	0.53%	181.360	1.09%	182	2%	182.722	1.85%	183.573	2.32%	184.004	2.56%	184.702	2.95%

续表7-3

样品编号	原始重量/g	第1次/g	重量变化/%	第2次/g	重量变化/%	第3次/g	重量变化/%	第4次/g	重量变化/%	第5次/g	重量变化/%	第6次/g	重量变化/%	第7次/g	重量变化/%
样9-3	162.579	163.643	0.65%	164.693	1.30%	165.3	1.67%	166.046	2.13%	166.986	2.71%	167.222	2.86%	167.742	3.18%
样9-空白	170.919	170.832	-0.05%	170.859	-0.04%	170.898	-0.01%	170.770	-0.09%	170.791	-0.08%	170.149	-0.45%	170.770	-0.09%
样10-1	149.107	149.372	0.18%	150.512	0.94%	151.384	1.53%	152.348	2.17%	153.368	2.86%	153.325	2.83%	154.147	3.38%
样10-2	160.018	160.135	0.07%	161.083	0.67%	161.850	1.14%	162.741	1.70%	163.848	2.39%	164.291	2.67%	164.862	3.03%
样10-3	164.016	164.160	0.09%	165.108	0.67%	165.914	1.16%	166.981	1.81%	167.940	2.39%	168.304	2.61%	169.104	3.10%
样10-空白	159.964	159.450	-0.32%	159.502	-0.29%	159.492	-0.30%	159.376	-0.37%	159.53	-0.27%	159.481	-0.30%	159.500	-0.29%
样11-1	139.887	140.916	0.74%	141.963	1.48%	142.644	1.97%	141.007	0.80%			140.952	0.76%		
样11-2	142.837	143.981	0.80%	145.111	1.59%	145.747	2.04%	143.133	0.21%	143.060	0.16%				
样11-3	162.339	163.474	0.70%	164.766	1.50%	165.751	2.10%	163.860	0.94%	163.171	0.51%				
样11-空白	139.089	138.912	-0.13%	138.954	-0.10%	138.974	-0.08%	138.803	-0.21%	138.823	-0.19%				
样13-1	162.903	165.086	1.34%	166.931	2.47%	168.108	3.20%	168.092	3.19%	166.578	2.26%				

续表7-3

样品编号	原始重量/g	第1次/g	重量变化/%	第2次/g	重量变化/%	第3次/g	重量变化/%	第4次/g	重量变化/%	第5次/g	重量变化/%	第6次/g	重量变化/%	第7次/g	重量变化/%
样13-2	109.591	111.132	1.41%	112.408	2.57%	113.125	3.22%	113.254	3.34%	113.677	3.73%				
样13-3	158.268	160.330	1.30%	162.229	2.50%	163.436	3.27%	163.802	3.50%	163.216	3.13%				
样13-空白	165.780	165.558	-0.13%	165.410	-0.22%	165.251	-0.32%	164.982	-0.48%	164.702	-0.65%				
样14-1	154.718	155.411	0.45%	156.322	1.04%	157.206	1.61%	157.577	1.85%	158.463	2.42%	158.708	2.58%	159.142	2.86%
样14-2	162.282	162.818	0.33%	163.391	0.68%	163.918	1.01%	164.228	1.20%	164.738	1.51%	164.831	1.57%	164.949	1.64%
样14-3	173.075	173.715	0.37%	174.455	0.80%	175.192	1.22%	175.550	1.43%	176.089	1.74%	176.390	1.92%	177.109	2.33%
样14-空白	156.859	156.683	-0.11%	156.736	-0.08%	156.736	-0.08%	156.647	-0.14%	156.766	-0.06%	156.698	-0.10%	156.689	-0.11%
样15-1	181.048	181.343	0.16%	181.918	0.48%	182.159	0.61%	181.617	0.31%	182.851	1.00%	183.231	1.21%	183.398	1.30%
样15-2	194.578	194.841	0.14%	195.429	0.44%	195.702	0.58%	196.174	0.82%	196.410	0.94%	196.909	1.20%	197.080	1.29%
样15-3	178.911	179.149	0.13%	179.655	0.42%	180.015	0.62%	180.552	0.92%	180.757	1.03%	181.179	1.27%	181.298	1.33%
样15-空白	169.720	169.557	-0.10%	169.567	-0.09%	169.559	-0.09%	169.509	-0.12%	169.600	-0.07%	169.555	-0.10%	169.558	-0.10%

表7-4　前20次数据

样品编号	第8次/g	重量变化/%	第9次/g	重量变化/%	第10次/g	重量变化/%	第11次/g	重量变化/%	第12次/g	重量变化/%	第13次/g	重量变化/%	第14次/g	重量变化/%	第15次/g	总量变化/%
样5-1	175.010	3.52%	174.366	3.14%	175.578	3.86%	175.054	3.55%	175.041	3.54%	175.391	3.75%	176.194	4.22%	175.950	4.08%
样5-2	162.425	3.44%	162.29	3.36%	163.186	3.93%	163.269	3.98%	163.593	4.19%	164.097	4.51%	164.619	4.84%	164.761	4.93%
样5-3	164.255	3.45%	164.292	3.48%	165.470	4.22%	164.969	3.90%	165.285	4.10%	165.685	4.35%	166.050	4.58%	166.137	4.64%
样5空白	170.705	-0.11%	170.749	-0.08%	170.905	0.01%	170.921	0.02%	170.915	0.01%	170.876	-0.01%	170.902	0.00%	170.875	-0.01%
样14-1	159.201	2.90%	158.517	2.46%	159	2.77%	159.758	3.26%	159.663	3.20%	159.774	3.27%	159.291	2.96%	158.849	2.67%
样14-2	164.970	1.66%	165.413	1.93%	165.450	1.95%	165.776	2.15%	165.504	1.99%	165.756	1.99%	165.509	1.99%	165.003	1.68%
样14-3	177.038	2.29%	176.902	2.21%	177.627	2.63%	177.918	2.80%	178.043	2.87%	177.411	2.51%	177.463	2.54%	177.081	2.32%
样14-空白	156.690	-0.11%	156.953	0.06%	156.849	-0.01%	157.138	0.18%	157.113	0.16%	157.082	0.16%	157.118	0.14%	157.037	0.11%
样15-1	184.029	1.65%	184.265	1.78%	184.498	1.91%	184.633	1.98%	184.293	1.79%						
样15-2	197.427	1.46%	197.880	1.70%	198.163	1.84%	198.466	2.00%	198.273	1.90%						
样15-3	181.675	1.54%	181.966	1.71%	182.131	1.80%	182.417	1.96%	182.344	1.92%						
样15-空白	169.659	-0.04%	169.709	-0.01%	170.027	0.18%	170.014	0.17%	169.868	0.09%						

图7-45 1号样块耐盐实验前后对比

图7-46 2号样块耐盐实验前后对比

图7-47 3号样块耐盐实验前后对比

图7-48　4号样块耐盐实验前后对比

图7-49　5号样块耐盐实验前后对比

图7-50　6号样块耐盐实验前后对比

图7-51 7号样块耐盐实验前后对比

图7-52 8号样块耐盐实验前后对比

图7-53 9号样块耐盐实验前后对比

图7-54　10号样块耐盐实验前后对比

图7-55　11号样块耐盐实验前后对比

图7-56　13号样块耐盐实验前后对比

图7-57 14号样块耐盐实验前后对比

图7-58 15号样块耐盐实验前后对比

7.5 崖墓石样温湿度变化实验数据测试成果

表7-5 前20次数据

编号	原始重量	第一次称重	重量减少量	第二次称重	重量减少量	第三次称重	重量减少量	第四次称重	重量减少量	第五次称重	重量减少量	第六次称重	重量减少量	第七次称重	重量减少量
1号-1	175.66	175.64	-0.01%	175.83	0.10%	176.01	0.20%	175.8	0.08%	175.73	0.04%	175.68	0.01%	175.61	-0.03%
1号-2	146.1	146.1	0.00%	146.23	0.09%	146.36	0.17%	146.22	0.08%	146.17	0.05%	146.14	0.03%	146.08	-0.01%
1号-3	159.47	162.19	1.71%	161.91	1.53%	162.05	1.62%	161.23	1.10%	161.07	1.01%	160.35	0.55%	160.41	0.59%
1号-4	192.24	195.76	1.83%	195.37	1.63%	195.54	1.72%	194.65	1.26%	194.46	1.15%	193.63	0.72%	193.69	0.75%
2号-1	166.66	166.54	-0.07%	166.57	-0.05%	166.92	0.15%	166.66	0.00%	166.57	-0.05%	166.52	-0.09%	166.45	-0.13%
2号-2	198.6	198.38	-0.11%	198.47	-0.07%	198.79	0.09%	198.56	-0.02%	198.45	-0.08%	198.37	-0.11%	198.3	-0.15%
2号-3	154.54	158.28	2.42%	157.3	1.79%	157.7	2.04%	156.74	1.43%	156.59	1.33%	155.65	0.72%	155.68	0.74%
2号-4	160.52	164.51	2.48%	163.45	1.83%	163.91	2.11%	162.82	1.43%	162.63	1.32%	161.69	0.73%	161.77	0.78%
3号-1	186.5	186.24	-0.14%	186.56	0.03%	186.83	0.17%	186.59	0.05%	186.47	-0.02%	186.41	-0.05%	186.48	-0.01%
3号-2	131.96	131.88	-0.06%	131.93	-0.02%	132.15	0.15%	131.98	0.01%	131.92	-0.03%	131.94	-0.02%	131.93	-0.02%
3号-3	211.22	215.61	2.08%	215.16	1.87%	215.11	1.84%	213.96	1.30%	213.7	1.18%	212.82	0.76%	213.19	0.93%
3号-4	126.61	128.94	1.84%	128.81	1.74%	128.88	1.79%	128.08	1.16%	127.96	1.06%	127.48	0.68%	127.65	0.82%
4号-1	178.03	177.93	-0.06%	178.04	0.01%	178.28	0.14%	178.1	0.04%	178.06	0.02%	177.93	-0.06%	177.93	-0.06%
4号-2	180.95	180.92	-0.01%	180.96	0.01%	181.14	0.11%	181.06	0.06%	180.97	0.01%	180.91	-0.02%	180.92	-0.01%

续表7-5

编号	原始重量	第一次称重	重量减少量	第二次称重	重量减少量	第三次称重	重量减少量	第四次称重	重量减少量	第五次称重	重量减少量	第六次称重	重量减少量	第七次称重	重量减少量
4号-3	196.65	199.79	1.60%	199.08	1.24%	199.4	1.40%	198.58	0.98%	198.57	0.98%	197.62	0.49%	197.78	0.57%
4号-4	152.69	155.75	2.00%	154.7	1.31%	154.85	1.42%	154.17	0.97%	154.1	0.92%	153.27	0.38%	153.42	0.48%
5号-1	182.21	181.68	-0.29%	181.99	-0.12%	182.24	0.01%	182.09	-0.07%	181.99	-0.12%	181.86	-0.19%	181.95	-0.14%
5号-2	210.92	210.33	-0.28%	210.73	-0.09%	210.96	0.02%	210.77	-0.07%	210.68	-0.12%	210.54	-0.18%	210.61	-0.15%
5号-3	218.11	220.63	1.15%	220.17	0.95%	220.46	1.08%	219.91	0.82%	219.79	0.77%	219.07	0.44%	219.26	0.53%
5号-4	211.72	213.91	1.04%	213.53	0.85%	213.78	0.97%	213.27	0.73%	213.16	0.68%	212.5	0.37%	212.67	0.45%
6号-1	154.23	153.71	-0.34%	154.06	-0.11%	154.35	0.08%	154.19	-0.02%	154.06	-0.11%	153.98	-0.16%	154	-0.15%
6号-2	134.52	134.03	-0.36%	134.34	-0.14%	134.58	0.05%	134.43	-0.07%	134.36	-0.12%	134.27	-0.19%	134.31	-0.16%
6号-3	163.44	164.84	0.86%	164.72	0.79%	165.01	0.96%	164.71	0.78%	164.59	0.70%	164.25	0.50%	164.31	0.53%
6号-4	164.17	167.05	1.76%	166.01	1.12%	166.39	1.35%	165.6	0.87%	165.47	0.79%	164.51	0.21%	164.7	0.32%
7号-1	143.52	143.47	-0.03%	143.44	-0.05%	143.67	0.11%	143.59	0.05%	143.45	-0.05%	143.47	-0.03%	143.42	-0.07%
7号-2	143.88	143.76	-0.08%	143.71	-0.12%	143.94	0.04%	143.85	-0.02%	143.72	-0.11%	143.74	-0.10%	143.7	-0.12%
7号-3	162.08	166.21	2.55%	164.61	1.56%	165.01	1.81%	164.07	1.23%	163.73	1.02%	162.68	0.37%	162.64	0.34%
7号-4	177.45	182.06	2.60%	179.95	1.41%	180.5	1.72%	179.46	1.13%	178.85	0.79%	178.66	0.68%	178.59	0.64%

续表7-5

编号	原始重量	第一次称重	重量减少量	第二次称重	重量减少量	第三次称重	重量减少量	第四次称重	重量减少量	第五次称重	重量减少量	第六次称重	重量减少量	第七次称重	重量减少量
8号-1	218.49	217.93	-0.26%	218.21	-0.13%	218.46	-0.01%	218.27	-0.10%	218.19	-0.14%	217.99	-0.23%	218.13	-0.17%
8号-2	207.96	207.54	-0.20%	207.68	-0.14%	207.97	0.01%	207.77	-0.09%	207.7	-0.13%	207.52	-0.21%	207.65	-0.15%
8号-3	195.86	198.76	1.48%	198.04	1.11%	198.36	1.28%	197.57	0.87%	197.48	0.83%	196.64	0.40%	196.86	0.51%
8号-4	184.42	186.44	1.10%	185.87	0.78%	186.14	0.93%	185.44	0.56%	185.36	0.51%	184.65	0.12%	184.85	0.24%
9号-1	152.2	152.18	-0.01%	152.16	-0.02%	152.32	0.08%	152.19	-0.01%	152.1	-0.06%	152.11	-0.06%	152.09	-0.07%
9号-2	163.02	162.98	-0.02%	162.99	-0.02%	163.19	0.10%	163.08	0.04%	162.92	-0.06%	162.95	-0.04%	162.92	-0.06%
9号-3	181.4	183.72	1.28%	183.27	1.03%	183.54	1.18%	182.93	0.85%	182.72	0.73%	182.18	0.43%	182.25	0.47%
9号-4	170.64	172.95	1.35%	172.55	1.12%	172.82	1.28%	172.23	0.93%	172	0.80%	171.51	0.51%	171.54	0.52%
10号-1	147.16	145.84	-0.89%	146.11	-0.71%	146.3	-0.58%	146.07	-0.74%	146.05	-0.75%	145.94	-0.83%	145.99	-0.79%
10号-2	153.5	153.16	-0.22%	153.3	-0.13%	153.55	0.03%	153.27	-0.15%	153.26	-0.16%	153.18	-0.21%	153.25	-0.16%
10号-3	201.51	203.45	0.96%	203	0.74%	203.31	0.89%	202.51	0.49%	202.42	0.45%	201.88	0.18%	202.03	0.26%
10号-4	198.72	199.38	0.33%	199.42	0.35%	199.68	0.49%	199.14	0.21%	199.09	0.19%	198.77	0.02%	198.89	0.08%
11号-1	166.58	166.41	-0.10%	166.4	-0.11%	166.62	0.02%	166.48	-0.06%	166.38	-0.12%	166.41	-0.10%	166.38	-0.12%
11号-2	127.4	127.36	-0.03%	127.31	-0.07%	127.49	0.07%	127.39	-0.01%	127.31	-0.07%	127.35	-0.04%	127.33	-0.05%

续表7-5

编号	原始重量	第一次称重	重量减少量	第二次称重	重量减少量	第三次称重	重量减少量	第四次称重	重量减少量	第五次称重	重量减少量	第六次称重	重量减少量	第七次称重	重量减少量
11号-3	143.7	145.28	1.10%	144.95	0.87%	145.22	1.06%	144.62	0.64%	144.58	0.61%	144.28	0.40%	144.29	0.41%
11号-4	144.25	145.9	1.14%	145.46	0.84%	145.73	1.03%	145.14	0.62%	145.08	0.58%	144.75	0.35%	144.76	0.35%
13号-1	155.68	155.62	−0.04%	155.54	−0.09%	155.73	0.03%	155.6	−0.05%	155.51	−0.11%	155.51	−0.11%	155.46	−0.14%
13号-2	158.38	158.19	−0.12%	158.11	−0.17%	158.29	−0.05%	158.16	−0.14%	158.04	−0.22%	158.03	−0.22%	157.99	−0.25%
13号-3	151.25	151.38	0.09%	149.34	−1.26%	148.99	−1.49%	147.64	−2.39%	146.59	−3.08%	142.49	−5.79%	141.63	−6.36%
13号-4	159.28	160.2	0.58%	158.33	−0.60%	157.85	−0.90%	156.31	−1.86%	155.06	−2.65%	149.84	−5.93%	149.24	−6.30%
14号-1	179.65	180.15	0.28%	180.1	0.25%	180.3	0.36%	180.21	0.31%	180.07	0.24%	180.05	0.22%	180.14	0.27%
14号-2	211.42	212.07	0.31%	212.14	0.34%	212.41	0.47%	212.27	0.40%	212.11	0.33%	212.09	0.32%	212.18	0.36%
14号-3	196.82	200.27	1.75%	199.87	1.55%	200.17	1.70%	199.73	1.48%	199.59	1.41%	199.28	1.25%	199.35	1.29%
14号-4	202.25	204.09	0.91%	203.9	0.82%	204.15	0.94%	203.86	0.80%	203.71	0.72%	203.49	0.61%	203.62	0.68%
15号-1	207.71	207.95	0.12%	208.07	0.17%	208.38	0.32%	208.16	0.22%	208.01	0.15%	207.89	0.09%	207.97	0.13%
15号-2	218.23	218.87	0.29%	219.01	0.36%	219.34	0.51%	219.11	0.40%	218.97	0.34%	218.83	0.27%	218.91	0.31%
15号-3	180.62	182.04	0.78%	182.05	0.79%	182.28	0.92%	182	0.76%	181.85	0.68%	181.61	0.55%	181.7	0.60%
15号-4	208.85	210.39	0.74%	210.42	0.75%	210.68	0.88%	210.38	0.73%	210.23	0.66%	209.94	0.52%	210.05	0.58%

表7-6 样品第8~15次数据

编号	第八次称重	重量减少量	第九次称重	重量减少量	第十次称重	重量减少量	第十一次称重	重量减少量	第十二次称重	重量减少量	第十三次称重	重量减少量	第十四次称重	重量减少量	第十五次称重	重量减少量
1号-1	175.65	-0.01%	175.2	-0.26%	174.64	-0.58%	174.35	-0.74%	173.8	-1.06%	172.78	-1.64%	171.99	-2.09%	171.3	-2.48%
1号-2	146.11	0.01%	145.75	-0.24%	145.27	-0.57%	145.02	-0.74%	144.21	-1.29%	143.25	-1.95%	142.9	-2.19%	141.78	-2.96%
1号-3	160.73	0.79%	159.8	0.21%	158.73	0.21%	158.28	-0.75%	157.92	-0.98%	157.3	-1.36%	156.71	-1.73%	156.12	-2.10%
1号-4	194.03	0.93%	193.01	0.40%	191.81	0.40%	191.28	-0.50%	190.72	-0.79%	190.49	-0.91%	189.94	-1.20%	189.35	-1.50%
2号-1	166.52	-0.08%	165.91	-0.45%	165.1	-0.45%	164.85	-1.08%	164.7	-1.18%	163.62	-1.82%	162.84	-2.29%	162.15	-2.71%
2号-2	198.38	-0.11%	197.75	-0.43%	196.92	-0.43%	196.64	-0.99%	196.52	-1.05%	195.47	-1.58%	194.69	-1.97%	193.99	-2.32%
2号-3	156.23	1.09%	154.56	0.01%	154.09	0.01%	153.68	-0.55%	152.71	-1.18%	152.39	-1.39%	151.87	-1.73%	151.22	-2.15%
2号-4	162.21	1.05%	160.38	-0.09%	158.82	-0.09%	158.4	-1.32%	158.34	-1.36%	158.27	-1.40%	157.82	-1.68%	157.11	-2.12%
3号-1	186.53	0.02%	186.01	-0.27%	185.44	-0.27%	185.24	-0.67%	184.68	-0.98%	183.56	-1.57%	182.8	-1.98%	182.14	-2.34%
3号-2	131.92	-0.03%	131.59	-0.28%	131.14	-0.28%	131	-0.73%	130.04	-1.45%	129.11	-2.16%	128.31	-2.76%	127.7	-3.23%
3号-3	213.64	1.15%	211.83	0.29%	210.38	0.29%	209.86	-0.65%	209.6	-0.77%	209.83	-0.66%	209.25	-0.93%	208.78	-1.16%
3号-4	127.91	1.02%	126.82	0.17%	125.96	0.17%	125.69	-0.72%	125.32	-1.02%	124.63	-1.56%	123.93	-2.12%	123.42	-2.52%
4号-1	177.96	-0.04%	177.6	-0.24%	176.98	-0.24%	176.69	-0.75%	176.16	-1.05%	174.99	-1.71%	174.24	-2.13%	173.57	-2.51%
4号-2	180.89	-0.03%	180.64	-0.17%	180.2	-0.17%	180	-0.52%	179.06	-1.04%	178.06	-1.60%	177.3	-2.01%	176.62	-2.39%

续表7-6

编号	第八次称重	重量减少量	第九次称重	重量减少量	第十次称重	重量减少量	第十一次称重	重量减少量	第十二次称重	重量减少量	第十三次称重	重量减少量	第十四次称重	重量减少量	第十五次称重	重量减少量
4号-3	198.02	0.70%	196.99	0.18%	195.77	-0.45%	195.3	-0.69%	194.91	-0.89%	194.62	-1.03%	194.29	-1.20%	193.62	-1.54%
4号-4	153.55	0.56%	152.57	-0.08%	151.37	-0.87%	150.83	-1.22%	150.4	-1.50%	150.15	-1.67%	149.62	-2.01%	148.99	-2.42%
5号-1	181.96	-0.14%	181.65	-0.31%	181.19	-0.56%	180.98	-0.68%	180.02	-1.20%	178.98	-1.77%	178.22	-2.19%	177.59	-2.54%
5号-2	210.64	-0.13%	210.28	-0.30%	209.74	-0.56%	209.49	-0.68%	208.74	-1.04%	207.66	-1.55%	206.93	-1.89%	206.27	-2.20%
5号-3	219.32	0.56%	218.56	0.21%	217.63	-0.22%	217.24	-0.40%	217.12	-0.45%	215.75	-1.08%	215.17	-1.35%	214.58	-1.62%
5号-4	212.79	0.50%	212.13	0.19%	211.24	-0.23%	210.88	-0.40%	210.59	-0.53%	209.26	-1.16%	208.67	-1.44%	208.06	-1.73%
6号-1	154.08	-0.09%	153.53	-0.46%	152.61	-1.05%	152.25	-1.28%	152.23	-1.29%	151.07	-2.05%	150.46	-2.44%	149.7	-2.94%
6号-2	134.36	-0.12%	133.9	-0.46%	133.1	-1.05%	132.81	-1.27%	132.46	-1.53%	131.37	-2.34%	130.8	-2.76%	130.02	-3.35%
6号-3	164.51	0.65%	163.81	0.23%	162.93	-0.31%	162.6	-0.52%	162.55	-0.55%	161.19	-1.37%	160.63	-1.72%	159.93	-2.15%
6号-4	165.18	0.62%	163.71	-0.28%	162.2	-1.20%	161.65	-1.53%	161.34	-1.72%	161.27	-1.77%	161.23	-1.79%	160.38	-2.31%
7号-1	143.42	-0.07%	143.12	-0.28%	142.64	-0.61%	142.51	-0.70%	141.56	-1.36%	140.6	-2.03%	139.82	-2.58%	139.15	-3.04%
7号-2	143.68	-0.14%	143.4	-0.34%	142.94	-0.65%	142.81	-0.74%	141.83	-1.42%	140.84	-2.11%	140.08	-2.64%	139.39	-3.12%
7号-3	163.11	0.63%	161.42	-0.41%	160.02	-1.27%	159.56	-1.55%	159.37	-1.67%	159.1	-1.84%	158.54	-2.18%	157.71	-2.70%
7号-4	178.11	0.37%	176.07	-0.78%	174.42	-1.71%	173.75	-2.08%	173.46	-2.25%	173.14	-2.43%	172.74	-2.65%	171.97	-3.09%

续表7-6

编号	第八次称重	重量减少量	第九次称重	重量减少量	第十次称重	重量减少量	第十一次称重	重量减少量	第十二次称重	重量减少量	第十三次称重	重量减少量	第十四次称重	重量减少量	第十五次称重	重量减少量
8号-1	218.17	-0.15%	217.66	-0.38%	216.99	-0.69%	216.71	-0.81%	216.51	-0.91%	215.23	-1.49%	214.65	-1.76%	213.93	-2.09%
8号-2	207.67	-0.14%	207.24	-0.35%	206.5	-0.70%	206.24	-0.83%	205.99	-0.95%	204.74	-1.55%	204.17	-1.82%	203.42	-2.18%
8号-3	197.08	0.62%	196.16	0.15%	194.98	-0.45%	194.55	-0.67%	194.06	-0.92%	193.79	-1.06%	193.31	-1.30%	192.78	-1.57%
8号-4	185.02	0.33%	184.3	-0.07%	183.29	-0.61%	182.94	-0.80%	182.59	-0.99%	181.87	-1.38%	181.39	-1.64%	180.81	-1.96%
9号-1	152.09	-0.07%	151.9	-0.20%	151.38	-0.54%	151.18	-0.67%	150.2	-1.31%	149.22	-1.95%	148.6	-2.36%	147.83	-2.87%
9号-2	162.94	-0.05%	162.71	-0.19%	162.17	-0.52%	161.95	-0.65%	161.11	-1.17%	160.07	-1.81%	159.48	-2.17%	158.67	-2.67%
9号-3	182.59	0.66%	181.62	0.12%	180.51	-0.49%	180.15	-0.69%	179.74	-0.91%	179.21	-1.21%	178.92	-1.37%	178.12	-1.81%
9号-4	171.94	0.76%	170.96	0.19%	169.81	-0.49%	169.46	-0.69%	169.02	-0.95%	168.45	-1.28%	168.16	-1.46%	167.38	-1.91%
10号-1	146.03	-0.77%	145.69	-1.00%	145.06	-1.43%	144.75	-1.64%	144.19	-2.02%	143.08	-2.77%	142.4	-3.24%	141.76	-3.67%
10号-2	153.28	-0.14%	152.93	-0.37%	152.17	-0.87%	151.87	-1.06%	151.45	-1.34%	150.3	-2.09%	149.62	-2.53%	148.94	-2.97%
10号-3	202.25	0.37%	201.25	-0.13%	200.21	-0.64%	199.64	-0.93%	199.29	-1.10%	198.86	-1.32%	197.31	-2.09%	197.72	-1.88%
10号-4	199.04	0.16%	198.3	-0.21%	197.4	-0.66%	196.93	-0.90%	196.72	-1.00%	195.73	-1.50%	195.12	-1.81%	194.52	-2.11%
11号-1	166.33	-0.15%	166.12	-0.28%	165.52	-0.63%	165.17	-0.85%	164.6	-1.19%	163.49	-1.85%	162.76	-2.29%	162.12	-2.68%
11号-2	127.27	-0.10%	127.13	-0.21%	126.68	-0.56%	126.39	-0.80%	125.46	-1.52%	124.45	-2.31%	123.7	-2.90%	123.04	-3.42%

续表7-6

编号	第八次称重	重量减少量	第九次称重	重量减少量	第十次称重	重量减少量	第十一次称重	重量减少量	第十二次称重	重量减少量	第十三次称重	重量减少量	第十四次称重	重量减少量	第十五次称重	重量减少量
11号-3	144.48	0.55%	143.83	0.09%	142.87	-0.58%	142.47	-0.85%	141.97	-1.20%	141.35	-1.64%	140.75	-2.05%	140.12	-2.49%
11号-4	144.94	0.48%	144.22	-0.02%	143.22	-0.71%	142.81	-1.00%	142.47	-1.23%	141.79	-1.70%	141.09	-2.19%	140.57	-2.55%
13号-1	155.47	-0.13%	155.19	-0.31%	154.89	-0.51%	154.68	-0.64%	154.35	-0.85%	152.57	-2.00%	151.89	-2.43%	151.14	-2.92%
13号-2	157.99	-0.25%	157.71	-0.42%	157.39	-0.62%	157.17	-0.76%	156.15	-1.41%	155.01	-2.13%	154.36	-2.54%	152.73	-3.57%
13号-3	139.56	-7.73%	138.46	-8.46%	136.28	-9.90%	134.8	-10.87%	133.91	-11.46%	132.18	-12.61%	130.69	-13.59%	127.61	-15.63%
13号-4	147.49	-7.40%	146.03	-8.32%	142.49	-10.54%	140.04	-12.08%	138.94	-12.77%	138.11	-13.29%	137.47	-13.69%	134.65	-15.46%
14号-1	180.14	0.27%	179.95	0.17%	179.75	0.06%	179.61	-0.02%	178.43	-0.68%	177.26	-1.33%	176.61	-1.69%	176	-2.03%
14号-2	212.19	0.36%	211.93	0.24%	211.59	0.08%	211.33	-0.04%	210.53	-0.42%	209.27	-1.02%	208.66	-1.31%	208.05	-1.59%
14号-3	199.57	1.40%	199.01	1.11%	198.37	0.79%	197.98	0.59%	197.76	0.48%	196.36	-0.23%	195.86	-0.49%	195.28	-0.78%
14号-4	203.73	0.73%	203.39	0.56%	203.04	0.39%	202.65	0.20%	201.85	-0.20%	200.59	-0.82%	199.48	-1.37%	199.46	-1.38%
15号-1	208.12	0.20%	207.86	0.07%	207.51	-0.10%	207.31	-0.19%	207.06	-0.31%	206.81	-0.43%	206.56	-0.55%	206.31	-0.67%
15号-2	219.01	0.36%	218.75	0.24%	218.37	0.06%	218.14	-0.04%	217.42	-0.37%	216.02	-1.01%	215.49	-1.26%	214.83	-1.56%
15号-3	181.86	0.68%	181.55	0.51%	181.15	0.29%	180.92	0.17%	180.04	-0.32%	178.78	-1.02%	178.24	-1.32%	177.62	-1.66%
15号-4	210.26	0.68%	209.89	0.50%	209.43	0.28%	209.15	0.14%	208.43	-0.20%	207.06	-0.86%	206.53	-1.11%	205.93	-1.40%

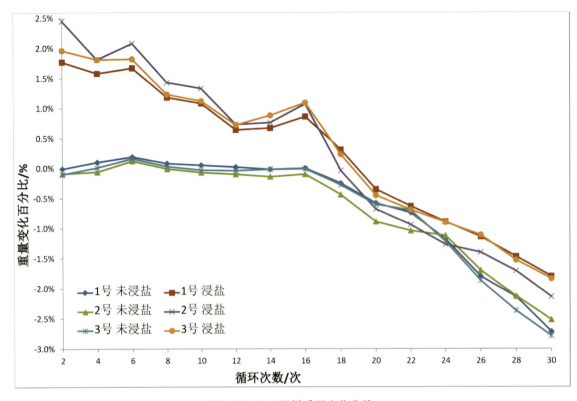

图7-59　1~3号样重量变化曲线

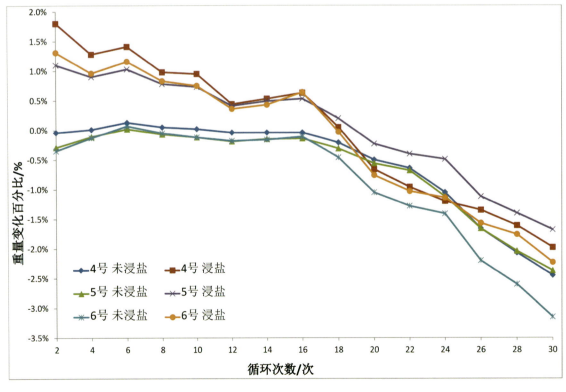

图7-60　4~6号样重量变化曲线

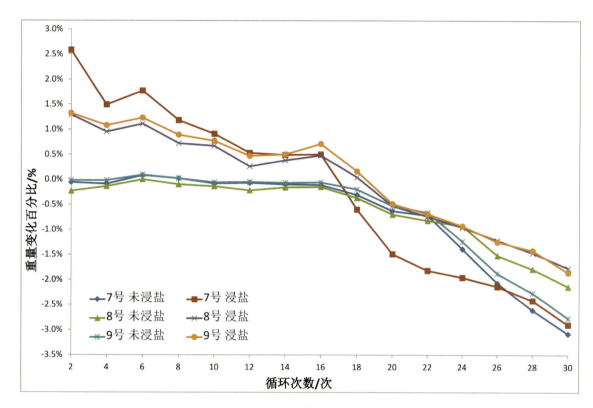

图7-61　7~9号样重量变化曲线

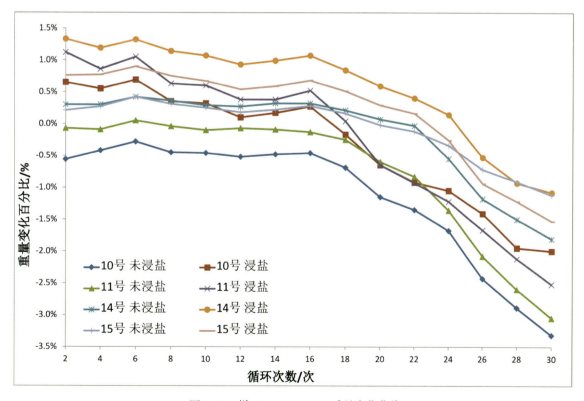

图7-62　样10、11、14、15重量变化曲线

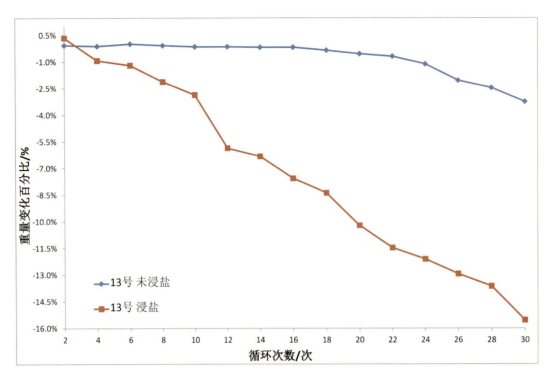

图7-63 13号样重量变化曲线

7.6 四处监测点崖墓温湿度变化监测数据曲线

（监测时间2012年12月至2013年11月）

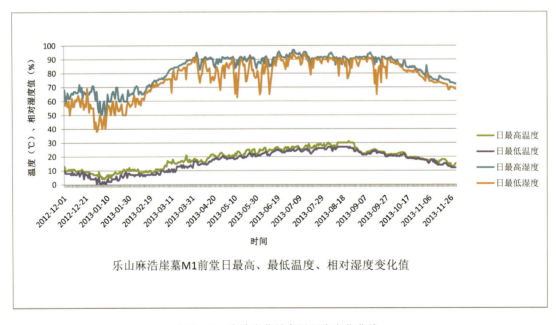

乐山麻浩崖墓M1前堂日最高、最低温度、相对湿度变化值

图7-64 麻浩崖墓前室温湿度变化曲线

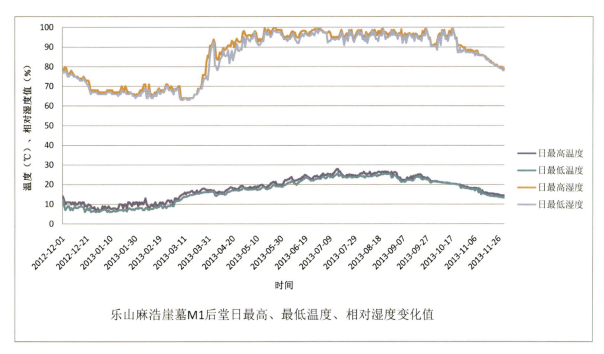

乐山麻浩崖墓M1后堂日最高、最低温度、相对湿度变化值

图7-65 麻浩崖墓后室温湿度变化曲线

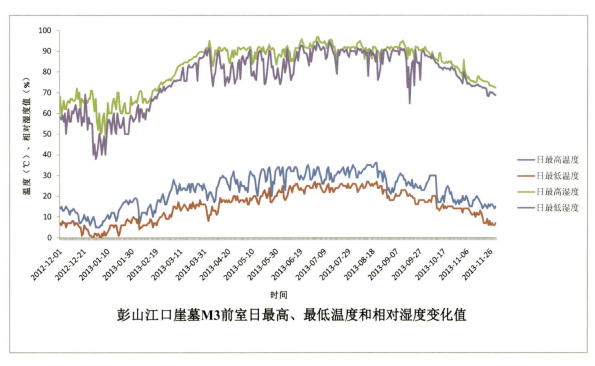

彭山江口崖墓M3前室日最高、最低温度和相对湿度变化值

图7-66 彭山江口崖墓M3前室温湿度变化曲线

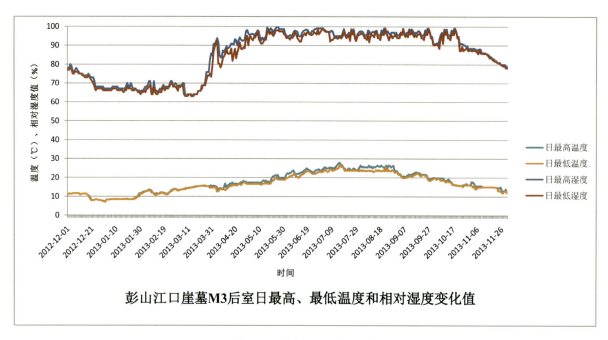

图7-67　彭山江口崖墓M3后室温湿度变化曲线

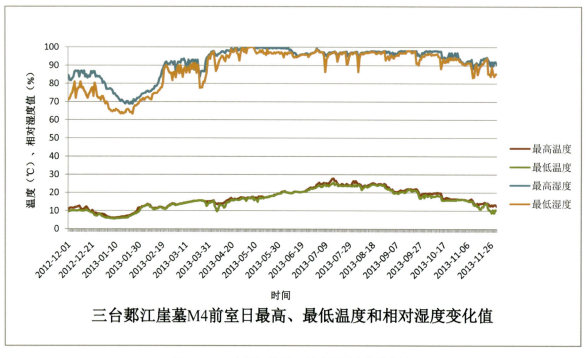

图7-68　三台郪江崖墓M4前室温湿度变化曲线

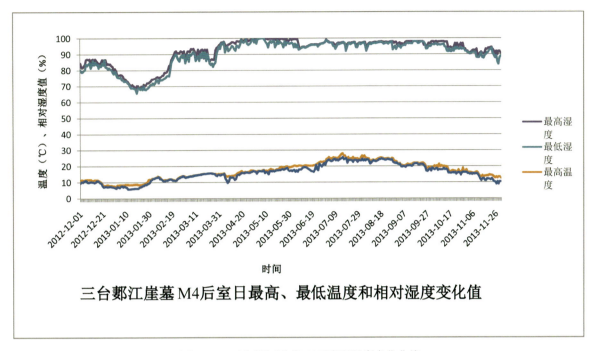

图7-69　三台郪江崖墓M4后室温湿度变化曲线

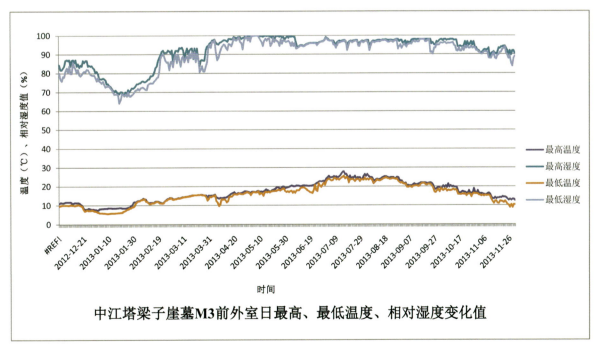

图7-70　中江塔梁子崖墓M3外室温湿度变化曲线

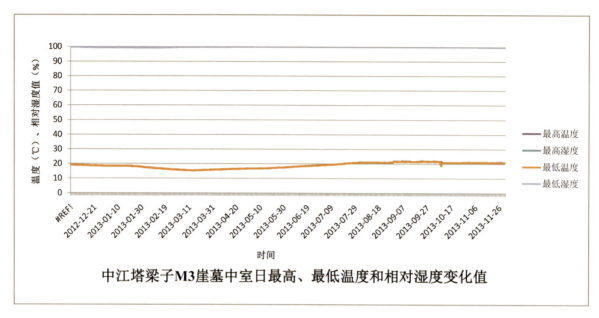

图7-71　中江塔梁子崖墓M3中室温湿度变化曲线

7.7　崖墓石刻表面彩绘及墓内壁画颜料XRF分析图谱

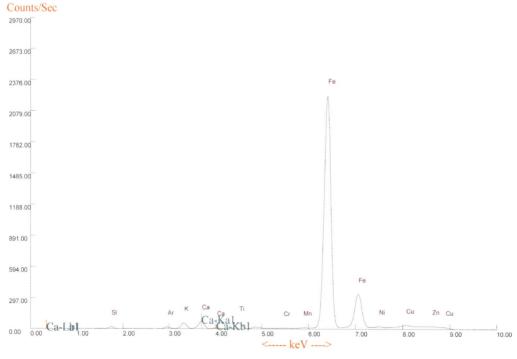

图7-72　1号样XRF图谱

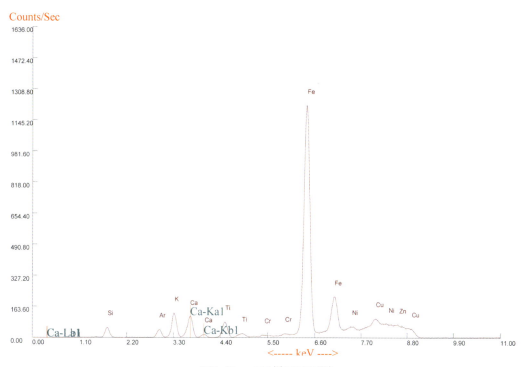

图7-73 2号样XRF图谱

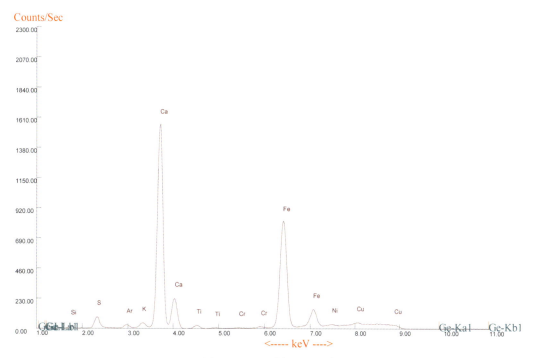

图7-74 3号样XRF图谱

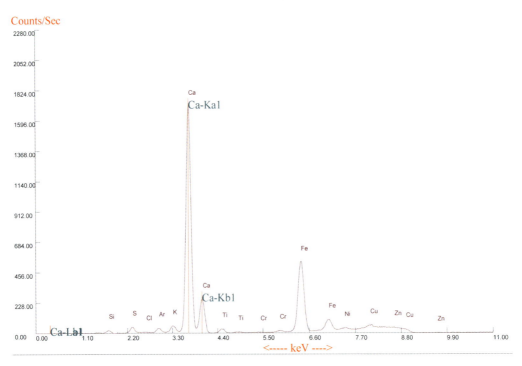

图7-75　4号样XRF图谱

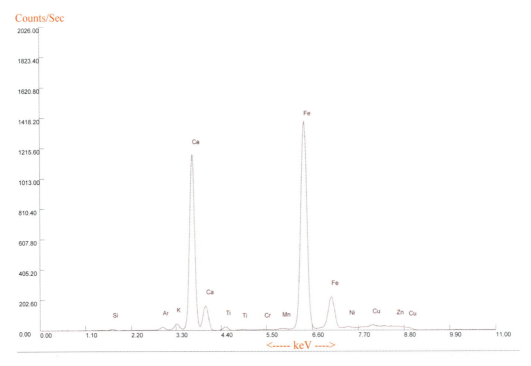

图7-76　5号样XRF图谱

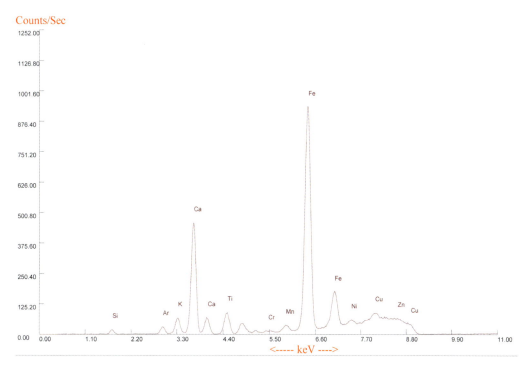

图7-77　6号样XRF图谱

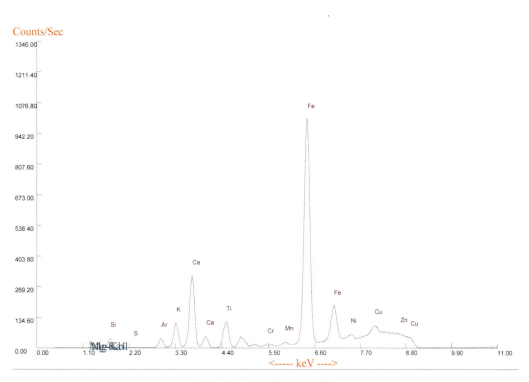

图7-78　7号样XRF图谱

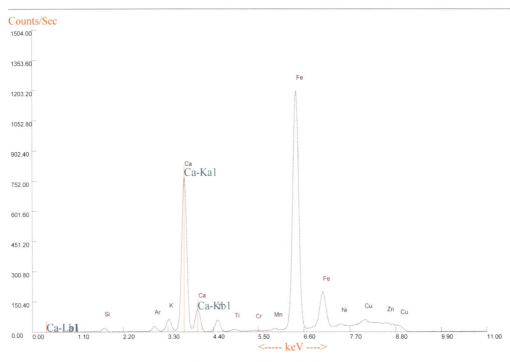

图7-79　　8号样XRF图谱

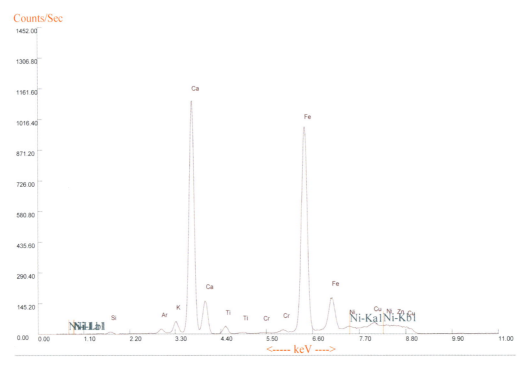

图7-80　　9号样XRF图谱

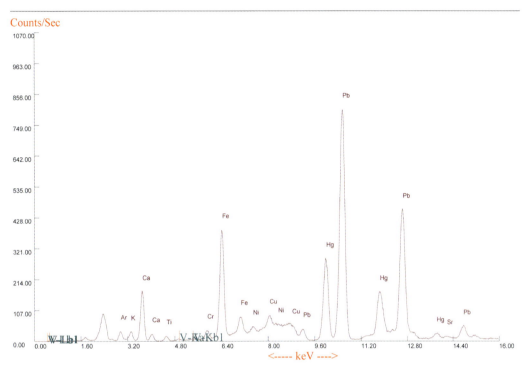

图7−81　　10号样XRF图谱

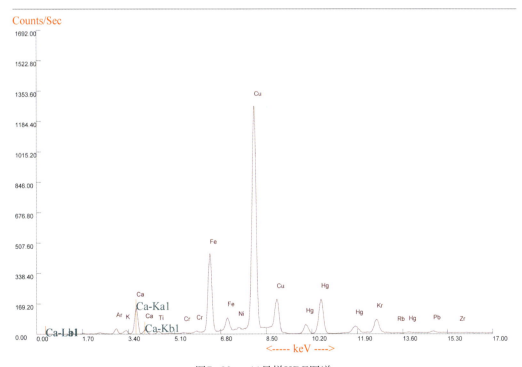

图7−82　　11号样XRF图谱

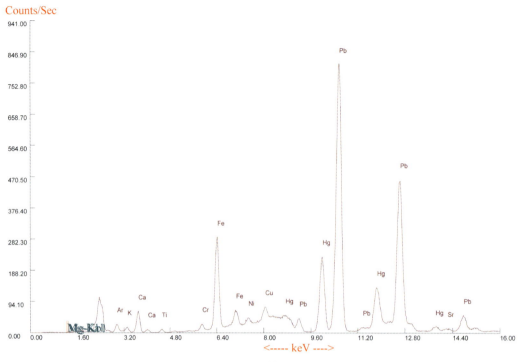

图7-83　12号样XRF图谱

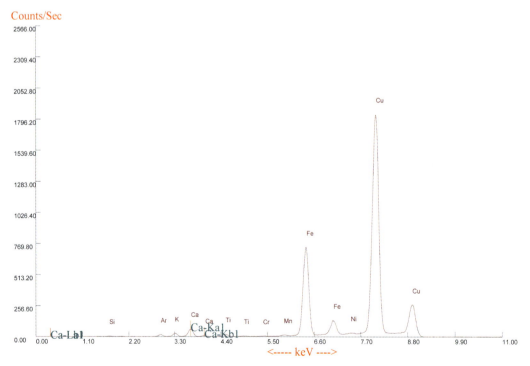

图7-84　13号样XRF图谱

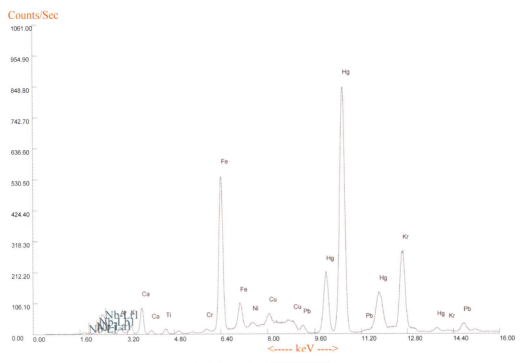

图7-85 14号样XRF图谱

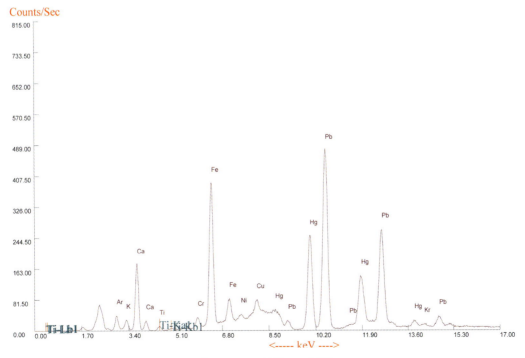

图7-86 15号样XRF图谱

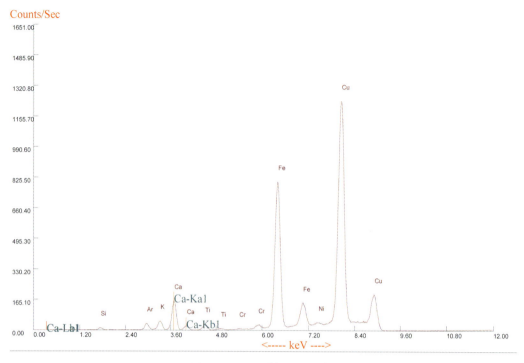

图7-87　16号样XRF图谱

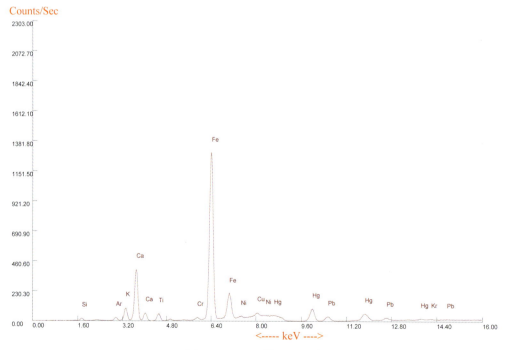

图7-88　17号样XRF图谱

7.8 部分工作照片及项目验收意见

图7-89 启用文物移动医院调查崖墓

图7-90 观察实验现象

图7-91 崖墓病害统计

图7-92 崖墓苔藓植物取样

图7-93 崖墓内颜料检测

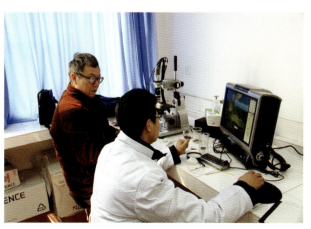

图7-94 苔藓植物分离

图7-95　测试浸盐实验样品

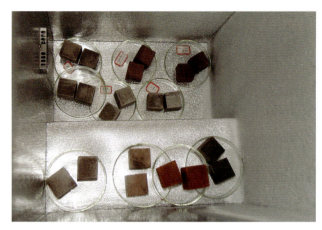

图7-96　岩样冻融

图7-97　实验过程中废液无害处理

图7-98　岩样阻力钻入强度测试

图7-99　崖墓风化超声波检测

图7-100　崖墓内温湿度监控

九、验收审批意见

验收主持单位意见
负责人（签字）： （章） 　　　　　　　　　　　　　　　　　　　　　　年　月　日

四川省科技厅意见	
业务处负责人（签字）： 　　　　　　　年　月　日	计划处负责人（签字）： （验收专用章） 　　　　　　　年　月　日

专家组验收意见

2014 年 1 月 22 日，由四川省科技厅组织专家在成都对 2010 年度四川省文物考古研究院承担的四川省科技支撑计划项目"四川崖墓石刻风化机理研究"（项目编号：2010FZ0022）进行了验收。专家组在听取汇报、审阅相关资料并质询后，形成如下验收意见：

1、项目所提供的验收材料符合验收要求。

2、项目按计划任务首次对四川境内重点研究的崖墓石刻病害现状、保存环境进行了勘察调查和监测，采取 XRD、XRF、扫描电镜、薄片鉴定等技术方法对崖墓岩石的矿物组成、结构及物理力学性能、岩石微观结构及新鲜岩石、风化岩石、崖墓周边土壤、渗水中可溶盐进行分析，并综合室内模拟实验对崖墓石刻风化病害的产生机理和受损本质进行深入研究并提出了相应的对策。此项成果目前已形成论文 2 篇。

3、该研究成果为了解四川崖墓石刻病害状况提供了翔实的基础资料，并对四川崖墓石刻风化成因有了深入了解和研究，为今后开展崖墓石刻科技保护提供了重要理论依据及方法。

4、经费使用基本合理。

综上所述，验收专家组同意通过验收。

专家组组长（签字）： 日期：2014 年 1 月 22 日

其他主要参考文献

[1]   刘强《石质文物保护》，科学出版社，2012年。

[2]   谌小灵、刘成《东莞红砂岩文化遗存保存状态评估与保护方法研究》，科学出版社，2010年。

[3]   王金华《大足石刻保护》，文物出版社，2009年。

[4]   李文军、王逢睿《中国石窟岩体病害治理技术》，兰州大学出版社，2006年。

[5]   李最雄《丝绸之路古遗址保护》，科学出版社，2003年。

[6]   四川省文物考古研究所等《治理乐山大佛前期研究》，四川科学技术出版社，2002年。

[7]   牟会宠《石质文物保护的工程地质力学研究》，地震出版社，2000年。

[8]   黄克忠《岩土文物建筑的保护》，中国建筑工业出版社，1998年。

[9]   潘别桐、黄克忠《文物保护和环境地质》，中国地质大学出版社，1992年。

[10]   李最雄《石窟保护论文集》，甘肃民族出版社，1994年。

[11]   祁英涛《中国古建筑的保护与维修》，文物出版社，1986年。

[12]   刘景龙《龙门石窟保护》，中国科学技术出版社，1985年。

[13]   王慧贞《文物保护学》，文物出版社，2009年。

[14]   中国文化遗产研究院《中国文物保护与修复技术》，科学出版社，2009年。

[15]   郭宏《文物保护环境概论》，科学出版社，2001年。

[16]   奚三彩《文物保护技术与材料》，（台南）台南艺术学院教务处出版组，1999年。

[17]   王惠贞《文物保护材料学》，西北大学出版社，1995年。

[18]   宋迪生《文物与化学》，四川教育出版社，1992年。

[19]   联合国教科文组织编《文物保护工作中的适用技术》，中国对外翻译出版社，1985年。

[20]   中国文物保护技术协会编《文物保护技术（1981-1991）》，科学出版社，2010年。

[21]   中国文物保护技术协会等编《中国文物保护技术协会第四、第五、第六次学术年会论文集》，科学出版社，2007、2008、2010年。

[22]   中国文化遗产研究院编《文物科技研究》（1~8辑），科学出版社，2009年。

[23]   西北大学文博学院编《文物保护与科技考古》，三秦出版社，2006年。

[24]   中国文化遗产研究院编《中国文物保护与修复技术》，科学出版社，2009年。

[25]   范小平《四川崖墓艺术》，巴蜀书社，2006年。

后　记

　　四川是崖墓最多的省份，崖墓几乎遍及全川各市州县。崖墓中有许多珍贵的石刻艺术品，但是这些石刻艺术品一直处在野外自生自灭的状态下，虽然有许多学者对崖墓及崖墓石刻进行了研究，但多系崖墓的结构、形式、雕刻艺术、年代、分期方面的研究，对崖墓全面系统的病害调查和保护研究一直处于空白的状态，这对于一个石质文物大省的四川而言，对于石质文物本体的保护而言是极其不利的。鉴于这样的状况，我院决定先从四川数量最多的石质文物——崖墓做起，对四川崖墓石刻病害调查与风化机理进行全面的调查与研究。其目的是为了掌握野外石质文物当前所处的环境及病害、风化的原因，便于今后对这些石质文物进行有效的保护，同时也能给其他的石窟寺、石刻、石桥等石质文物本体的保护提供相应的参考。2009年底，四川省文物考古研究院在四川省科技厅的支持下，启动"四川崖墓石刻病害调查风化机理研究"课题。2014年2月本课题验收结项。

　　课题研究小组历经三年的野外现场调查、取样分析、实验和研究，终于取得了初步的成果，这就是大家见到的这本《四川崖墓石刻病害调查与风化机理研究》，希望它能够给大家在石质文物的保护方面有所帮助和借鉴。

　　本课题在调查取样期间，曾得到乐山市文物局、绵阳市文物局、宜宾市文物局、德阳市文物局、泸州市文化局及其所属的文物保护管理所、博物馆的大力支持。样品分析期间得到国土资源部成都矿产资源监督中心、四川大学生命科学学院的大力支持和帮助，文物保护专家马家郁、曾忠懋等都给予了大力的支持和赐教。四川省博物院韦荃副院长与四川省文物管理局贺晓东副研究员在课题立项时也做了大量工作。我院还专门从院里的自筹资金中拿出一笔资金为实验室购置了一批专用设备，使本项目的数据分析和标本的测试能够及时完成，在此一并表示衷心的感谢！

　　值得一提的是，课题研究实施期间，我院文物保护中心主任谢振斌副研究员始终坚持在调查和实验研究的最前沿，并作了许多有益的探索。课题组成员宋艳、王冲、郭建波、冯陆一、樊兵、任峻峰等人也不分寒暑地坚持在野外调查取样，并带回在实验室制样、分析试验，然后再回到现场验证，其科学的态度是非常认真严谨的。

本课题的开展，不仅为四川的石刻保护积累了大量的数据，同时也培养了新人，刚从学校毕业的一批年轻学者也积极加入了本课题的研究，使文物保护事业的队伍得到了有序的建设和发展。本书共7章，由陈显丹、谢振斌统稿编著，主要参与编写人员如下：

第1章：陈显丹、谢振斌；

第2章：谢振斌、陈显丹；

第3章：谢振斌、陈显丹、王　冲、宋　艳；

第4章：谢振斌、王　冲；

第5章：谢振斌；

第6章：谢振斌、陈显丹；

第7章：宋　艳、郭建波、谢振斌、王　冲。

四川省文物考古研究院

陈显丹